AUTOMNE 2015 / 15

France Culture

Papiers

L'avenir radieux de la radio

La question n'est pas anodine dans ces temps brouillés. À qui se fier ? Quelle presse croire, lire, zapper, regarder, entendre ? À quelle information faire confiance ? Tout est dit à chaque minute, de chaque point du globe, en direct, tout est repris, remâché, rewrité, à tel point que la source elle-même devient douteuse. La maîtrise de ce flux du monde est vaniteuse autant qu'elle est épuisante, abrutissante, « burn-outisante ». La toile, sans prescripteur, sans guide ou filtre, nous alerte, nous égare, nous vole nos nuits et nos jours, et nous relie à un fil aussi invisible que contraignant. De supposé maître de l'Univers, l'homme informé devient esclave d'un temps qui, plus fort que lui, lui impose un battement de cœur artificiel. Et à la fin des fins, il n'a rien compris à la marche de l'Univers, l'homme trop et mal informé, l'homme explosé.

La pauvreté du discours sur la presse est, en France, à l'image de l'incapacité d'inventer de ces dernières années. Si l'on met à part quelques rares radios inventives, nées de la libération des ondes, Canal Plus (1984), Arte (1992), France 5 (2002), on ne trouvera guère dans les trois dernières décennies d'aventures françaises bien singulières en matière de presse. Dans un autre registre, Courrier international *(1989),* Rue 89 *(2007),* Mediapart *et* XXI *(2008). Le* Huffington Post *(2005) est une aventure américaine. Toutes ces entreprises sont le fait d'hommes et de femmes qui n'avaient qu'une idée en tête : créer des contenus, inventer de nouvelles formes.*

Embarqués dans des aventures souvent périlleuses en ce monde numérique, les journalistes du papier méritent respect et affection. Les entreprises doivent se réinventer chaque jour ou péricliter demain. La presse numérique, à quelques exceptions près, n'est pas prête à se trouver de vrais lecteurs. Quant à la télévision publique ou privée, elle ne fait plus rêver car elle a largement renoncé à créer.

Bien de nos dirigeants audiovisuels n'ont aujourd'hui que des mots-valises à la bouche : dématérialisation, modèle économique, support d'écoute et de consommation, et toute une sorte de gloubi-boulga, panaché de mots vaguement anglo-saxons qui les dédouanent d'un vocabulaire tout simple, celui de la passion des contenus. C'est cette passion qui sauvera pourtant la presse.

C'est cette passion qui anime les équipes et les auditeurs de France Culture à qui je veux rendre hommage et leur dire ma gratitude après cinq magnifiques années à leurs côtés. Créée en 1963, par l'intuition de femmes et d'hommes de culture, cette radio n'a jamais eu autant d'auditeurs. Sa progression est exceptionnelle à l'image de cette dizaine de millions de téléchargements par mois qui la place sur le podium des premières stations françaises. France Culture croit à la valeur des contenus. Elle y croit si fortement qu'elle a inventé, il y a trois ans, France Culture Papiers, *la première radio à lire, dont vous découvrez ici le 15e numéro. Pas besoin donc d'audit coûteux, de conseil en stratégie, marketing ou communication pour répondre bien simplement à cette question : quel est l'avenir de la radio ? L'avenir radieux de la radio.*

Merci et Kenavo !

Olivier Poivre d'Arvor

france culture papiers

RETROUVEZ DANS CE NUMÉRO LES ÉMISSIONS :

LES MATINS
LA GRANDE TABLE
L'ATELIER DE LA CRÉATION
LE TEMPS DES ÉCRIVAINS
ON NE PARLE PAS LA BOUCHE PLEINE
À VOIX NUE
HORS-CHAMPS
LA DISPUTE
GRANDE TRAVERSÉE
VILLES-MONDES
MAGAZINE DE LA RÉDACTION
RÉPLIQUES
LE POUVOIR IMAGINAIRE
CONCORDANCE DES TEMPS
RÉVOLUTIONS MÉDICALES
UNE VIE, UNE ŒUVRE
LE TEMPS DES LIBRAIRES
...

4 LES MATINS EN DESSINS

6 PAROLES D'INVITÉS

À LA UNE

10 **L'EXPANSION DE L'ISLAM, HIER ET AUJOURD'HUI**
GRANDE TRAVERSÉE – Aude-Émilie Judaïque

L'EXPÉRIENCE DU MONDE

22 **DANS L'OMBRE DU VATICAN**
GRANDE TRAVERSÉE – Perrine Kervran

34 **PHNOM PENH, CITÉ PHÉNIX**
VILLES-MONDES – Alain Lewkowicz

44 **QUEL TEMPS FERA-T-IL EN 2050 ?**
MAGAZINE DE LA RÉDACTION – Véronique Rebeyrotte et Anne-Laure Choin

L'ATELIER DU SAVOIR

52 **LE BEL ÂGE, CARTOGRAPHIE DE LA JEUNESSE**
« LE BEL ÂGE » – Serge Hefez
ENTRETIEN AVEC GILLES KEPEL

72 PHILOSOPHIE
PENSER LE POLITIQUE AVEC MERLEAU-PONTY
LE POUVOIR IMAGINAIRE – Raphaël Enthoven

80 HISTOIRE
LA BALEINE, LOINTAIN ET FRAGILE HÉRITAGE
CONCORDANCE DES TEMPS – Jean-Noël Jeanneney

90 **VERS UNE MÉDECINE CONNECTÉE**
RÉVOLUTIONS MÉDICALES – René Frydman

96 RÉPLIQUES
ALAIN FINKIELKRAUT

98 CHRONIQUES

NOS ARCHIVES

104 LAWRENCE DURRELL,
LE VOYAGEUR MÉTAPHYSIQUE

112 HÉLÈNE GORDON LAZAREFF
« ELLE », C'EST ELLE

120 MA MÈRE,
PAR LOUIS MALLE

LES CHEMINS DE LA CRÉATION

128 WOODY ALLEN,
L'ENFANT DU CINÉMA
GRANDE TRAVERSÉE – Judith Perrignon

138 ANDY WARHOL,
LE PAPE DU POP ART
UNE VIE, UNE ŒUVRE – Virginie Bloch-Lainé

146 UMBERTO ECO,
CONFESSIONS D'UN ROMANCIER
LE TEMPS DES ÉCRIVAINS – Christophe Ono-Dit-Biot

152 ARIANE MNOUCHKINE,
LE SOLEIL DU THÉÂTRE
HORS-CHAMPS – Laure Adler

162 LE VENTRE D'ULYSSE
ON NE PARLE PAS LA BOUCHE PLEINE – Alain Kruger

À VOIX NUE

168 ÉRIC CANTONA

188 LE TEMPS DES LIBRAIRES

Les «Matins» en dessins

Louison croque l'actualité sur France Culture !
Retrouvez ici ses dessins réalisés en direct
dans le studio des « Matins », du lundi au vendredi
de 6h30 à 9h.

Louison est dessinatrice chez *Marianne*, *Voici* et, depuis janvier 2015, sur France Culture.

27/04/2015. Matinale sur la réforme du collège.

15/04/2015. Matinale « Projet de loi sur le renseignement, une prévention liberticide ? »

5/06/2015. Matinale « 24 heures : Quel temps fait-il ? » : les enjeux de la conférence Paris Climat 2015.

31/05/2015. Matinale politique.

27/04/2015. Matinale sur la réforme du collège.

Sténographe *de la vie*

08/06/2015
HORS-CHAMPS

« L'écriture est un lien avec moi-même, avec mes parents, avec mes grands-parents... Le rêve est une réalité, pas une réalité qui ressemble à ce qu'on vit tous les jours mais une réalité concentrée. Si vous voulez dessiner la véritable essence de l'art, le rêve sera ce dessin. »

AHARON APPELFELD, écrivain, déporté enfant avec sa famille, il s'évade à dix ans du camp de Transnistrie et traverse l'Europe pendant des mois avec un groupe d'adolescents orphelins

Repas spirituel

26/06/2015
HORS-CHAMPS

« C'est l'aliment qui nous fait vivre, c'est quelque chose qui pousse de la terre vers le ciel. »

MARC VEYRAT, chef cuisinier, triplement étoilé

MÉMOIRES CROISÉES

13/07/2015
LES MATINS

« L'histoire n'est pas écrite, elle est à écrire. »

SERGE KLARSFELD, avocat, fondateur de l'Association des fils et filles des déportés juifs de France

« Ma force était d'agir en tant qu'allemande non juive... J'ai des responsabilités morales, ce n'était pas un combat politique. »

BEATE KLARSFELD, militante anti-nazie, travaillant pour la mémoire de la Shoah

Le prix Pétrarque de l'essai France Culture-Le Monde leur a été décerné en 2015 pour leur livre *Mémoires* (Fayard-Flammarion, mars 2015)

Microsoft power

26/06/2015
LES MATINS

« Si les gouvernements faisaient leur travail, on ne devrait pas dépendre de la fondation Gates ou même de Médecins sans frontières... Il faut agir maintenant sur le changement climatique. »

BILL GATES, fondateur de Microsoft, président de la Fondation Bill & Melinda Gates

Pierre Albaladejo à l'entraînement

© Presse Sports

ESPRIT sportif

SEMAINE DU 26/10/2015
À VOIX NUE

« Au rugby, on éduque les enfants, on ne les entraîne pas. On apprend aux jeunes à bien se tenir, à être respectueux de l'arbitre, de l'adversaire. Ce qui fait la force de ce jeu, c'est le collectif, les valeurs, la force physique. Pendant longtemps, le porteur du ballon était quelqu'un de félin qui profitait du travail collectif. Le ballon vivait et on faisait chanter le cuir ! »

PIERRE ALBALADEJO, figure emblématique de l'histoire du rugby, surnommé « Monsieur Drop » ou encore « L'homme aux pieds d'or ». La Coupe du monde de rugby aura lieu du 18 septembre au 31 octobre 2015

I have *a dream...*

30/01/2014
ATELIER DE LA CRÉATION

« Je suis parisien, je suis brésilien, je suis en Égypte, je suis canadien, je suis en Amérique, je suis colombien, je suis australien, je suis l'humanité, je suis les hommes, les femmes et les enfants, je suis pauvre et riche, je suis le noyau, je suis le monde ! »

ANDERS, élève de 5e du collège Martin-Luther-King à Buc
Documentaire *Variations Martin Luther King around the dream,* récompensé aux New York Festivals 2015

Mémorial Martin Luther King Jr., à Washington DC

© Walter Bibikow / Photononstop

Révolution sexuelle

11/06/2015
LA GRANDE TABLE

« Pendant trop longtemps en Afrique et au Moyen-Orient, la femme a été réduite à ce qu'elle a sur la tête et entre les jambes. »

MONA ELTAHAWY, journaliste égypto-américaine, auteur de *Foulards et Hymens - Pourquoi le Moyen-Orient doit faire sa révolution sexuelle* (Belfond, juin 2015), a participé au printemps arabe place Tahrir

Grand angle

29/06/2015
À VOIX NUE

« La photographie est une amitié. »

SABINE WEISS, photographe

CORPS *poétique*

16/07/2015
LA GRANDE TABLE D'ÉTÉ, À AVIGNON

« Pour moi, le texte est sculpté par le corps. J'ai un rapport organique à la poésie. »

DENIS LAVANT, comédien

Paroles de migrants

LES MATINS, ENREGISTRÉS À LA HALLE PAJOL, PARIS 18e
3/07/2015

« Aujourd'hui, beaucoup de gens qu'on appelle "migrants" auraient été qualifiés de "réfugiés" dans les années 1970. Pourquoi soudain 250 000 migrants qui circulent en Europe, sur une population de 500 millions d'Européens, c'est beaucoup ? »

KAREN AKOKA, chercheuse et maître de conférences en science politique, a codirigé en 2012 le rapport de la Coordination française pour le droit d'asile

« Je suis venu sur un bateau en plastique depuis la Libye, nous étions 120 à bord. J'ai fui la guerre et la misère. Je cherche la protection du gouvernement français. Je ne vis pas ici, je survis. On me parlait de la France comme le pays des droits de l'homme... »

YOUSSOUF, migrant

À LA UNE

L'EXPANSION DE L'ISLAM, HIER ET AUJOURD'HUI

GRANDE TRAVERSÉE – Aude-Émilie Judaïque

Le dôme du Rocher, à Jérusalem.

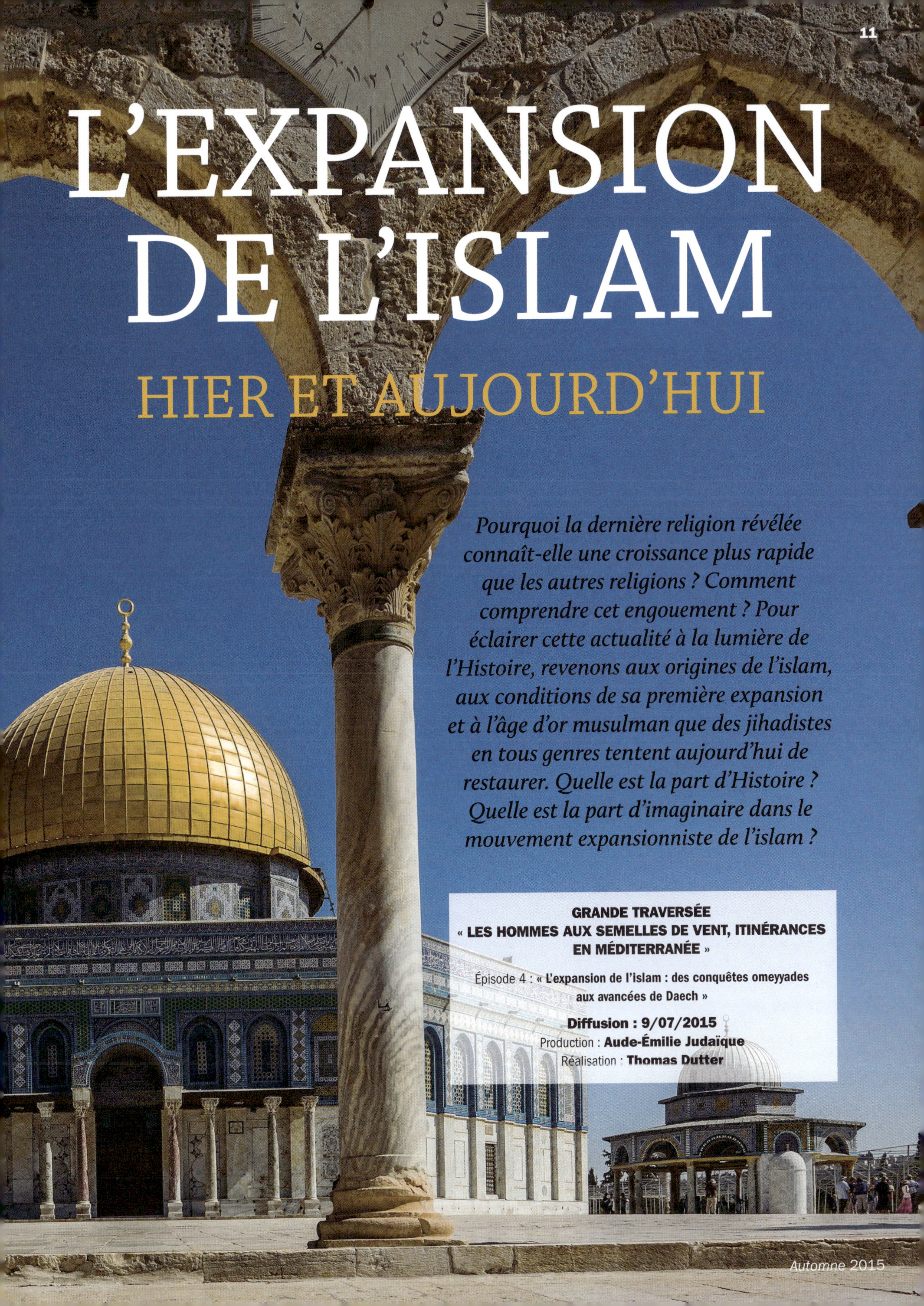

L'EXPANSION DE L'ISLAM

HIER ET AUJOURD'HUI

Pourquoi la dernière religion révélée connaît-elle une croissance plus rapide que les autres religions ? Comment comprendre cet engouement ? Pour éclairer cette actualité à la lumière de l'Histoire, revenons aux origines de l'islam, aux conditions de sa première expansion et à l'âge d'or musulman que des jihadistes en tous genres tentent aujourd'hui de restaurer. Quelle est la part d'Histoire ? Quelle est la part d'imaginaire dans le mouvement expansionniste de l'islam ?

GRANDE TRAVERSÉE
« LES HOMMES AUX SEMELLES DE VENT, ITINÉRANCES EN MÉDITERRANÉE »

Épisode 4 : **« L'expansion de l'islam : des conquêtes omeyyades aux avancées de Daech »**

Diffusion : 9/07/2015
Production : **Aude-Émilie Judaïque**
Réalisation : **Thomas Dutter**

HISTOIRE D'UN ÂGE D'OR

De Médine à Tolède, l'histoire de l'islam se construit par des déplacements, des échanges et une synthèse inédite entre les cultures. Récit de huit siècles de progression de la dernière religion révélée.

LA MECQUE, ANNÉE ZÉRO

Pour échapper aux violences dont ils sont victimes, les premiers musulmans de l'Histoire quittent la ville. Le prophète Mahomet et ses compagnons trouvent refuge dans une oasis, qui deviendra célèbre sous le nom de Médine. C'est dans l'exil que va naître la première communauté de fidèles et que seront fondés les premiers lieux de culte musulmans. C'est cet exil, l'Hégire, qui servira de point de départ au calendrier islamique et marquera le début de l'expansion de l'islam. Peu à peu, la parole du prophète Mahomet va se diffuser dans toute l'Arabie, puis au Proche-Orient, au Maghreb, à la péninsule Ibérique, à l'Asie centrale, et même à la vallée de l'Indus. Alors que pour les chrétiens, le Moyen Âge est généralement synonyme d'âge sombre, il représente pour les musulmans un âge d'or, au cours duquel les Bédouins arabes ont propagé la religion musulmane sur trois continents et donné naissance à la civilisation arabo-musulmane que nous connaissons encore aujourd'hui. En un siècle, de 661 à 750 de notre ère, la dynastie omeyyade mettra sur pied le premier et le plus grand État islamique que la terre ait porté. Philippe Sénac, historien, ravive ici l'âge d'or du califat omeyyade de Damas.

Extrait de la série des Grandes Batailles du passé – Poitiers 733 *(Henri de Turenne et Danielle Costelle) :*

« Les Arabes : des cavaliers au teint basané qui avaient surgi tout à coup du fin fond du désert. Ici, ils avaient appris à maîtriser la soif, la faim, la mort. Les Arabes : ces Bédouins qui escortaient les caravanes transportant la myrrhe et l'encens, tous les parfums de l'Arabie heureuse. Les Arabes : une poignée de guerriers nomades qui allaient déferler comme un feu de brousse sur l'Orient et l'Occident stupéfaits. Les Arabes : des junuds, *des "combattants de la foi" qui prêchaient la guerre sainte (le* jihad*) au nom d'une nouvelle religion : l'islam. »*

Philippe Sénac : Très tôt, deux ans environ après la mort du prophète en 632, les populations musulmanes, arabes se

© Éditions Sindbad

Avec des extraits de l'ouvrage *Un Palestinien sur la route, le monde musulman vers l'an mil*, qui retrace les pérégrinations du géographe arabe **al-Muqaddasî** (traduit par André Miquel, éditions Sinbad, 2008).

Philippe Sénac est historien, professeur à l'université Paris-Sorbonne (Paris-IV), auteur d'*Une histoire du Maghreb médiéval, du VIIe au XIe siècle* (Armand Colin, 2012) et de *Le Monde musulman, des origines au XIe siècle* (Armand Colin, 2002).

sont lancées dans toute une série de conquêtes qui ont eu une dimension considérable dans l'Histoire des civilisations, puisqu'elles se sont dirigées de façon concomitante dans trois directions : au nord, en Syrie et en Palestine, le débouché naturel de la péninsule Arabique (ces régions ont été soumises entre 635 et 640 avec la prise de Damas en particulier et, en 638, la prise de Jérusalem) ; à l'est, en direction des anciens territoires de l'Empire sassanide ; et vers l'Égypte, qui a été soumise en une dizaine d'années. Ce grand mouvement d'expansion militaire va conduire l'Empire omeyyade à des limites jusque-là insoupçonnées, de la vallée de l'Indus jusqu'en direction des Pyrénées, avec l'épisode bien connu de la bataille de Poitiers. Cette conquête arabo-musulmane extrêmement rapide et très étendue, c'est toute l'histoire des débuts de l'islam. C'est une période fondatrice, une période de transition, entre un monde dominé par le bédouinisme et un monde dans lequel surgissent des centres culturels, des cités qui vont devenir par la suite de hauts lieux de la culture musulmane, comme Bassora, Koufa, ou Fustat en Égypte. Dans ces villes-relais apparaissent alors des mosquées, comme celles d'al-Aqsa à Jérusalem, la grande mosquée de Damas, édifiée entre 705 et 715, ou encore comme le dôme du Rocher, qui a fait couler beaucoup d'encre...

La Fatiha, *sourate d'ouverture du Coran :*

« Au nom d'Allah le tout miséricordieux, Seigneur de l'Univers, c'est Toi que nous adorons et c'est Toi dont nous implorons le chemin. Guide-nous dans le droit chemin,

Yves Gellie / Corbis

La Grande Mosquée omeyyade de Damas, construite entre 706 et 715.

le chemin de ceux que tu as comblés de faveurs, non pas de ceux qui ont encouru ta colère, ni des égarés. »

Les causes de l'expansion musulmane restent aujourd'hui encore difficiles à préciser. Le problème est de savoir si on a affaire à des conquêtes musulmanes ou à des conquêtes arabes… Il est clair que l'aspect religieux a joué un rôle majeur au cours de la première période. Les combattants se dirigent vers ces territoires *Fisabilillah,* c'est-à-dire en suivant le chemin de Dieu, mais on ne peut pas séparer l'appât du butin, l'attrait de richesses, la conquête de nouveaux territoires, de nouvelles terres, de préoccupations religieuses. Alors, comment savoir s'il s'agit d'un jihad ? Ce n'est que beaucoup plus tardivement que le concept de jihad en terres d'islam a connu des révisions, qu'il a fait l'objet de toute une série de recherches d'ordre théologique, ce qui fait qu'on a tendance, sur la base de sources plus tardives, à considérer que ce qui s'est produit là est un jihad militaire. Donc, pour bien comprendre l'expansion de l'islam, il est essentiel de prendre en compte cette impossibilité de séparer l'aspect religieux des préoccupations plus matérielles. Pour être juste, l'historien devrait plutôt parler de conquêtes arabo-musulmanes.

Pour expliquer les causes de ces conquêtes fulgurantes, il faut rappeler que ces populations arabes connaissaient déjà une technique guerrière extrêmement répandue par le biais des razzias et qu'ils avaient une bonne connaissance du monde de l'adversaire dans la mesure où les marchands arabes fréquentaient déjà toutes ces villes. Il faut dire aussi que ces territoires étaient en guerre depuis près d'un siècle, que des tensions extrêmement vives existaient entre le monde byzantin et le monde sassanide qui ont considérablement affecté et réduit la capacité de résistance de l'adversaire. Enfin, comme le disait Yves Lacoste : « La géographie, ça sert d'abord à faire la guerre… » Au tournant des IXe et Xe siècles, les ouvrages de géographie se multiplient, les auteurs arabes accompagnent leurs manuscrits de cartes qui offrent une meilleure connaissance du monde, non seulement aux commerçants mais également au pouvoir lui-même. On s'intéresse également aux territoires qui sont en dehors du monde musulman, au-delà du *Dar al-islam,* et on commence à disposer d'informations sur le monde des mécréants, sur la chrétienté.

« Avant de parler de ce que j'ai vu en Égypte, je vous inviterai à regarder vers la mer dite d'Occident, qui borde l'Égypte au Nord et s'épanouit jusqu'aux rivages du Shâm. Les gens de Constantinople, de la Sicile, de l'Andalousie, sont les plus familiarisés avec cette mer car ils la sillonnent pour les besoins du commerce ou pour attaquer un navire qui passe à leur portée. Les musulmans sont donc forcés de partager cette mer. Elle est d'ailleurs fondamentalement rebelle à l'ordre souverain des choses.

Lorsque Dieu la mit en place, il lui demanda comment elle traiterait ses créatures. Elle lui répondit : "Seigneur, tes créatures, je les noierai !" C'est pour rappeler sa rébellion qu'elle fait entendre un perpétuel grondement, qui se renforce encore dans les heures qui précèdent le jour béni du vendredi. »

La mosquée de Jérusalem est située à l'angle oriental de la ville dans la direction de la Kaaba. Ses fondations sont l'œuvre de David, et c'est sur ses blocs, longs de dix coudées, solidement ajustés, qu'Abd al-Malik la fit bâtir. Le haut lieu de l'esplanade de la mosquée, c'est la coupole du Rocher, toute entière couverte de cuivre doré. Au soleil levant, la coupole s'illumine et le tombeau resplendit en un spectacle merveilleux. Je n'ai jamais vu de beauté pareille en pays musulman, ni entendu qu'il y en ait dans ceux des infidèles.

Les historiens ont longtemps ignoré l'expansion de l'islam sur la mer. Pourtant, cette Méditerranée que l'on considère souvent comme une frontière entre chrétiens et musulmans a très tôt fait l'objet d'un intérêt majeur de la part des souverains arabes, notamment les îles comme Rhodes, la Sicile, la Crète, les Baléares, la Sardaigne, et la Corse (dans un moindre degré). Ces îles, dont l'islamisation a été durable, constituaient de véritables relais pour les conquêtes, des points d'appui stratégiques. Les califes disposaient de flottes, d'arsenaux, à partir desquels ils ont mené le jihad, sur mer comme sur terre.

Planisphère du monde du géographe marocain al-Idrîsî, avec le Sud figuré en haut de la carte, 1154.

Lorsque les contingents arabo-musulmans progressent puis fondent des cités, il y a des fondations *ex nihilo*, mais à y regarder de près, on voit qu'ils respectent les traditions antérieures. L'exemple le plus remarquable est celui de la Grande Mosquée de Damas qui est, au début du VIIIe siècle, la plus grande mosquée de l'islam : non seulement des ouvriers et des architectes byzantins ont participé aux travaux, mais en plus on observe là le maintien ou la conservation d'un lieu de culte préexistant puisque la mosquée est construite à l'emplacement d'une ancienne église (elle-même située à l'emplacement d'un ancien temple).

Shâm. Ce pays, est l'un des plus glorieux au monde. Séjour des prophètes et des justes, le rêve de tout esprit porté au bien, il vit le voyage nocturne du Prophète ravi au ciel et verra le rassemblement de l'humanité au dernier jour. C'est vers lui que Muhammad se tourna d'abord pour prier. C'est lui qui abrite la Terre sainte. Tout le pays est béni : fruits abondants, vie facile, gens vertueux, climat tempéré. Il y a des montagnes boisées et des cultures qui poussent toutes seules. Oui, c'est bien le pays ruisselant de lait et de miel. Au chapitre des merveilles et curiosités du Shâm, il y a d'abord les lieux sacrés, témoins d'une histoire qui, depuis les origines, assure à ce pays une place d'exception. Pays de chrétiens, le Shâm renfermait des églises célèbres dont la beauté faisait chavirer les cœurs à Jérusalem, Ludd ou Edesse.

L'empire musulman est une mosaïque d'ethnies, une mosaïque de religions, une mosaïque de peuples.

Donc, non seulement les Arabes ne font pas table rase du passé, mais lorsqu'on regarde le paysage social à l'époque omeyyade (et plus encore à l'époque abbasside au siècle suivant), on s'aperçoit que l'empire musulman est une mosaïque d'ethnies, une mosaïque de religions, une mosaïque de peuples : il y a des juifs, des chrétiens, des musulmans, des Berbères, des Arabes, des Iraniens… Certains califes ont mêmes eu des femmes chrétiennes ; certains chrétiens, et pas des moindres, participaient à l'administration, occupaient des charges publiques importantes… L'islam des premiers siècles avait une réelle capacité à prendre des traditions antérieures et à les digérer.

Il y avait à l'époque une tolérance assez grande, une sorte de convivialité, même si elles avaient des limites : à l'époque omeyyade, les juifs se sont vus interdire l'entrée de Jérusalem, par exemple ; on a chassé des fonctionnaires chrétiens dans l'administration dans un souci d'arabisation. En revanche, si l'on considère l'Occident musulman, et Al-Andalus en particulier, nous n'avons pas trace de révoltes ou de soulèvements de la part des populations indigènes par rapport au pouvoir musulman. C'est pourquoi, dans les débats sur la question israélo-palestinienne, certains hommes politiques, comme Barack Obama ont utilisé l'exemple de ce qu'était Al-Andalus pendant le haut Moyen Âge, pendant les siècles de la présence musulmane en Espagne pour montrer que ces communautés pouvaient vivre ensemble sans difficultés majeures.

Dinar syrien en or, figurant 'Abd al-Malik, 696-697.

Si l'Empire omeyyade est une période essentielle dans l'histoire de l'islam, un « âge d'or », c'est aussi parce que c'est là que se met véritablement en place un califat, des institutions et toute une série de réformes, comme la réforme monétaire que l'on fixe généralement à l'année 696. Elle permet l'apparition de monnaies qui perdureront dans tout le monde arabo-musulman pendant des siècles : une monnaie d'or (le dinar), et une monnaie d'argent (le dirham) sur lesquelles sont frappées des légendes musulmanes qui se rapportent aux sourates, ou à la *chahada* (la profession de foi islamique).

Dans l'ensemble, les populations locales ont relativement bien accueilli les conquérants arabes car, d'un point de vue fiscal, les prélèvements effectués s'avèrent beaucoup moins lourds que lors de la période byzantine ou dans l'Empire sassanide, et les musulmans reconnaissent aux populations qui ne se convertissent pas à l'islam des droits qu'elles n'avaient pas nécessairement jusque-là, comme celui de pratiquer leur religion. Il n'y a pas de conversion forcée à l'islam – même s'il y a eu des pressions fortes, une incitation musclée, notamment dans le monde berbère.

La période qui précède la dynastie omeyyade (celle des califes *rachidun,* c'est-à-dire des califes « bien inspirés ») n'a pas été marquée par une forte volonté d'arabiser ou d'islamiser. Mais avec le califat omeyyade, et en particulier après le règne du calife 'Abd al-Malik (entre 685 et 705), on va assister à une islamisation et à une arabisation soutenue : on commence à diffuser la prédication musulmane, tous les textes de l'administration sont dorénavant rédigés en arabe, les sourates du Coran apparaissent sur le fronton des mosquées… La religion musulmane devient alors omniprésente, et l'incitation à se soumettre à l'islam se développe.

Pourquoi se convertit-on à l'islam ? Pour des raisons de sécurité – le fait d'appartenir à la nouvelle communauté apporte une sécurité indéniable –, pour des raisons de reconnaissance sociale – le fait d'appartenir à la communauté musulmane vous confère un respect et vous ouvre toute une série d'avantages, notamment fiscaux. Telles sont les stratégies qui peuvent amener à préférer la nouvelle religion.

Mais bientôt vont surgir des tensions sensibles entre les premiers musulmans arabes et ceux qui viennent de se convertir à l'islam (appelés *mawalis*). C'est d'ailleurs une des causes de la disparition du califat omeyyade. Ces nouveaux convertis vont tenter d'accéder à des charges publiques, à un certain rang social. Mais à l'époque omeyyade, se produit un maintien des populations arabes aux postes clés, et une affirmation ethnique qui va générer un conflit d'intérêts entre les populations arabes et les populations nouvellement converties. Ce phénomène atteint son paroxysme dans les années 740-750, au moment où les Arabes réalisent d'immenses fortunes. Les *mawalis* se sentant alors démunis, sont soumis à l'influence de mouvements religieux contraires à l'orthodoxie sunnite des califes omeyyades, et c'est à partir de cette époque que le chiisme va se développer. C'est d'ailleurs sur cette opposition que vont s'appuyer les Abbassides après les années 748-750, avec la proclamation d'un nouveau califat, qui s'établira lui, à Bagdad.

> *« Maghreb. Voici un pays vaste et magnifique, riche de cultures, jardins, villes et villages aux frontières bien gardées. Il comprend plusieurs régions baignées par la mer, comme celle de Tanger, d'Al-Andalus la merveilleuse et de la Sicile plantureuse dont les habitants résistent sans cesse aux assauts de l'infidèle. La population y est éprise de bien, affable vers l'étranger, l'administration est intelligente et juste, le sol est couvert à l'infini de figuiers et de vignes et les villes elles-mêmes sont noyées sous les oliviers. Malheureusement pour lui, le Maghreb est à l'autre bout du monde musulman, ce qui fait qu'il n'attire guère et que l'on connaît peu ses mérites. Les routes, par ailleurs, y sont difficiles périlleuses, et les hommes y sont rustres et avares. Tout compte fait, le pays est pauvre en savants et en ascètes de renom. Au chapitre de la religion, je note la forte présence d'apostats, de zoroastriens adorateurs du feu, de sectes trop nombreuses pour les énumérer ici ; mais aussi de chrétiens, de juifs, de sunnites exaltés quasi fanatiques, qui vivent dans l'aversion du chiisme. »*

Cette opposition entre les Arabes et les nouveaux convertis se retrouve dans toutes les provinces de l'Empire omeyyade, mais l'exemple le plus sensible et le plus manifeste est celui du Maghreb. Là, les chefs berbères ont mené la résistance face à la progression des troupes arabes. On retient surtout le personnage de la *Kahina*, une femme qui, en pratiquant la politique de la terre brûlée, s'est opposée à l'avancée des troupes arabes pendant plusieurs années, les obligeant même à faire demi-tour plusieurs fois. Pour éviter qu'elles ne se révoltent, ces populations berbères sont alors utilisées pour mener la conquête de la péninsule Ibérique. En 709, sont menés les premiers raids, puis c'est la prise de Tolède en 712, celle de Saragosse en 714, et finalement la conquête de la quasi-totalité de la péninsule Ibérique. Les troupes arabo-berbères franchiront même les Pyrénées à partir de 718, s'empareront de Narbonne en 719 et de ses alentours en 725-726. Cette présence va subir un premier coup d'arrêt en 721, lorsque les musulmans, tentant de se répandre en direction de l'Aquitaine, sont vaincus devant Toulouse, et surtout à la bataille de Poitiers en 732.

[...] jusque-là, pour les contingents musulmans, il n'y avait pas de limite à l'expansion de l'islam. Il est universaliste, c'est-à-dire que ce n'est que sous l'effet d'une pression extérieure qu'on commence à fixer des limites.

PrismaArchivo/Leemage

Miniature du XIe siècle représentant le roi wisigoth Roderic et le stratège militaire omeyyade Tariq Ibn Ziyad qui s'affrontèrent au cours de la bataille du Guadalete en 711.

« Demain, c'est la bataille, c'est le moment de se souvenir de la sourate du Coran : "Ne dis pas que ceux qui sont tués pour la cause de Dieu sont morts. Ils sont vivants, et ils reçoivent leur nourriture des mains du Tout-Puissant." À l'annonce du jihad, ils ont accouru des chaînes de l'Atlas, des sables d'Afrique et des bords Nil, pour participer à la grande razzia dans les forêts de la Gaule. Les Francs forment un "mur immobile", dit la chronique, un mur de glace à l'immobilité parfaite, un mur de fer. Et c'est sur ce mur que les Arabes ont chargé, au galop, à pleine vitesse, en poussant des cris pour effrayer l'ennemi. Les Arabes menèrent successivement cinq, dix, vingt charges. "Le paradis est devant vous, l'enfer est derrière", leur aurait crié Abd al-Rahman. »

À partir du moment où les contingents arabo-berbères trouvent face à eux une opposition majeure, organisée, on voit apparaître la notion de « frontière », alors que jusque-là, pour les contingents musulmans, il n'y avait pas de limite à l'expansion de l'islam. Il est universaliste, c'est-à-dire que ce n'est que sous l'effet d'une pression extérieure qu'on commence à fixer des limites. C'est le cas en Asie mineure, au-delà de l'Afghanistan, et surtout, dans le cadre de l'Occident musulman. Mais le terme de « frontière » est inadapté pour cette époque : imaginer qu'il y a une fermeture entre le monde musulman et l'Occident chrétien, ce serait commettre une grave erreur. Au-delà des ambassades, des échanges économiques, il existe une circulation de manuscrits, des hommes, des connaissances, et le maintien de contacts entre les deux civilisations, des relations qui vont durer plusieurs siècles, les marchands juifs jouant d'ailleurs souvent le rôle d'intermédiaires...

Extrait de la série des Grandes Batailles du passé – Poitiers 733 *(Henri de Turenne et Danielle Costelle) :*

Charles Martel poursuivra les Sarrasins à travers la France pendant neuf ans. Il les chassera de Bordeaux, d'Avignon, de Nîmes, de Marseille. Il a arrêté l'islam, il est le marteau de Dieu. La vague arabe ne dépassera donc pas les Pyrénées. Pourtant, les Sarrasins resteront en Espagne pendant sept siècles, et lorsque les croisés entreront dans Tolède, ils trouveront l'héritage accumulé par les Berbéro-arabes de la civilisation de Cordoue : des bibliothèques renfermant toutes les œuvres mathématiques, physiques, médicales, philosophiques de la Grèce, traduites en arabe, celles d'Euclide, de Ptolémée, d'Aristote.

L'héritage grec, maintenu par les Arabes contre l'obscurantisme médiéval, servira à l'Occident rural, forestier, pour mettre sur pied une construction scientifique et technologique sur laquelle nous vivons encore aujourd'hui. Cette civilisation islamique extrêmement brillante qui s'est développée en Espagne aura finalement été le point de départ de la Renaissance européenne. ■

L'EXPANSION DE L'ISLAM

À L'ÉPOQUE MODERNE

Comment se poursuit l'expansion de l'islam à l'heure actuelle, que ce soit avec les groupes islamistes tels que Daech, ou le mouvement de conversion à la religion musulmane que nous observons aujourd'hui en Occident ?

Myriam Benraad, politologue, spécialiste de l'Irak et du monde arabe, auteure de *Irak, la revanche de l'histoire, de l'occupation étrangère à l'État islamique* (Éditions Vendémiaire, 2015) et de *Irak : de Babylone à l'État islamique : idées reçues sur une nation complexe,* (Le Cavalier Bleu, 2015).

Raphaël Liogier, philosophe, sociologue des religions, auteur de *Le Mythe de l'islamisation, essai sur une obsession collective* (Le Seuil, 2012) et de *Le Complexe de Suez : le vrai déclin français – et du continent européen* (éditions du Bord de l'eau, à paraître en octobre 2015).

Bernard Rougier, spécialiste du Moyen-Orient, directeur du Centre d'études et de documentation économiques, juridiques et sociales du Caire, auteur de l'ouvrage *Le Jihad au quotidien* (PUF, 2004) et directeur de l'ouvrage collectif *Qu'est-ce que le salafisme ?* (PUF, 2008).

Extrait du documentaire Le Liban de fracture en fracture, *de Katia Jarjoura (Arte) :*

« Le mouvement sunnite ultra-radical de l'État islamique s'est emparé de plusieurs villes d'Irak dont Mossoul. Fin juin, l'État islamique a même décrété un califat qui s'étend de la ville d'Alep, en Syrie, à Diyâlâ, en Irak, avec Rakka pour capitale. Pour consacrer l'événement, le chef du groupe, Abou Bakr al-Baghdadi, s'est autoproclamé calife et a fait sa première apparition publique depuis la grande mosquée de Mossoul : "Allah le Très Haut nous ordonne de combattre ses ennemis et de mener le jihad pour faire régner ses religions. Allah dit aussi : 'Combattez-les jusqu'à ce qu'il n'y ait plus de discorde, que l'unique religion soit celle d'Allah.'" Son turban et son abaya noire rappellent le vêtement traditionnel des Abbassides. Avec cette annonce, l'État islamique remet ainsi au goût du jour un régime qui a disparu depuis 1924 et la chute de l'Empire ottoman. »

Aude-Émilie Judaïque : Daech revendique le fait de vouloir restaurer l'âge d'or de la civilisation arabo-musulmane, notamment en renouant avec l'islam des origines et avec l'islamisme conquérant du califat omeyyade. Assistons-nous à un retour de l'Histoire ?

Bernard Rougier : À mon sens, ce n'est pas un retour de l'Histoire. C'est une histoire mythifiée dans laquelle ils se projettent pour légitimer un projet politique et religieux. C'est un passé qui est fantasmé, reconstitué et réinterprété pour correspondre aux besoins du moment.

A.-É. J. : À quoi veulent revenir les jihadistes exactement ?

Myriam Benraad : Ils ont clairement la volonté de rejouer une histoire mythifiée de l'expansion de l'islam, comme en témoignent leurs conquêtes territoriales qui recourent à des symboles, comme quand les jihadistes ont pénétré dans les provinces du Nord de l'Irak par colonnes entières, où les pick-up dernier cri côtoyaient les combattants à cheval… Il y a donc une mythification de la conquête arabo-musulmane, une reconstruction de cette Histoire. Cette référence à la période omeyyade qui, historiquement, constitue une période d'expansion de l'islam, se double d'une référence à la période abbasside qui l'a suivie et qui est une période de consolidation du pouvoir politique et des administrations : le groupe actuel affiche aussi la volonté de se doter d'institutions et de créer un État, le fameux « État islamique ». En réalité, le groupe suit ces deux logiques, il rejoue les périodes omeyyade et abbasside. La restauration du califat, c'est pour eux l'annihilation d'une histoire qui n'a été porteuse, pour les peuples musulmans, que de défaites, d'humiliations, notamment à l'époque contemporaine, et la restitution d'une gloire passée, de fait largement mythifiée.

A.-É. J. : Pensez-vous, comme on l'entend parfois, qu'il existe un esprit d'expansion originel dans l'islam ?

B. R. : Cette question associe une religion à des invariants et cela est très dangereux. Les historiens et les politologues sont là pour contextualiser au maximum et pour éviter que l'on tombe dans l'essentialisme. Toutes les religions possèdent une dimension hégémonique ou totalitaire, ce sont les développements, les hasards, de l'Histoire qui laissent telle ou telle potentialité s'exprimer ou pas. En Europe occidentale, c'est finalement le concept de souveraineté et l'État absolutiste qui a mis fin aux guerres de religion des XVIe et XVIIe siècles. Dans l'histoire de l'islam, il y a eu des guerres extrêmement violentes, que l'on désigne sous le terme de *Fitna,* et aussi un moment où un élément politique s'est établi au-dessus du religieux.

Raphaël Liogier : Une des différences essentielles entre les groupes Al-Qaïda et Daech, c'est la capacité du second à jouer, paradoxalement, un passé mythifié de façon ultramoderne, en utilisant YouTube et internet. Sur le marché global de la terreur, ils ont gagné des parts de marché en jouant sur deux aspects : le premier, en cherchant à obtenir une légitimité auprès des musulmans qui se sentent les plus frustrés sur le terrain, que ce soit en Syrie ou en Irak, donc les sunnites ; et le second, donner envie de faire partie de la multinationale Daech à d'autres factions à l'échelle planétaire, elles-mêmes dans des phénomènes de frustration géopolitique et qui vont devenir des franchises du groupe, en quelque sorte. C'est une utilisation ultramoderne de l'Histoire, même si, au fond, l'utilisation de l'Histoire est toujours abusive…

Nous vivons aujourd'hui dans […] une « géographie de la colère » à l'échelle planétaire.

Extrait du documentaire Daech : les racines du mal, *de Martin Smith (France 5) :*

« "Comme vous le voyez, c'est la soi-disant 'frontière'… Mais on ne la reconnaît pas et on ne la reconnaîtra plus jamais." Sur cette vidéo de propagande, des combattants de Daech effacent la frontière entre l'Irak et la Syrie. Un terroriste de nationalité chilienne appelle tous les musulmans à les rejoindre : "Nous allons faire tomber les frontières de l'Irak, de la Jordanie, de l'Iran et de tous les autres pays ! Celle-là est la première d'une longue liste !" »

A.-É. J. : Myriam Benraad, quelles sont, selon vous, les ambitions territoriales de Daech notamment, mais aussi des autres groupes islamistes, comme Boko Haram, le Front al-Nosra, ou encore le MUJAO ? Ont-ils vraiment l'espoir de reformer le *Dar al-islam,* c'est-à-dire de réunir les musulmans dans un seul et même ensemble ?

M. B. : Si on veut faire un parallèle entre l'expansion actuelle des groupes jihadistes et les premières conquêtes arabo-musulmanes, il est important de rappeler qu'au moment de l'Hégire, quand Mahomet quitte la Mecque pour Médine, il affronte un premier défi, celui d'unifier cette culture qui est déchirée par des querelles tribales. Ensuite, lors de l'expansion de l'islam – on peut débattre sur l'opportunité ou non de parler de jihad, mais il y a quand même déjà à l'époque l'idée de sanctuariser l'islam face à l'expansion du christianisme – la multitude de tribus qui intègrent les premières armées musulmanes suit des logiques de razzia, de conquêtes assez violentes, alors que l'aristocratie marchande à la tête de ces armées a plutôt le souci de contrôler les réseaux commerciaux dans la région. Cette expansion est alors permise par l'affaiblissement de deux empires qui se font face : l'Empire byzantin et l'Empire sassanide. Les Arabes arrivent alors en libérateurs face aux Byzantins, aux Perses et aux Sassanides, perçus comme des oppresseurs par les populations locales. À l'époque, c'est ce message de libération, ce message révolutionnaire, qui est caractéristique de l'islam. Cela passait concrètement par un allègement de la fiscalité dans les provinces conquises, une pratique que Daech a restituée sur les régions sous son contrôle. Cette politique sociale, c'est un fil conducteur chez tous les islamistes. Lors de la chute de Mossoul, l'État islamique a été accueilli en libérateur, en unificateur face au pouvoir autoritaire chiite. Aujourd'hui comme hier, l'islam transcende les querelles tribales, les déchirures. C'est cette idée, révolutionnaire, qui continue de résonner aujourd'hui. L'État islamique est porteur d'un projet politique au-delà de son caractère terroriste, un projet politique qui mobilise un imaginaire, et qui fait sa popularité.

R. L. : Bachar el-Assad est en partie à l'origine de la frustration qui fournit des bataillons de frustrés à Daech. Donc le renversement du régime syrien pourrait être une des conditions d'un arrêt à l'expansion de Daech. Car nous vivons aujourd'hui dans ce que le géographe et anthropologue Arjun Appadurai appelle une « géographie de la colère » à l'échelle planétaire. Il existe une très grande frustration dans ces zones parce que des minorités se sont approprié le pouvoir, et cette colère nourrit des groupes qui créent de l'espoir, qui remplissent le désir de vengeance. Donc, il n'y a pas d'islamisation, il n'y a pas d'expansion réelle, ces luttes opposent des musulmans entre eux. Ce sont d'abord des musulmans contre des musulmans.

M. B. : Lorsqu'en 2006, l'État islamique se proclame souverain sur six pays, son projet de départ était de recréer une domination à partir de l'Irak sur tout le *Dar al-islam,* c'est-à-dire sur le domaine de l'islam, par opposition au *Dar al-Kufr,* le domaine de l'apostasie. C'est une tendance régionaliste selon laquelle il faudrait recréer le califat, le territorialiser avant de penser, éventuellement, à la croisade ou à la conquête des apostats. D'ailleurs, certains groupes jihadistes mettent aujourd'hui l'accent sur le fait qu'ils ne luttent pas contre l'Occident, pour paraître acceptables aux yeux des chancelleries occidentales. Selon une autre tendance, plus globalisante, il y a la volonté de frapper l'ennemi lointain, d'être dans une logique de jihad offensif et non plus défensif centré sur le domaine de l'islam : c'était déjà l'objectif d'Al-Qaïda avec les attentats du 11 septembre 2001. Ce débat sur les finalités de la lutte perdure dans les cercles jihadistes. Ce en quoi Daech constitue une évolution, c'est parce qu'il associe la lutte armée à un projet politique d'autant plus pertinent dans le cas de l'Irak que les sunnites ont été mis en marge, qu'ils sont devenus des parias.

A.-É. J. : On assiste actuellement à une véritable reconfiguration sociale, ethnique et même religieuse de la région avec le départ des chrétiens, le génocide des Yézidis, la sécession des zones sunnites et chiites, mais aussi l'arrivée de milliers de *mûhâjirun,* ces combattants étrangers qui regagnent l'organisation de l'État islamique. Comment envisager le profil sociologique de la région à moyen terme ?

DR

Drapeau de l'État islamique.

B. R. : Je crois que l'on va, malheureusement, de plus en plus vers le chaos. Les États n'existent plus en tant qu'États, ils se sont transformés en milices. Il y a une dimension qui est probablement aussi importante que le conflit confessionnel sunnite/chiite, c'est la guerre civile intrasunnite, une guerre sociale en Syrie comme en Irak. Au-delà du seul cas de Daech, il y a une prise de pouvoir du lumpenprolétariat [prolétariat en haillons], des couches les plus vulnérables et démunies de la population, qui étaient au chômage depuis des années... Si l'on en revient au référent salafiste, on voit que ce n'est pas un retour de l'histoire mais un retour aux origines : revenir à l'origine de sa religion donne le sentiment d'en avoir la propriété, un sentiment d'excellence. On quitte alors la culpabilité de l'échec social pour devenir l'élite musulmane qui prétend détruire les hiérarchies profanes. La violence est alors un instrument de conquête du pouvoir, de transformation sociale et de promotion de nouvelles élites, et cela se traduit par une radicalisation du discours et des références religieuses.

Extrait du film Le Destin *de Youssef Chahine (1997) :*

« Un homme ignorant et paresseux qui apprend par cœur deux versets du Coran et qui s'en sert comme fonds de commerce en prétendant interpréter la parole divine, cet homme peut-il se dire pieux ? La connaissance des Textes exige des années d'efforts, d'études approfondies, et bien sûr de recherche et de réflexion personnelle. Car nul n'a le droit de prétendre détenir la vérité ici-bas. »

A.-É. J. : Quelle est finalement la place de l'islam dans tout ça ? Est-ce qu'il n'est pas simplement devenu la forme la plus aboutie et peut-être aussi la plus accessible de projets alternatifs à nos sociétés matérialistes ?

R. L. : Cette idéologie s'est développée dès les années 1950-1970. C'était l'idée d'une alternative au matérialisme, à la société de consommation qui a pu nourrir le terrorisme, comme avec Al-Qaïda. Mais aujourd'hui, c'est surtout l'idée du renversement du stigmate social qui est intéressante. Ce désir de devenir une élite est aussi celui des jihadistes occidentaux qui se rendent sur le terrain des opérations, qu'ils aient été stigmatisés économiquement ou symboliquement par le racisme. Je ne crois pas qu'ils se situent dans ce renouveau musulman qu'on observe depuis une quinzaine d'années. Ils se mettent à apprendre l'arabe, par exemple, mais ils ont connu le chômage, une dérégulation familiale, un manque de repères y compris communautaires. Ce sont précisément les épreuves qu'ils ont vécues qui leur permettent de devenir des héros de l'islam. C'est un mythe, presque un archétype dans l'Histoire de l'Humanité : celui qui est choisi, le « *chosen one* » opère un renversement du sens du stigmate. Il faut bien distinguer d'un côté une sorte de renouveau islamique qui peut être radical, communautariste, mais qui est parfaitement pacifique, et d'un autre côté, des groupes qui sont presque des ninjas de l'islam, qui ont un problème de virilité.

A.-É. J. : Un autre phénomène qu'on voit se développer c'est la *hijra* (l'Hégire en arabe, qui veut dire « migration ») et qui s'effectue de l'Occident vers le *Dar al-islam,* que ce soit pour échapper à l'islamophobie ou pour renouer avec un mode de vie plus respectueux des traditions musulmanes. Pour nos pays, c'est tout de même un constat d'échec des politiques d'intégration... Ne sommes-nous pas en train de contribuer à forger cette fameuse communauté musulmane transnationale que nous avons tant redoutée ?

R. L. : Il y a un problème spécifiquement européen dans ce rapport Occident/islam. À partir de la crise de Suez, où les Européens ont été finalement obligés d'obéir à leur allié américain, en acceptant de se retirer sans contrepartie, ils ont fait l'expérience humiliante de ne plus être au centre du monde. Après la période apaisée des Trente Glorieuses, il y a eu la décolonisation, les problèmes économiques des années 1980, les premières et deuxièmes générations de « Français issus de l'immigration », en majorité d'origine dite musulmane, puis dans les années 2000, les conflits en Irak, sans qu'on demande leur avis aux Européens et des débats autour de l'identité nationale. De tout cela est né le sentiment d'un renversement du sens de l'Histoire, d'un encerclement généralisé de l'Europe. En réaction, le populisme s'est développé, avec un nouveau Front national, anti-musulman, et une opposition générale à l'islam fantasmé lui aussi... C'est l'inverse de l'islamisme qui s'est, quant à lui, construit contre un Occident fantasmé... Ce délire narcissique, cette blessure, cette peur se fait maintenant en sens inverse. Il crée un nouvel occidentalisme européen, qui génère en retour de la frustration chez les musulmans, et crée en quelque sorte cet islamisme qu'il redoute. ■

L'EXPÉRIENCE DU MONDE

22 DANS L'OMBRE DU VATICAN
GRANDE TRAVERSÉE – Perrine Kervran

34 PHNOM PENH, CITÉ PHÉNIX
VILLES-MONDES – Alain Lewkowicz

44 QUEL TEMPS FERA-T-IL EN 2050 ?
MAGAZINE DE LA RÉDACTION – Véronique Rebeyrotte et Anne-Laure Choin

Sommet de la colonnade du Bernin, construite de 1656 à 1667 autour de la place Saint-Pierre de Rome.

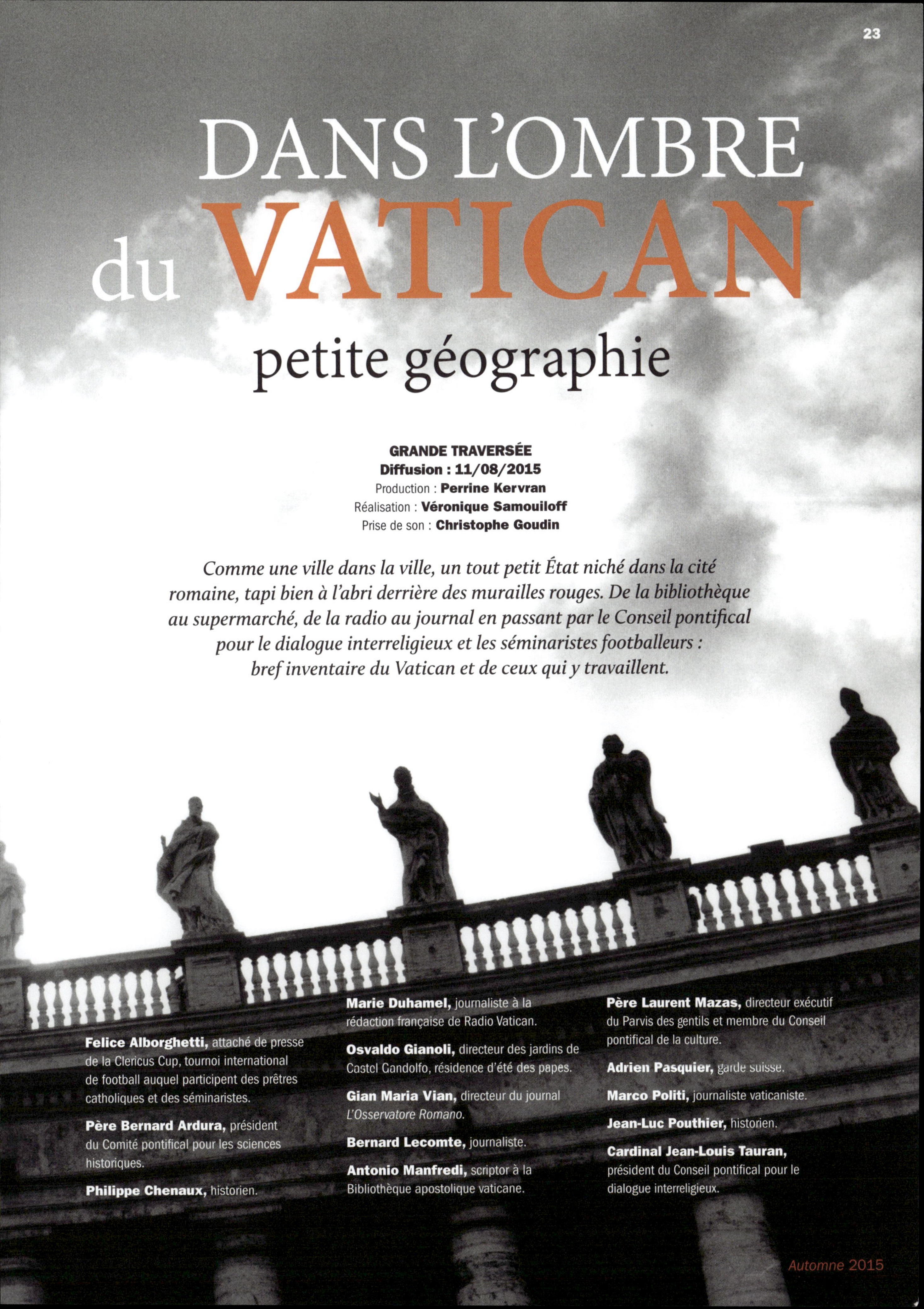

DANS L'OMBRE du VATICAN

petite géographie

GRANDE TRAVERSÉE
Diffusion : 11/08/2015
Production : **Perrine Kervran**
Réalisation : **Véronique Samouiloff**
Prise de son : **Christophe Goudin**

Comme une ville dans la ville, un tout petit État niché dans la cité romaine, tapi bien à l'abri derrière des murailles rouges. De la bibliothèque au supermarché, de la radio au journal en passant par le Conseil pontifical pour le dialogue interreligieux et les séminaristes footballeurs : bref inventaire du Vatican et de ceux qui y travaillent.

Felice Alborghetti, attaché de presse de la Clericus Cup, tournoi international de football auquel participent des prêtres catholiques et des séminaristes.

Père Bernard Ardura, président du Comité pontifical pour les sciences historiques.

Philippe Chenaux, historien.

Marie Duhamel, journaliste à la rédaction française de Radio Vatican.

Osvaldo Gianoli, directeur des jardins de Castel Gandolfo, résidence d'été des papes.

Gian Maria Vian, directeur du journal *L'Osservatore Romano.*

Bernard Lecomte, journaliste.

Antonio Manfredi, scriptor à la Bibliothèque apostolique vaticane.

Père Laurent Mazas, directeur exécutif du Parvis des gentils et membre du Conseil pontifical de la culture.

Adrien Pasquier, garde suisse.

Marco Politi, journaliste vaticaniste.

Jean-Luc Pouthier, historien.

Cardinal Jean-Louis Tauran, président du Conseil pontifical pour le dialogue interreligieux.

Dans les guides de voyage consacrés à Rome, on trouve toujours des plans de la ville, avec les noms de rue, les places, les quartiers et les gares. Mais, en plus, entre les pages, comme une petite surprise, il y a souvent un autre petit plan, un plan du Vatican, qui détaille tous ces espaces auxquels, à l'exception des jardins, de la basilique et des musées, les touristes n'ont pas accès. Du bout du doigt, on longe la muraille et on parcourt les rues, les jardins, les palais. On y pointe les portes qui permettent d'y entrer, porte Sainte-Anne, Arc des cloches, porte de Bronze… et on y découvre tout ce qui en fait cette étrange État miniature, l'héliport, les casernes, l'antenne de radio, le journal, la réplique de la grotte de Lourdes, la gare, la pharmacie, les églises, la banque, les places et les innombrables cours : cour Saint-Damase, cour de la Pomme de pin, cour Sainte-Marthe, cour du Belvédère… Ces cours qui signalent les palais de ce lieu de pouvoir qui tient à rester à l'abri des regards indiscrets…

L'ÉTAT DE LA CITÉ DU VATICAN EST UN ÉTAT COMME UN AUTRE, AVEC UN PETIT TERRITOIRE DONT LE PAPE EST LE SOUVERAIN ABSOLU ; LE SAINT-SIÈGE EST LE GOUVERNEMENT CENTRAL DE L'ÉGLISE AUQUEL LES ÉTATS ONT RECONNU AUSSI UNE SOUVERAINETÉ INTERNATIONALE, MAIS DE TYPE SPIRITUEL.

Jean-Luc Pouthier : Il y a à la fois beaucoup à faire sur le plan de la démythification et de la démystification. Le Vatican, en tant qu'État, n'existe que depuis 1929. Mais il a pris la suite des États pontificaux du pape, qui, eux, existaient depuis le milieu du VIIIe siècle. Finalement, les États du pape ont longtemps été des États comme les autres, gouvernés par un souverain absolu. Une approche en termes strictement sacrés ou religieux évacue toute une dimension politique qui est, à mon sens, sans doute la plus importante. Le Saint-Siège est une administration, il est aussi possible de l'aborder en termes de sociologie des organisations. Ce qui s'y passe est aussi trivial, matériel, politique, administratif. La dimension religieuse est importante, mais secondaire.

Perrine Kervran : Comment cet État du Vatican a-t-il été constitué ?

Bernard Lecomte : Il faut remonter très rapidement à 1870, qui est une date clé dans l'histoire du Vatican puisque, jusque-là, Rome était la capitale de l'Église : le pape régnait non seulement comme chef de l'Église, évêque de Rome, mais aussi comme roi ; la ville de Rome et la région du Latium étaient même ce qu'on appelait un « État pontifical », c'est-à-dire que le pape avait aussi un pouvoir temporel. C'était un monarque. En 1870, les nationalistes italiens ont pris Rome et ont décidé qu'elle serait la capitale de l'Italie. Le pape s'est replié dans le Palais apostolique et dans Saint-Pierre de Rome, et il ne s'est plus rien passé pendant soixante ans. Les nationalistes disaient : « Nous, on n'a rien contre vous, simplement, on veut que vous obéissiez au parlement italien. » Et le pape répondait : « Moi, je n'ai rien contre vous non plus, mais vous comprenez bien que le statut du chef de l'Église universelle ne peut pas dépendre des aléas d'une majorité parlementaire au Sénat de Rome. » S'en sont suivis soixante ans d'incompréhension assez dure, ce qu'on a appelé la « question romaine ». Lorsque Mussolini marche sur Rome en 1922, il sait qu'il ne pourra prendre le pouvoir s'il a les catholiques contre lui. Il a l'idée de régler la question romaine. C'est un texte juridique remarquable : d'un côté, le pape reconnaît l'indépendance de l'Italie et son gouvernement, de l'autre, l'Italie reconnaît la personnalité juridique internationale du pape fondée sur un tout petit territoire de quarante-quatre hectares. C'est là qu'apparaît l'État de la Cité du Vatican.

P. K. : Quel était l'intérêt de Mussolini ? On peut imaginer que, pour lui, cela aurait été intéressant de garder un pape mécontent, relégué dans un coin…

Philippe Chenaux : Mussolini a voulu rompre aussi avec la politique anticléricale des gouvernements précédents. Bien qu'étant, à titre personnel, tout à fait incroyant et très hostile à l'Église, il a compris, comme beaucoup de dictateurs du XXe siècle, l'intérêt qu'il pouvait y avoir à signer un accord avec le Saint-Siège. Cela lui donnait une certaine légitimité morale au plan international et lui permettait aussi de mieux contrôler l'Église. Les accords du Latran sont en fait au nombre de deux ou trois. Il y a un traité diplomatique qui permet de régler définitivement la question romaine, en reconnaissant la souveraineté du pape sur le territoire de la Cité du Vatican. Et il y a aussi ce qu'on appelle un concordat entre le Saint-Siège et l'État italien qui faisait, notamment, de la religion catholique la religion d'État en Italie et fondait le droit de l'Église à enseigner la religion catholique dans les écoles publiques italiennes. Au total, un texte très favorable à l'Église. À tel point qu'au lendemain de la signature de ces accords, Pie XI pourra dire, de manière un peu emphatique : « Nous avons rendu l'Italie à l'Église, et l'Église à l'Italie. »

P. K. : Et il y a d'ailleurs eu une compensation financière, qui a peut-être des répercussions jusqu'à aujourd'hui…

P. C. : Une annexe au traité diplomatique prévoyait en effet une importante compensation financière pour les territoires que le Vatican avait perdus. C'est un peu l'origine de ce que l'on appelle aujourd'hui l'IOR, l'Institut pour

Les accords du Latran, signés le 11 février 1929.

les œuvres de religion, qui a été fondé plus tard, en 1942, par Pie XII.

P. K. : Ces accords du Latran se sont traduits aussi architecturalement dans la ville, avec la création de la *Via della Conciliazione*...

P. C. : Oui, on a percé dans le Borgo ce qu'on appelle aujourd'hui cette allée qui conduit à Saint-Pierre, qui a pris le nom, effectivement, de la Conciliation, la *Conciliazione*, en italien, au lendemain des accords du Latran.

P. K. : Quel était l'intérêt d'avoir deux entités, les États du Vatican et le Saint-Siège ?

P. C. : L'État de la Cité du Vatican est un État comme un autre, avec un petit territoire dont le pape est le souverain absolu ; le Saint-Siège est le gouvernement central de l'Église auquel les États ont reconnu aussi une souveraineté internationale, mais de type spirituel. Donc, les États ont un ambassadeur auprès du Saint-Siège, et non pas auprès de la Cité du Vatican. C'est en raison de sa souveraineté spirituelle sur l'Église que le pape est reconnu internationalement.

J.-L. P. : Parmi ceux qui décident de venir au Vatican, j'ai le sentiment qu'il y a deux cas de figure possibles. D'abord, les prêtres ou les religieux qui ont envie de travailler pour l'administration du Saint-Siège, et qui suivent un cursus, des études au sein d'une sorte d'université, d'École nationale d'administration du Saint-Siège qui s'appelle l'Académie pontificale ecclésiastique. Ces prêtres se destinent d'abord à une carrière diplomatique et, parmi eux, sont choisis des administrateurs du Saint-Siège sur place, à Rome. Il est nécessaire aussi de nommer des personnes dans les divers organismes de la Curie et, en général, on choisit plutôt des clercs qui seront les correspondants des épiscopats locaux à l'intérieur de chaque grande congrégation ou conseil et qui assureront par exemple des tâches de traduction des textes officiels dans les différentes langues. Le Saint-Siège, par le biais des nonces dans les différents pays ou par le biais des épiscopats locaux, recrute des prêtres, des religieux, qui sont repérés pour leurs qualités personnelles. On ne fait pas acte de candidature, à proprement parler ; c'est un choix qui se fait depuis Rome.

Borgo Pio, rue de Jésus, faubourg du Saint-Esprit, rue du Vicaire, rue des Pèlerins, place de l'Église nouvelle, rue du Séminaire, de l'Oratoire, de la Croix, du Saint-Sépulcre, place de la Trinité, rue de la Grâce, de la Miséricorde, de la Purification… Le plan de Rome raconte la ville sainte et, de l'autre côté du Tibre, le Vatican veille sur la ville, à moins qu'il ne la tance. Large et calme, c'est la Via della Conciliazione qui amène les pèlerins en chaussures de marche et les touristes en sueur jusqu'à la gigantesque basilique. Et sur les trottoirs, les étals multiplient à l'infini les visages des papes souriants ou graves, avec ou sans colombe, bénissant ou faisant un signe de la main, sur des médailles, des porte-clés ou des cartes postales.

J.-L. P. : Rome est marquée par cette présence, de l'autre côté du Tibre, comme disent les Italiens, de la papauté. Rome a eu le statut de ville sacrée et les conditions de vie, la façon de vivre, sont marquées par cette présence. Pendant longtemps, le nombre des théâtres, des cinémas, des amusements publics était limité par cette présence du pape, et cela reste vrai. À la fin du XIXe siècle, la monarchie a lutté pour réussir l'unification du pays et pour faire de Rome la capitale d'une Italie laïque. Il a fallu du temps pour que s'opère un rééquilibrage entre ces deux présences politiques, laïque et religieuse. La sécularisation de la société italienne a fait son œuvre, mais, malgré tout, la dimension pontificale de Rome reste très présente. Très majoritairement, les Romains sont papistes. C'est *leur* pape. Et d'ailleurs, au moment de l'élection du pape François, on sentait dans toute l'Italie, et en particulier à Rome, le désir de retrouver un pape italien. Mais même les papes étrangers bénéficient toujours d'un amour, démonstratif souvent, de la part de la population de la ville.

Sous le déluge romain de l'audience pontificale, la foule des pèlerins et des curieux, quand on franchit les murailles du Vatican, nous voyons des jeunes hommes au teint pâle, et d'autres plus vieux et plus sereins, qui vont par deux ou trois, soutanes noires au vent. Certains sont ceinturés de rouge, et ceux-là tout le monde les salue. Et des moines en robe brune ou grise, à capuchon, en sandales, avec ou sans tonsure, chapelets et cordelettes. Et des étudiants, jeunes hommes ou jeunes femmes, sacs au dos qui vont vers la bibliothèque avec des chercheurs plus chenus à lunettes, des fonctionnaires en voiture, des sosies de mère Teresa en camaïeu de bleu, de vieux romains très dignes qui traînent leurs caddies pleins de panettones, des banquiers en cravate, des gendarmes à casquette – l'œil méfiant dans leurs guérites –, des perruches aux plumages éclatants, et aux entrées, fièrement anachroniques, les gardes suisses en casque à panache rouge, cuirasse de métal, manches crevées et culottes bouffantes…

J.-L. P. : Au Vatican travaillent deux catégories de personnes : les postes essentiels de l'administration sont occupés par des clercs ou des religieux, et puis il y a des petites mains laïques qui font fonctionner les services. Ce sont des emplois très recherchés parce que ce sont des emplois sûrs, pas toujours très bien rémunérés, mais avec un certain nombre d'avantages adjacents. Ce sont des emplois que l'on se transmet à l'intérieur des familles romaines, en général. Il y a, à côté de l'administration proprement dite, deux forces de l'ordre : la Garde suisse, d'un côté, et la Gendarmerie pontificale, de l'autre. Ils se chipotent tout le temps, d'ailleurs, pour savoir qui a la priorité, qui est le plus important. Lorsque le président de la République française se rend en visite officielle auprès du pape, il est accueilli

Gardes suisses se préparant pour la cérémonie du serment des nouvelles recrues, le 6 mai 2015.

par des familles de la noblesse romaine, dont la charge est d'opérer une espèce d'interface entre le pouvoir civil et le pouvoir religieux du pape. Il existait donc, à l'intérieur des États pontificaux, une aristocratie civile, qui occupait aux côtés du pape une fonction de conseil et de représentation qui s'est transmise au fil des siècles. Le pape François, venu d'Argentine avec des conceptions du gouvernement un peu différentes de celle de ses prédécesseurs, a gentiment écarté toutes ces personnes qui occupent des positions un peu parasitaires à l'intérieur de la Curie et du Vatican.

La première arme que l'on utilise – l' une des plus puissantes –, c'est le dialogue.

À l'intérieur du bâtiment des sous-officiers, il y a le réfectoire des Gardes. Une première partie est réservée à la cantine des invités. On voit une porte de bois avec des vitres en cul de bouteille. On dirait qu'on arrive un peu dans une sorte d'auberge, en Suisse, en Bavière ou en Autriche. Nous y retrouvons Adrien Pasquier, garde suisse.

Adrien Pasquier : Souvent, les gardes se réunissent pour manger une fondue, une raclette...

P. K. : Sur des dessins, presque des fresques, sur les murs, on voit des montagnards en uniforme.

A. P. : L'une d'elles représente l'arrivée des premiers gardes suisses. Au début des années 1500, les mercenaires suisses étaient très appréciés dans les cours européennes, du fait de leur bravoure. Le pape fut l'un des premiers à décider de prendre une garde suisse pour sa protection, de façon à avoir un corps étranger, ne parlant pas l'italien, pour éviter justement tout problème lié aux jeux de pouvoir. Une garde fidèle, qui a plus de cinq cents ans, maintenant.

P. K. : Quelles sont les conditions, quelles sont les obligations, quand on veut devenir un garde suisse ?

A. P. : Le premier critère, c'est bien sûr d'être citoyen suisse et d'être catholique. Donc, on demande que le curé de paroisse fournisse une lettre d'attestation comme quoi le candidat est un bon catholique. Il faut aussi mesurer au minimum 1,74 m et avoir suivi l'École de recrues à l'armée suisse.

Nous nous dirigeons à présent vers l'armurerie de la Garde suisse. À côté de nous, un râtelier d'armes avec la hallebarde ; le garde suisse est en fait un hallebardier.

A. P. : D'un côté de la hallebarde, on a une sorte de demi-lune, qui permettait en fait de tailler tout ce qui était membres ou têtes et de l'autre, un crochet, qui permettait de couper les jarrets des chevaux de façon à faire tomber le cavalier. Quelques ajouts ont été faits au cours du temps, comme un petit anneau, qui nous permet d'entendre si un garde lance correctement la hallebarde pour faire le salut. La sécurité du Saint-Père fait toujours partie de notre tâche principale.

P. K. : Il pourrait être plus sage, peut-être, d'avoir, à l'entrée Sainte-Anne ou à l'entrée de l'Arc des cloches, des gardes suisses équipés de fusils...

A. P. : Nous sommes ici à Rome, où il y a énormément de gens qui viennent, de pèlerins. La première arme que l'on utilise – l'une des plus puissantes –, c'est le dialogue. Parler avec les gens, chercher à les comprendre, permet de résoudre plus de 90 % des situations.

Samedi matin. Nous sommes en route pour l'oratorio San Pietro, qui se trouve Via Santa Maria Mediatrice, *rue Sainte-Marie-Médiatrice. Nous allons retrouver l'équipe de football du séminaire français, qui dispute un match ce matin. Nous longeons le mur d'enceinte du Vatican. Là, les gens font la queue tout autour du mur d'enceinte pour aller au musée du Vatican. On leur vend des bras articulés pour les téléphones portables et faire des selfies devant Saint-Pierre. Voire des chapeaux, des imitations de sacs de grandes marques, ou des gadgets qui font de la musique. Nous passons devant l'entrée des musées du Vatican. Là aussi, il y a le blason du Vatican et les deux clés de Saint-Pierre qui sont entrecroisées, et devant, l'inévitable camionnette qui vend des boissons, des sandwichs, des glaces :* patatine, ciambelle*... Et puis partout, en face des murailles, des boutiques de souvenirs. Au-dessus des murailles, on voit aussi des grands pins parasols qui dépassent, comme des fleurs qui déborderaient d'une jardinière. Nous parvenons sur le terrain où se dispute le match, où nous rencontrons Felice Alborghetti, attaché de presse de la Clericus Cup, tournoi international de football auquel participent des prêtres catholiques et des séminaristes.*

P. K. : Combien d'équipes jouent, en tout ?

Felice Alborghetti : Seize équipes de séminaires et collèges de Rome.

P. K. : Il n'y a pas une équipe argentine, comme le pape ?

F. A. : Argentine ? Il y a des Argentins qui jouent dans l'équipe du *Verbo Incarnato*...

P. K. : Du « Verbe incarné ».

F. A. : L'année dernière, dans une grande manifestation à Saint-Pierre, le pape a dit qu'il fallait faire du sport un instrument d'évangélisation. Le sport, c'est important pour la formation spirituelle, non ? C'est une pastorale sportive.

P. K. : L'équipe du séminaire français s'appelle PSG, comme le PSG à Paris, mais ça n'a pas le même sens.

F. A. : *Pontificio Seminario Gallico.*

Les bonnes sœurs hantent le Borgo Pio, elles hantent aussi le Vatican... Elles sont les petites mains, fabriquent les cierges ou les hosties, s'occupent du linge, des courses, du ménage et de la cuisine de leurs grands hommes. Elles sont des présences silencieuses dans les logements des cardinaux. Leurs vœux d'humilité et d'obéissance les font presque disparaître, elles servent, elles prient, elles attendent les apparitions du pape... Des femmes souriantes, de tous âges, dont on devine les cheveux sous le voile, qui vont en grappe, dans un camaïeu de couleurs ternes et de chaussures plates. Omniprésentes au Vatican, indispensables mais invisibles, jamais elles ne sont à la tête de dicastères, d'offices ou de commissions, jamais elles ne prêchent, jamais elles ne portent la ceinture cardinalice... Elles trouvent discrètement des angles morts pour être archéologues, philosophes, ou enseigner. Et alors, elles trottinent la tête haute dans les couloirs du Vatican...

Bernard Lecomte : Il faut attendre le Concile Vatican II en 1963-1964, pratiquement, pour que l'on prenne conscience que des femmes connaissent bien la théologie et qu'on peut même les faire participer à des cessions. La première était une Française, d'ailleurs : c'était la sœur de Jean Monnet. Soyons clairs, ça n'a pas beaucoup changé la pratique globale de l'Église. Mais sous Jean-Paul II, par exemple, à Pékin, pour la grande conférence des Nations Unies sur les femmes, la délégation du Vatican était dirigée par une femme qui était hiérarchiquement au-dessus des cardinaux ou des évêques présents dans la commission. Aujourd'hui, une femme est à la tête de l'Académie pontificale des sciences. Jean-Paul II est certainement le premier pape qui n'avait pas peur des femmes et qui les aimait. Jean-Paul II, comme vous le savez, a eu une jeunesse pas du tout sacerdotale : il faisait du théâtre, il avait une partenaire, qui était une jolie jeune femme de Vadovice, qui faisait du théâtre avec lui – il a d'ailleurs failli l'épouser, à un moment. Pareillement, le pape François n'a absolument pas peur des femmes, il les embrasse comme du bon pain, il les considère absolument comme des hommes, enfin... dans sa pastorale, dans sa méthode, dans ses gestes.

– L'équipe du séminaire français s'appelle PSG, comme le PSG à Paris, mais ça n'a pas le même sens.
– Pontificio Seminario Gallico.

Marco Politi : Par exemple, le pape François a dit que les femmes doivent occuper, dans l'Église, des postes où l'on prend des décisions, où l'on exerce l'autorité. Mais il y a une résistance silencieuse à l'idée que, demain, il pourrait y avoir des femmes chefs de certains conseils pontificaux au Vatican.

P. K. : Mais le pape aurait pu nommer ces femmes.

M. P. : Oui, mais il va attendre la réforme de la Curie. Le pape, disons, est aussi un « gradualiste ». Peut-être que l'année prochaine, on aura le document de base de cette réforme.

P. K. : Il y a parfois des femmes qui ont été tout près de la papauté : Pascalina, qui a accompagné Pie XII, est une de ces figures...

B. L. : Pascalina, c'est un destin exceptionnel. C'est une figure pathétique, d'ailleurs, dans l'histoire de l'Église, parce que cette jeune religieuse fait la connaissance d'Eugenio Pacelli, le futur Pie XII, quand il est nonce à Munich. Cette petite sœur de vingt-trois ans, jolie comme un cœur et qui a un culot absolument incroyable, s'impose auprès du futur pape et réussit à se rendre indispensable. Et leur lien deviendra de plus en plus étroit au fil du temps. S'ils avaient été dans un autre monde et à d'autres postes, ils se seraient certainement rejoints plus que ça. Quand Pacelli est nommé secrétaire d'État, la jeune religieuse reste à ses côtés au lieu de rentrer dans son couvent, ce qui va aboutir à une situation absolument incroyable. Lorsque Pie XI meurt, en 1939, Pacelli, qui est donc secrétaire d'État, camerlingue et futur pape, impose Pascalina. C'est la première fois, dans l'histoire, qu'une femme est présente à un conclave et dans les coulisses du conclave. Inutile de dire que ça fait jaser... La fin de l'histoire est pathétique : quand Pie XII meurt, le cardinal Tisserant la congédie en ces termes : « À 7 heures, ce soir, vous n'êtes plus là. Voilà quelques billets, allez où vous voulez, et puisque vous voulez des affaires du Saint-Père, prenez donc cette cage à oiseaux qui nous encombre. » Et on a vu mère Pascalina – parce qu'à ce moment-là, ce n'était plus sœur, c'était mère Pascalina – sur la place Saint-Pierre en train d'attendre un taxi avec une valise et une cage à oiseaux...

L'autorisation, c'est le sésame pour entrer au Vatican. Signée, datée, tamponnée par le Conseil pontifical des communications sociales, il faut la montrer au garde suisse, qui vous indique le poste de gendarmerie, où l'on tend encore l'autorisation frappée de la mitre et des clés : coup de téléphone pour vérifier avec le service concerné, le gendarme s'extrait de sa guérite et indique un autre poste de gendarmerie. Dans la cour suivante, on ressort l'autorisation un peu froissée, petit coup de fil, une nouvelle cour, des murailles, des porches et, derrière une porte, un guichet. On ressort machinalement l'autorisation qui ne ressemble plus à rien, portiques, cartes magnétiques, couloirs, le tout sous bonne escorte et, enfin, Antonio Manfredi, scriptor à la Bibliothèque apostolique vaticane.

Dans la grande salle de lecture déserte, l'intégralité des murs – presque jusqu'au sol – est couverte de fresques qui montrent des scènes de la vie religieuse et, en médaillon, plus petites, sur des voûtes séparées par des motifs décoratifs, on voit des instruments de musique, des anges, des animaux, des déesses qui portent des couronnes de fleurs, des vertus ou des angelots qui font la ronde sur des ciels bleus au milieu des nuages.

Antonio Manfredi : Cette salle a été décorée à la fin du XVIe siècle. Sur les fresques, on voit deux grandes histoires : l'histoire de la culture, symbolisée par les grandes bibliothèques de l'Antiquité, où l'on trouvait des manuscrits, des imprimés, les grandes bibliothèques de l'âge ancien, c'est-à-dire la *biblioteca* des Hébreux, la *biblioteca* de Babylone, la grande bibliothèque d'Alexandrie, et, enfin, la bibliothèque du pape. À côté, Nicolas V, le véritable fondateur de la Bibliothèque, avec un *camauro,* un petit chapeau rouge bordé d'or et fourré d'hermine blanche, et Sixte V, le pape qui règne, avec la tiare, le grand manteau du pape. On voit aussi le pape et l'empereur défendant la parole de Jésus-Christ, finalité du chemin de la connaissance de l'homme et de la connaissance théologique. Toute cette histoire symbolise l'histoire de la culture jusqu'à la bibliothèque du pape. C'est une grande image du rapport entre la culture et la foi.

P. K. : Qui sont ces personnages sur les pilastres ?

A. M. : Ce sont les fondateurs des langues. Ils commencent par Adam – chaque fois, je dis à mes élèves de bibliothéconomie : Adam a certainement parlé avec sa femme et, donc, il a inventé le langage du monde ; c'est un symbole, bien sûr – et, enfin, le Christ, qui est *la* parole.

P. K. : Il y a des livres sur chaque scène, posés sur des tables, sur des bancs, dans les mains des personnages, sur des lutrins. Les livres sont présents partout sur ces images.

A. M. : Les livres sont les protagonistes de tout ça.

P. K. : Et puis, il y a toujours un mélange des périodes, des scènes contemporaines de l'époque où ces peintures ont été faites et des gens habillés en costume antique, en toge ou alors avec des cuirasses…

A. M. : Parce que la découverte de l'ancien était la véritable modernité. Nous possédons maintenant 180 000 manuscrits et un

L'équipe de football de l'université pontificale du Latran, dirigée par le père Angelo d'Aura, est parvenue en finale de l'édition 2007 de la Clericus Cup.

Vue aérienne de Rome et de la Cité du Vatican.

million et demi d'imprimés. Ce qui m'émeut beaucoup, c'est l'idée que le Vatican a conservé jusqu'à nous, par exemple, les derniers Virgile de l'âge romain, et aussi des manuscrits de la Bible du IIe siècle. Mais il y a des choses émouvantes en elles-mêmes. Par exemple, j'ai eu l'occasion d'étudier un manuscrit de Michel-Ange, qui pense avec la plume, pas seulement en écrivant mais en dessinant.

Le Vatican et sa Curie, ses dicastères, ses congrégations, ses conseils pontificaux, ses comités. Tous ces organes forment le gouvernement de l'Église, ils veillent sur la doctrine, les ordres religieux, les églises, les conférences épiscopales, ils chapotent les nonciatures, l'évangélisation, ou l'éducation catholique… Mais le Vatican pratique aussi le soft power, *il tente d'évangéliser et de rester en contact avec les laïcs et les non-croyants par le biais de la culture, du dialogue ou de la recherche… Alors qu'est-ce qui se passe dans les milliers de bureaux du Vatican ? Derrière une de ces portes, sur la place Saint-Pierre, on trouve le père Bernard Ardura, président du Comité pontifical pour les sciences historiques.*

Père Bernard Ardura : Le Saint-Siège était absent d'une réalité internationale qui s'appelle le Comité international des sciences historiques. C'est un organisme non gouvernemental qui a été créé au début du XXe siècle et qui réunit aujourd'hui les représentants d'environ quatre-vingts États. Le Saint-Siège a été invité à plusieurs reprises au temps du pape Pie XII et c'est en 1954 que Pie XII a créé le Comité. Le but est de partager entre historiens de différents États – sans tenir compte ni de leur appartenance religieuse ni de leurs options idéologiques – les grandes questions qui intéressent le monde entier.

P. K. : Et est-ce que ce Comité est aussi, finalement, l'héritier de ce qu'avait créé Léon XIII au XIXe siècle ?

Père B. A. : À la fin du XIXe siècle, il y a un profond anticléricalisme – particulièrement en Italie, parce que, ne l'oublions pas, la prise de Rome remonte à 1870. Léon XIII se rend bien compte que nous ne pouvons pas nous contenter d'être sur la défensive et il prend une grande initiative : il ouvre les Archives du Vatican à tous les chercheurs. Il s'agit de ne pas rester sur l'apologétique mais de trouver des historiens qui pratiquent une historiographie sérieuse avant tout fondée sur l'étude des sources, sur l'étude des documents.

P. K. : Ce qui est paradoxal, finalement, c'est cette publication des documents, mais pas dans leur intégralité. Cela a suscité la méfiance. Les gens se sont dit : « Si on ne publie pas tout, c'est bien qu'il y a quelque chose de caché. »

Père B. A. : Évidemment, c'est une réaction que l'on peut comprendre. Dès que ce sera ouvert, tout le monde pourra aller consulter ce qui n'aura pas encore été publié.

P. K. : Justement, est-ce qu'il n'y a pas, au moment des canonisations, des enquêtes aussi, à partir de ces documents historiques ? Et je crois aussi que le dossier de Pie XII est en cours, à l'étude.

Père B. A. : Oui, l'aspect de l'héroïcité des vertus a déjà été fait. Et donc, il faudrait maintenant que l'on trouve un miracle. Mais on peut penser, de toute façon, que le pape ne fera rien avant que l'on ait ouvert les archives du pontificat de Pie XII.

P. K. : Comment se déroule ce processus de canonisation ? Quels sont ses étapes et son fonctionnement ?

Père B. A. : Lorsqu'une personne, décédée récemment ou dans des temps plus anciens, semble jouir de ce qu'on appelle une réputation de sainteté, c'est-à-dire qu'il y a un nombre assez important de personnes qui la connaissent et qui prient afin d'intercéder pour elle, un diocèse, une congrégation religieuse ou une association peut défendre sa cause. L'évêque du lieu où est décédée la personne crée alors ce qu'on appelle un tribunal dans lequel on va apporter toute la documentation que l'on a été capable de réunir et où l'on va entendre les témoins qui ont connu directement celui qu'on appelle maintenant le serviteur ou la servante de Dieu. Tout ceci peut durer parfois des années, et lorsque la procédure est arrêtée, on envoie toute la documentation ici, à Rome, de l'autre côté de la place, dans la Congrégation pour les causes des saints. Là, on examine d'abord la validité du procès diocésain, et le postulateur va être chargé sous la direction du responsable de la congrégation de rédiger une thèse, dans laquelle on va insérer une biographie documentée, et à chaque chapitre des documents qui justifient ce qu'on affirme. Là encore, cela peut durer des années.

La Curie travaille derrière les murailles du Vatican, mais aussi dans les nombreux immeubles et palais que possèdent le Saint-Siège dans la ville, que ce soit le Palazzo San Callisto dans le Trastevere, le palais de la Chancellerie au Campo dei Fiori, le palais di Propaganda Fide, piazza di Spagna, palais du Saint-Office... Via della Conciliazione, en robe de moine brune, mais en scooter, le père Laurent Mazas, directeur exécutif du Parvis des gentils, travaille au Conseil pontifical de la culture.

Père Laurent Mazas : C'est une des choses qui restera du pontificat de Benoît XVI, qui était un intellectuel et qui a toujours cherché à comprendre le monde contemporain. Il voulait que l'Église fasse beaucoup plus pour aller à la rencontre des non-croyants dans une attitude respectueuse d'écoute et de dialogue. Pas nécessairement avec l'intention de vouloir convertir l'autre parce que, dans ces cas-là, on ne l'écoute pas. Il a pris cette image, qui date de l'an zéro, l'époque du Christ. Dans le temple de Jérusalem, il existait un autre espace qu'on appelait le Parvis des gentils et qui était pour tous ceux qui n'avaient pas la foi d'Israël, qui pouvaient interroger les scribes pour comprendre un peu mieux et qui pouvaient s'unir à distance à la prière du peuple d'Israël. On a repris cette image, et on organise des événements avec des grandes personnalités, académiciens, professeurs d'université, parfois hommes politiques, grands journalistes, pour débattre des grandes questions de l'existence humaine.

Couloirs calmes, clairs, vastes et immaculés, ascenseurs, dalles de pierre et hauteur sous plafond, on passe d'un étage à un autre, du Conseil pontifical de la culture au Conseil pontifical pour le dialogue interreligieux que préside le cardinal Jean-Louis Tauran, délicate silhouette voûtée à ceinture et calotte rouges sur soutane noire...

P. K. : Quel est le rôle du Conseil pontifical pour le dialogue interreligieux ?

Cardinal Jean-Louis Tauran : Il est né dans le contexte du Concile Vatican II, à une époque de la sécularisation et de la mondialisation. Le dialogue interreligieux n'est pas le dialogue entre les religions. Ce n'est pas un exercice de théologie comparée. C'est le dialogue entre les adeptes des religions, entre les croyants. Ça, c'est très important parce que ça montre combien c'est quelque chose de concret. Ce sont des hommes comme nous, qui essaient de résoudre des problèmes comme nous le faisons. Il y a cette communauté de destin. Mais le but n'est pas de convertir. La conversion, c'est la rencontre de deux libertés : celle de Dieu, celle de l'Homme ; on n'a aucune prise dessus. Les chrétiens et les musulmans, pour donner un exemple concret, ont beaucoup de choses communes : la prière, le jeûne, le pèlerinage... Une fois que l'on a bien vu quel est le contenu de la foi de l'un, le contenu de la foi de l'autre, on essaie de mettre ensemble ce dispositif au service de la société. Ceci dit, tout ça est mis en péril par ce qui se passe actuellement en Syrie et en Irak.

P. K. : D'autant plus que, vous, vous connaissez assez bien l'Islam puisque vous avez été au Liban.

Cardinal J.-L. T. : Oui, j'ai été en poste au Liban, pendant quatre ans et demi et puis, quand j'étais à la secrétairerie d'État, je me suis beaucoup occupé des inclusions au Moyen-Orient. Le pape m'a envoyé faire une tournée dans plusieurs pays musulmans pour que je réponde à leur question : « Pourquoi êtes-vous dans la solidarité ? » Eh bien, ça n'est pas évident. Le pape François, évidemment, comme nous tous, voit très bien que le processus de paix, au lieu d'avancer, recule. On a l'impression que l'on va retourner à la case départ. Il faut absolument assurer un statu quo et repartir. La méthode du pape François, pour tous les problèmes, c'est : « Oublions le passé. Que pouvons-nous faire aujourd'hui et demain ? »

Le pape Benoît XVI, celui de la gaffe de Ratisbonne, et celui de la renonciation, aimait se ressourcer dans les jardins à l'italienne aux mille nuances de vert de Castel Gandolfo. La résidence d'été des papes, à une trentaine de kilomètres de Rome, dans les hauteurs au bord d'un grand lac, est une promesse de fraîcheur et la possibilité pour les papes de redevenir des hommes. Benoît XVI y donnait des miettes de pain aux poissons rouges, Jean-Paul II y avait fait construire une piscine pour y nager un crawl sportif. D'autres y faisaient du cheval, certains sont venus y mourir et l'un d'eux y a installé une ferme qui fournit deux fois par jour le Vatican. Le pape y a ses vaches, ses lapins et ses poules.

Osvaldo Gianoli : La ferme a une production qui est destinée à une clientèle institutionnelle : le Saint-Père, les fonctionnaires et les hauts fonctionnaires de l'État du Vatican et des personnalités qui y résident. Il y a un supermarché au Vatican – l'*annona* – qui garde le terme latin, donc « ravitaillement ». En ce qui concerne les produits laitiers, on obtient entre 1 000 et 1 300 litres de lait par jour.

LE VATICAN PRATIQUE AUSSI LE *SOFT POWER*, IL TENTE D'ÉVANGÉLISER ET DE RESTER EN CONTACT AVEC LES LAÏCS ET LES NON-CROYANTS PAR LE BIAIS DE LA CULTURE, DU DIALOGUE OU DE LA RECHERCHE…

Pour rejoindre les bureaux de Radio Vatican, il faut redescendre encore une fois la Via della Conciliazione, en allant vers le château Saint-Ange, s'arrêter sous les arbres de la piazza Pia, et entrer dans le Palazzo Pio, vaste bâtiment de cinq étages aux couloirs dallés qui abrite les nombreuses rédactions, sa terrasse qui donne sur Castel Sant'Angelo et sa chapelle… Marie Duhamel fait partie de la rédaction française.

Marie Duhamel : On est, je crois, entre trois cent cinquante et quatre cents personnes. Il y a trente-neuf rédactions en langues différentes, comme le swahili, l'espéranto, le latin, l'hébreu, le japonais, le chinois… On est assez nombreux dans notre rédaction française, une dizaine, mais, évidemment, les Italiens sont environ soixante-dix, sans compter l'administration. C'est un endroit très particulier au sein du Vatican, parce qu'il y a énormément de laïcs. C'est une institution qui est dirigée par les jésuites. Depuis toujours, ils gèrent à la fois la ligne éditoriale, les programmes et la partie administrative, mais il y a énormément de laïcs, et beaucoup de femmes.

P. K. : Les radios sont-elles libres de choisir les programmes qu'elles récupèrent ?

M. D. : Alors, en général, ce sont ceux des radios diocésaines ou des grosses radios, comme le réseau RCF, en France, qui est important – Radio Notre-Dame, à Paris – et ils récupèrent nos journaux, par exemple, qui sont des journaux d'actualité internationale, c'est une ouverture sur le monde qu'ils ne peuvent pas nécessairement se permettre, même financièrement.

P. K. : De qui dépend Radio Vatican ?

M. D. : De personne : on est un électron libre. On dépend des jésuites, qui, eux-mêmes, sont des électrons libres. Après, ils ont des comptes à rendre au pape ; parfois, on a des recommandations, des conseils. Par exemple, on a décidé de ne pas diffuser les images de l'État islamique sur notre site internet : ça, c'est une décision qui a été prise pour tous les médias du Vatican par la secrétairerie d'État. C'est celle qui s'occupe de la diplomatie, donc elle fait vraiment attention à ce qu'on publie, à ce qu'on diffuse. Et on est écoutés par les ambassadeurs auprès du Saint-Siège, ce sont un peu nos correspondants. Et il y a tous ces gens qui travaillent sur le terrain et qui font un travail vraiment incroyable : à Alep, à Homs, en Côte d'Ivoire, pendant la crise post-électorale…

P. K. : Vous avez dit qu'il y avait des religieux et puis des laïcs, aussi, dans cette radio. Est-ce qu'on vous demande, ou en tout cas, est-ce qu'on attend de vous que vous soyez catholiques, que vous soyez croyants ?

M. D. : Toutes les personnes qui travaillent pour le Saint-Siège sont baptisées et, maintenant, ils demandent aussi à ce que l'on soit confirmé. Et ils souhaitent qu'une lettre d'un prêtre garantisse notre parcours individuel.

De la radio au journal, le soir, il faut encore remonter la Via della Conciliazione, admirer la basilique illuminée qui brille au bout de l'avenue et, tranquillement, au milieu des touristes et des religieux, entrer à nouveau dans le Vatican par la porte Sainte-Anne… on longe la muraille jusqu'aux bureaux étrangement calmes de la rédaction de L'Osservatore Romano, *dans la salle d'attente de son directeur, Gian Maria Vian, une photo du pape Benoît qui lit le journal… On pourrait presque dire son journal…*

P. K. : Parlez-nous de l'histoire de *L'Osservatore Romano* ?

Gian Maria Vian : C'est un des journaux les plus anciens parce qu'il a été fondé en 1861, par un journaliste et un avocat. Ces deux laïcs sont partis à Rome avec l'intention de fonder un journal pour défendre les positions du pape, pas seulement comme chef de l'Église mais aussi comme souverain temporel.

P. K. : Il est devenu le journal de la papauté ?

G. M. V. : Il l'était déjà, mais ce n'était pas sa propriété. Le journal est publié pendant dix ans dans une Rome qui est sous l'autorité du pape. Puis, il est publié dans une Rome italienne, sans difficulté. Il a interrompu sa publication pendant trois semaines, pas plus. Le journal a obtenu ainsi sa liberté.

© Imagebroker / Leemage

Bibliothèque apostolique du Vatican.

P. K. : La liberté par rapport à qui ?

G. M. V. : Par rapport à l'Italie.
En 1929, il y avait le fascisme. Et *L'Osservatore Romano,* pendant toutes les années 1930 et pendant toute la guerre, a été un des journaux libres, dans la péninsule Italienne mais, je dirais même plus, une des rares voix libres en Europe. Et ça, parce que le journal était dans l'État du Vatican.

P. K. : Libre par rapport à l'Italie fasciste, mais est-ce qu'il était libre par rapport au pape ?

G. M. V. : Non. Chaque journal a un patron. Aucun journal n'est libre.

P. K. : Personne ne critique le patron.

G. M. V. : C'est évident. *L'Osservatore Romano,* lui, est à la fois un journal officiel et non officiel parce que, chaque jour, nous publions, dans une section du journal, nos informations – « *Nostre informazioni* » –, les audiences et les nominations du pape, et là, c'est officiel. Mais, en réalité, c'est le journal qui publie tout de suite et plus largement les textes du souverain pontife.

P. K. : Et comment cela se passe quand vous avez des affaires qui touchent le Vatican ? On peut penser à l'affaire des Vatileaks, ou aux affaires de pédophilie. Comment faites-vous, dans ces cas-là ?

G. M. V. : Nous avons beaucoup informé, surtout sur la question des abus, qui est un scandale énorme, qui a été une bataille pour le cardinal Ratzinger, puis pour le pape Benoît XVI, et qui continue à être dans les soucis de François. On cherche à publier des nouvelles sûres, à ne pas être instrumentalisés.

P. K. : Et le journal appuie aussi les réformes que le pape François essaie de mettre en place, la réforme de la Curie ?

G. M. V. : Évidemment. Il dit, en rigolant, que nous sommes le journal du parti.

Il est 7 heures du soir. La nuit est presque tombée. Il n'y a absolument personne, c'est désert. Il y a des réverbères qui sont allumés et c'est très étrange : on est comme dans une ville déserte avec des fenêtres qui sont toutes éteintes. Il y a des petits enfants qui jouent au foot dans une cour. Peut-être des enfants de gendarmes, des enfants de gardes suisses, en tout cas les enfants de ceux qui vivent au Vatican, qui ne sont pas très nombreux. Et puis là, nous arrivons près du poste de garde, près de la porte Sainte-Anne. Nous allons rejoindre la ville qui est bruyante et qui vit, alors que le Vatican semble déjà complètement endormi…

À l'intérieur du sanctuaire du *Wat Phnom*, le cœur spirituel de Phnom Penh.

PHNOM PENH
CITÉ PHÉNIX

VILLES-MONDES
Diffusion : 3 et 10/05/2015

Production : **Alain Lewkowicz**
Réalisation : **Céline Ters**
Coordination : **Catherine Liber**

« Krong Chaktomuk », littéralement « la ville aux quatre visages », située au confluent du Mékong, du Bassac et du Tonlé Sap, est livrée à la folie meurtrière des Khmers rouges en avril 1975. Lorsqu'elle est libérée en janvier 1979, elle n'est plus qu'une ville fantôme, où les rats règnent en maître. Depuis, New Phnom Penh renaît doucement de ses cendres, entre mélancolie et effervescence.

Le 17 avril 1975, le désormais légendaire « Monseigneur Papa », le roi Norodom Sihanouk, véritable icône vivante du non-alignement et père de la nation khmère indépendante, était à l'abri à Pékin tandis que les Khmers rouges faisaient leur entrée dans Phnom Penh. Après des jours de siège et de bombardements incessants, la victoire du mouvement politique et militaire radical communiste d'inspiration maoïste, dirigé par Pol Pot, sur l'armée loyaliste du gouvernement pro-américain et anticommuniste du général Lon Nol, mettait un terme à cinq années d'une guerre civile violente et marquait le commencement de ce qu'on a appelé « la tragédie cambodgienne ». Pendant 3 ans, 20 mois et 8 jours, les Khmers rouges se rendirent coupables d'un véritable génocide, provoquant la mort de près de deux millions de Cambodgiens. Ils plongèrent le pays dans l'horreur des camps de la mort et transformèrent le Kampuchéa démocratique en une véritable prison sans murs, totalement coupée du monde. Première mesure des nouveaux maîtres du pays, vider la ville de Phnom Penh de ses habitants…

S / Godong / Photononstop

90 % des habitants de Phnom Penh furent assassinés. Les années khmères rouges ont tout bouleversé, éliminant les classes éduquées et ceux qui formaient les structures de la société, cadres, militaires, juristes, enseignants, médecins, ingénieurs, fonctionnaires de la municipalité, techniciens… Après 1979, Phnom Penh était peuplée de 10 % de citadins et de 90 % de ruraux qui souvent n'étaient jamais venus en ville. Aujourd'hui, pour ne pas sombrer dans la douleur et la tristesse du quotidien, il reste les souvenirs, ceux des survivants de l'âge d'or du Cambodge, les années Sangkum du monarque Sihanouk, l'apogée des années Rock, Jerk et Cha-cha-cha made in Cambodia…

Nous suivons Linda Chan, cinéaste cambodgienne, notre guide et interprète, à la découverte de cette ville rescapée. Nous commençons notre promenade par le boulevard Monivong, où le trafic est incessant.

Lida Chan : Il existe de grands boulevards, comme Monivong, Norodom, ou encore Charles-de-Gaulle… En dehors de ces quelques noms, les Cambodgiens n'ont pas l'habitude de connaître les rues par leur nom. Parfois le travail ne laisse pas aux gens le temps de se balader pendant un ou deux mois ; ils découvrent souvent avec retard la construction ou la destruction des bâtiments.

Alain Lewkowicz : Mais comment fait-on pour traverser, il n'y a pas de passages piétons, les gens ne s'arrêtent pas…

L. C. : C'est difficile, il faut faire attention, car parfois les motos-dop doublent les voitures, et elles vont vite. Deux ou trois personnes parfois s'assoient à l'arrière de ces motos-taxis.

À quelques mètres seulement de la cohue du boulevard Monivong, nous parvenons au fond d'une ruelle calme, en dehors du temps. Sovan Philong, un jeune photographe, nous attend dans cet endroit étrange, symbole du renouveau après le cataclysme.

Sovan Philong : J'ai découvert ce lieu en 2009, c'est un endroit secret où les gens vivent paisiblement, en cachette. C'est une

Rithy Panh, cinéaste et cofondateur du centre Bophana.

François Ponchaud, prêtre des Missions étrangères de Paris, présent au Cambodge depuis 1964.

Pol Pisey, écrivain et présidente de la maison des écrivains Khmers.

Serge Rémy, architecte et urbaniste.

Henri Locard, professeur d'histoire contemporaine à l'université royale de Phnom Penh.

Sovan Philong, jeune photographe.

Youk Chank, directeur du DCCAM le centre de documentation sur le génocide au Cambodge.

Meas Sokhorn, peintre.

Davy Chou, jeune cinéaste franco-khmer.

Kanitha Tith, jeune plasticienne.

Sok Chanphal, jeune écrivain.

Pa Lina, photographe du patrimoine.

Kompheak Phoeung, comédien qui incarne Duch dans le dernier film de Régis Wargnier, *Le Temps des aveux*, et qui a été le traducteur officiel de Duch, lors de son procès pour crimes de guerre et crimes contre l'humanité.

Lida Chan, notre guide et interprète, également documentariste (documentaire sur les mariages forcés sous les Khmers rouges et sur les conditions de travail et d'existence des ouvrières du textile à Phnom Penh).

ancienne église devenue après 1979 un orphelinat jusqu'en 1997 environ. C'est à ce moment-là que le gouvernement a décidé de donner cet endroit aux communautés et les gens ont commencé à s'y installer librement. Dans l'église, il y a de petites maisons construites en brique. Les gens se bâtissent de petits compartiments de quelques mètres, c'est très beau de les voir marquer joyeusement le numéro de leur maison, c'est comme une identité...

© Bertrand Gardel / Hemis / Corbis

Embouteillages le long du quai Sisowath.

Une femme, dans l'église : Je suis venue à Phnom Penh pour travailler et j'ai commencé par monter des petits commerces. Quand j'ai acheté cette maison en 2000, elle était en bois, maintenant je commence à l'élargir et à construire en brique. Je suis née en 1981, après les Khmers rouges. J'ai entendu dire que la ville était vide à l'époque, mais je n'en sais pas plus.

Nous quittons l'église pour gagner le « Wat Phnom », *au centre de la cité, le sanctuaire bouddhiste qui a donné son nom à la ville.* « *Phnom Penh* » *signifie* « *la montagne de Madame Penh* ». *La légende dit qu'en 1373, Madame Penh a vu flotter un radeau sur le Mékong, qu'elle l'a ramené au rivage et, y trouvant trois statues de Bouddha, a construit ce stupa pour les abriter.*

François Ponchaud : Là, nous nous trouvons vraiment au centre spirituel de la ville et du Cambodge, dans un microcosme où communiquent le ciel et la terre. C'est si vrai qu'en 1974, pendant la guerre, lorsque la foudre est tombée sur le sommet de ce stupa, les Phnom Penhnois ont cru que les dieux étaient contre eux et qu'ils allaient être vaincus. De fait, en 1979, l'armée vietnamienne chassa les Khmers rouges. À 500 mètres d'ici, s'élevait une cathédrale immense, chef-d'œuvre en béton armé de 1958. Lorsque je suis arrivé au Cambodge en 1965, on m'a dit : « Quand il y aura un gouvernement nationaliste, ils détruiront la cathédrale », et c'est ce qu'ont fait les Khmers rouges. Non pas par haine du christianisme, mais parce que simplement, ils ne pouvaient pas supporter un tel bâtiment en face du Phnom.

Pol Pisey : En 1975, je vivais à Phnom Penh et lorsque l'on a appris l'arrivée des Khmers rouges, on était contents car on pensait que la paix et la stabilité du pays allaient revenir. Je me souviens de la joie de ma cousine qui était enceinte et a même appelé son enfant « *Pheap* », « paix » en cambodgien. Je ne l'ai jamais retrouvée. Comme tous mes cousins et cousines, ils ont tous été tués par les Khmers rouges.

Rithy Panh : Le 17 avril, je m'en souviens à la seconde près. Toute la chronologie, la peur. On a ressenti une angoisse extraordinaire. Les Khmers ne parlaient même pas, ils entraient et nous faisaient sortir de nos maisons, c'est tout. Il y a des techniques pour pousser les gens : on ne touche pas avec les doigts, on touche avec les âmes.

Youk Chank : Ils m'ont fait sortir de ma maison et m'ont dit d'aller dans mon village d'origine. J'étais tout seul, j'ai marché, j'ai compris que j'étais isolé dans un monde où beaucoup partent tous ensemble mais ne se parlent pas. J'ai eu l'impression que les gens n'étaient plus humains...

Rithy Panh : On les croyait quand ils disaient qu'il y avait nécessité de nettoyer la ville pendant trois jours pour désamorcer des armes, des mines, mais pas quand ils prétendaient que les Américains allaient bombarder. Petit à petit, les choses ont mal tourné, on voyait des corps flotter sur les fleuves. Au bout de cinq mois, on a basculé dans autre chose, dans l'inconnu.

François Ponchaud : Le 17 avril au matin, un cadre khmer rouge m'a dit : « La ville est mauvaise, parce qu'il y a de l'argent, donc de la corruption, allez donc cultiver ce que vous mangez à la campagne. » En 1950, Phnom Penh était composée de 66 % de Chinois et de 30 % de Vietnamiens à peu près. Les Khmers les accusaient de ponctionner toutes les richesses du pays pour les vendre aux étrangers qu'ils appelaient des « compradors ». Dans leur logique marxiste, il fallait éliminer ces chancres et renvoyer les habitants à la campagne pour qu'ils redeviennent khmers. Tous les citadins, environ deux millions de personnes, ont été évacués en seulement quatre jours. Une ville fantôme, plus rien du tout. Les portes des magasins éventrées, des affaires au milieu de la route, des Khmers rouges un peu partout et sinon, plus personne.

Alain Lewkowicz : Mais la ville est restée debout ?

Rithy Panh : Une ville sans âme n'est rien, ce n'est qu'un ensemble de bâtiments. La grâce d'une maison, ce sont les habitants qui y vivent. Voici le drame de Phnom Penh : c'est une des rares villes dans l'histoire où tout le monde a été jeté dehors. Plus encore, on a essayé de rendre Phnom Penh rurale, en amenant la rizière en ville. Ils ont touché à l'âme d'une ville, son histoire, son identité. Dans les crimes de masse, c'est toujours comme ça : on détruit d'abord l'identité.

AU CAMBODGE, LES FANTÔMES SONT PARTOUT.

Youk Chank : Quand je suis revenu à Phnom Penh, j'ai voulu revoir mes amis, mais je ne les ai pas retrouvés. J'ai perdu mon enfance, je ne l'ai pas vécue. Je ne crains pas les Khmers rouges, les fantômes, mais quand je pense à mon enfance perdue, là j'ai peur.

Nous sommes à un endroit baptisé Tuol Sleng *(« Colline empoisonnée ») par la République populaire du Kampuchéa, dominée par les Vietnamiens, et avant, l'un des nombreux lycées construits auparavant par Sihanouk sous le Sangkum. Sous les Khmers rouges, c'était le centre du régime carcéral qui couvrait tout le pays et a pris le nom de code de S-21, S pour « sécurité », le 2 pour le deuxième bureau, la police et les services secrets, et le 1 parce que c'était la première prison du pays, celle des cadres Khmers rouges.*

Henri Locard : Les interrogatoires n'avaient pas souvent lieu dans la prison, mais dans les villas alentour. Ce quartier est aujourd'hui en train de s'embourgeoiser, et j'ai entendu dire que sur ces chantiers, on découvrait assez facilement des restes humains...

Alain Lewkowicz : On n'a pas l'habitude de voir un musée aussi fort symboliquement, si proche finalement du quotidien de la population de la ville...

H. L. : Il y a même un magasin de chaussures juste à côté qui s'appelle *Tuol Sleng* ! Le mot *Tuol Sleng* est associé simplement à un quartier, sans connotation particulière. Et heureusement, les gens ne vivent pas tout le temps dans des cauchemars, avec des fantômes. Laisser ce lieu vide aurait forcé beaucoup de gens à vivre à la périphérie de la ville et, quand on y habite depuis un certain temps, on ne pense plus à ce qui s'est passé, Dieu merci ! Tous les Cambodgiens croient à la réincarnation, qui nécessite certains rituels, certaines cérémonies funéraires et surtout pour les bouddhistes, l'incinération. Si l'on n'exécute pas tous ces rituels, on devient une âme errante. Une fois que le tribunal aura terminé ses investigations, espérons au cours de l'année 2015, la réparation symbolique la plus importante serait une grande cérémonie d'incinération de tous ces ossements, de façon à pouvoir libérer maintenant tous ces fantômes.

Sok Chanphal : Les fantômes au Cambodge nous entourent partout.

Pol Pisey : Cette période me hante toujours. C'est comme un homme qui me suit tout le temps. Dans les années 1980, j'ai écrit *La Plainte de l'âme de mon père* : l'histoire raconte qu'il est déjà mort, mais qu'il revient pour porter plainte, pour demander pourquoi il a été tué, quelle est sa faute...

À bord d'une petite embarcation, nous passons devant l'une des plus anciennes pagodes de Phnom Penh, nous contemplons les façades, celles de l'époque coloniale, celles du Sangkum, du retour de l'indépendance, et celles des bâtiments contemporains et nous parvenons au Palais royal.

Serge Rémy : Le Palais royal est un symbole du Cambodge puisqu'il est à la fois la résidence du roi, le siège sacré de la pagode d'Argent, et enfin le lieu de l'un des festivals les plus importants du Cambodge, la fête des Eaux, pendant laquelle le roi lance les joutes des grands bateaux qui s'affrontent sur le fleuve. Au moment de la mort de Norodom Sihanouk en 2012, on a vu des centaines de milliers de personnes se réunir devant le Palais royal ainsi que plus d'un millier de moines venus prier pour l'âme du roi. Des femmes et des hommes s'étaient rasé la tête en signe de deuil.

François Ponchaud : Phnom Penh est devenue capitale du Cambodge lors du protectorat français en 1863 et les Français ont construit le Palais royal. Pendant tout le protectorat français, de 1863 à 1953, puis sous le règne du prince Siahnouk, depuis 1953 date de l'indépendance jusqu'en 1970, trois villes coexistaient : le centre résidentiel des Français, la ville chinoise et, autour du Palais royal, la ville khmère. Phnom Penh, c'était la perle de l'Orient, très bien tracée, très bien dessinée grâce aux ingénieurs français.

Rithy Panh : Il y avait des éléphants au Palais royal, et des tamariniers dont j'allais voler les tamarins qui étaient sucrés. C'était l'enfance insouciante...

Serge Rémy : Depuis le Palais royal, on voit le stade olympique, un parc fréquenté par les jeunes et moins jeunes, les actifs, les retraités, les sans-emploi, les étudiants, on y vient pour s'entraîner, pour flirter...

A. L. : On vient y flirter parce qu'il n'y a pas de lumière ?

S. R. : Je n'y avais pas pensé, mais je pense, oui ! Dans les années 1950-1960, les visiteurs appréciaient Phnom Penh

En plein cœur de la ville, *Tuol Sleng* ou S-21, le musée du génocide khmer depuis 1980.

pour la largeur de ses avenues, pour ses cafés, le Palais royal, l'ancien quartier français et sa brasserie *La Paillote*. La guerre d'Indochine faisait rage et, par temps frais, on entendait les bombardements, mais Phnom Penh était paisible et les Cambodgiens, très fiers de leur capitale. Le retour à l'indépendance en 1953 s'était fait sans violence, les Français étant empêtrés dans le conflit indochinois. Le pays était jeune, le prince Sihanouk, un chef d'État autoritaire mais visionnaire, voulait montrer l'indépendance du pays par l'architecture.

À l'intérieur du parc, se trouve un dancing, très couru dans les années 1960.

Kanitha Tith : C'est une actrice très connue des années 1960 qui m'a amenée ici pour la première fois et je me suis dit tout de suite que c'était un endroit pour danser. Mais c'est un endroit particulier, on y danse le rock, le cha-cha-cha, le gogo dancing, mais aussi des danses comme le tango et toutes les danses qui se font à deux. L'esprit de ce lieu est très sixties, les gens qui viennent ici ont 60 ans et plus, ils viennent pour le plaisir de danser et puis pour réveiller la mémoire de ce passé, d'avant les Khmers rouges...

A. L. : Il est indiqué qu'il est interdit d'entrer avec un pistolet, ça arrive souvent ?

K. T. : Ça n'arrive jamais à l'intérieur du dancing. Ils mettent ça parce qu'ils ne veulent pas d'ennuis. Avant, il y avait beaucoup d'armes dans le pays, avec les Khmers rouges, l'armée gouvernementale...

D. C. : Les filles qui travaillent ici sont hôtesses. Pourtant, quand elles dansent avec leurs clients, ceux-ci gardent toujours une espèce de retenue comme s'ils retrouvaient un peu de leur jeunesse des années 1960, dans un pays où il

Chum Mey (à gauche), l'un des trois derniers survivants de l'ancienne prison S-21, dans le couloir du rez-de-chaussée menant aux cellules en brique (à droite).

y avait une certaine dignité dans les relations entre garçons et filles. En même temps, tout est joué, il y a un rapport marchand, mais le temps d'une soirée, ils entretiennent cette illusion-là. Ils trouvent là une sorte de bulle, comme si les années 1960 existaient toujours.

K. T. : Dans les années 1960, ils mélangeaient ces nouvelles musiques à la musique traditionnelle, ils pouvaient danser comme des fous, avoir les cheveux longs et bouger la tête comme des hard-rockeurs, mais les traditions étaient respectées sans que cela pose problème. Après la guerre, l'esprit qui avait animé les sixties a disparu. Comment voulez-vous faire revivre cette époque s'il n'y a pas des gens qui ont survécu pour le faire ?

Youk Chank : Moi, je pense toujours à la ville de Phnom Penh avant, aux fleurs violettes sur le boulevard Norodom. Je rêve et je garde tout ça dans ma mémoire pour toujours, mais je ne veux pas vivre dans le passé l'histoire. Le pays doit se développer...

© PlusOne / Shutterstock

Lorsque, le 7 janvier 1979, les Vietnamiens libèrent le Cambodge – rebaptisé Kampuchéa démocratique –, de sa folie meurtrière, Phnom Penh est alors décrite comme une ville fantôme où le silence est qualifié d'assourdissant. Les rues sont longées de façades trouées de vides béants, les toitures ont disparu et, par endroits, la ville est redevenue un territoire rural, envahi par la végétation et les plantations sauvages. Les nouveaux habitants, des ruraux déracinés qui n'ont pour la plupart jamais vu de ville, s'installent où ils veulent, parfois où ils peuvent, dessinant une nouvelle territorialité, définissant des découpages socio-administratifs inédits.

Phnom Penh est aujourd'hui un monde tumultueux sans service public et revêtant les habits neufs d'une conception très asiatique de la modernité où cohabitent des puissants outrancièrement riches, une main-d'œuvre sans doute la moins chère d'Asie du Sud, des cohortes d'indigents sans terre et sans abri et une petite classe moyenne émergente qui ne souhaite qu'une chose : être connectée au monde. Les cartes urbaines sont redistribuées donnant la part belle à la spéculation, aux projets immobiliers gigantesques et lucratifs, et à la corruption. Phnom Penh est sans doute aujourd'hui à l'image d'un pays où tout semble, encore et toujours, urgent...

Kanitha Tith : Avoir 20 ans aujourd'hui à Phnom Penh est très excitant parce que le pays est en plein boom et la croissance, très forte. Quand je roule en scooter, je regarde tout, les tuk-tuks, les ouvriers qui revendiquent des augmentations de salaires dans le parc de la Liberté, les écoliers, les nouveaux buildings sur lesquels des écrans géants diffusent des pubs.... C'est là que je trouve l'inspiration, dans tout ce qui est très nouveau pour nous et pour le Cambodge.

JE GARDE TOUT ÇA DANS MA MÉMOIRE POUR TOUJOURS, MAIS JE NE VEUX PAS VIVRE DANS LE PASSÉ, L'HISTOIRE. LE PAYS DOIT SE DÉVELOPPER...

Serge Rémy : La jeunesse a des aspirations, des demandes et elle les revendique. Pendant les élections générales de 2013, elle a découvert le plaisir d'aller dans des cafés, fermés, climatisés, à l'abri d'oreilles indélicates, et elle a commencé à parler de changements politiques et sociaux. Certes, ces jeunes portent en eux le traumatisme du génocide mais ce qu'ils souhaitent aujourd'hui, c'est regarder vers l'avenir. Et cet avenir se dessine par la consommation : changer de téléphone portable tous les six mois, par exemple, aller en province, voyager, rester avec des amis tard le soir dans un café... Ces aspirations légitimes n'ont pas été totalement mesurées par le pouvoir en place, qui essaie à présent de rattraper le temps perdu, face à cette jeunesse câblée, connectée, qui, à mon avis, avance beaucoup plus vite qu'en Occident.

Meas Sokhorn : Personne ici ne respecte le

Le Palais royal de Phnom Penh.

code de la route, les gens foncent, se garent où ils veulent, ils s'en fichent, ils savent qu'il y a des lois, mais ils font comme si elles n'existaient pas… Les gens de cette ville ne s'intéressent ni à son atmosphère ni aux liens sociaux qui devraient s'y tisser, ils ne mangent que des restes et ne partagent pas…

S. R. : Lorsque Phnom Penh tombe, en 1979, ce pays est une espèce de grand bateau échoué et il faut partout reconstruire, réhabiter, réinventer presque une mémoire. Mais comment réinvente-t-on une mémoire ? En commençant par le b.a.-ba, se reconnaître les uns les autres, se questionner : d'où viens-tu, de quelle province, de quel village, as-tu retrouvé tes père et mère… Le travail de Rithy Panh ou de jeunes réalisateurs cambodgiens repose sur cette idée que la mémoire, c'est de l'amnésie en moins et de la vie en plus.

Le prestige de Phnom Penh est lié à une prouesse et à une extravagance technique, une île créée de toutes pièces, aujourd'hui occupée à plus de 80 %, à la fois de halls d'exposition, de résidences de prestige pour la nouvelle classe moyenne supérieure, mais aussi de lieux de flirt où l'on arrive en mobylette ou en scooter – n'oublions pas le Cambodge, c'est 70 % d'habitants qui ont moins de 30 ans, même moins de 25 ans. Les Cambodgiens ne disent pas Diamond Island *mais* « Koh Pich », « Koh » *pour « île »,* *et* « pich » *pour « diamant ».*

Davy Chou : C'est un des lieux qui me fascine le plus, une ville dans la ville. En 2009, cet endroit était complètement désert, à l'exception peut-être du bâtiment derrière nous que les gens ici appellent « l'usine à mariage », plein de grandes salles vides, toutes identiques où les gens viennent se marier. Tout à l'heure, je suis passé en moto-dop, et il y avait trois grands mariages en même temps. Pour ces jeunes de 17-20 ans, venir traîner ici, c'est avoir l'impression de faire partie du monde connecté de Twitter, Facebook ou YouTube…

S. R. : Dans cet endroit proprement invraisemblable, il existe une rue de Paris ou une rue de France, et on envisage la construction d'une tour Eiffel et d'un Arc de Triomphe ! L'obsession aujourd'hui, c'est de vraiment tourner la page de la guerre et des Khmers rouges, de créer la Phnom Penh du prochain millénaire. C'est le discours officiel du gouvernement royal : la capitale de demain ne doit plus avoir de référence au passé.

D. C. : À côté de ces jeunes des classes moyennes émergentes, il y a aussi des familles très modestes, des grands-mères qui viennent de province en tuk-tuk pour voir *Diamond Island,* et déambuler dans le parc romantique à colonnes gréco-romaines.

S. R. : La modernité pour les Cambodgiens, c'est la Corée, Singapour, la Chine… Je me souviens d'une réunion au cabinet du Premier ministre où on nous montrait le Shanghai de 1980 et celui de 2010. Puisque les Chinois ont été capables de le faire en trente ans, pourquoi ne pas tenter, à une moindre échelle, de construire une capitale qui demain sera citée en référence comme dans les années 1960 ?

Rithy Panh : Je suis allé sur cette île deux ou trois fois seulement, pour voir. Cela n'épouse pas ma façon de voir le monde, ma culture, mon passé, l'héritage de mes parents, de mes ancêtres... Moi, je suis plutôt nostalgique de la Phnom Penh d'autrefois, une petite ville calme, comme ailleurs en Asie... Ce que je regrette, ce qui me perturbe, c'est de trouver à Phnom Penh, Singapour ou Bangkok, les mêmes immeubles, les mêmes repas, les mêmes cinémas. Le développement d'une ville, c'est très délicat, et j'ai l'impression que celui de Phnom Penh aujourd'hui ne suit pas vraiment de schéma. Il faut faire attention, même pour le tourisme : si demain, on découvre la même chose à Bangkok ou Singapour qu'à Phnom Penh, on va finir par ne plus venir...

DEPUIS CINQ ANS, CETTE VILLE EST COMME UNE COCOTTE-MINUTE, EN TRAIN DE BOUILLIR, DE CONSTRUIRE.

Le stade olympique est entouré de constructions, de chantiers immenses recouverts de bâches vertes, qui donneront naissance à des appartements plutôt luxueux, des supermarchés, des boutiques de luxe...

A. L. : Qui peut acheter un appartement dans ce genre d'immeuble aujourd'hui ?

S. R. : Il y a une classe moyenne supérieure émergente qui peut s'offrir un appartement à 150, 200 ou 300 000 dollars, voire plus. Depuis cinq ans, cette ville est comme une cocotte-minute, en train de bouillir, de construire, selon un développement un peu désordonné.

François Ponchaud : De 1970 à 1975, des millions de réfugiés sont arrivés à Phnom Penh, fuyant à la fois les bombardements américains et la barbarie des Khmers rouges. À ce moment-là, il n'y avait aucune route goudronnée, aucune voiture. Jusqu'en 1993, les rares voitures qui circulaient dans la ville étaient celles de l'ONU ou de corrompus, d'une nomenklatura au luxe tapageur, outrageant pour les pauvres. Progressivement, la vie s'est améliorée, on a refait le système d'eau – l'eau de Phnom Penh est l'une des meilleures du Sud-Est asiatique –, on a remis l'électricité, et à partir des années 2000, la vie est redevenue normale. Depuis les années 2010, c'est l'endroit où règnent les trafics en tout genre, c'est une ville qui est maintenant très défigurée par un développement exponentiel.

Nous sommes à présent au milieu de ce qui était le lac Boeung Kak il y a encore trois ans.

A. L. : Il y a des dunes de sable et, juste à côté, un terrain de football synthétique, c'est ça le futur de Phnom Penh ?

Pa Lina : Beaucoup de pêcheurs, de cultivateurs de légumes habitaient ici avant ; on ne sait pas où sont partis ces gens.

S. R. : Ce lac Boeung Kak, qui a été asséché, était un endroit convivial, agréable, une espèce de village au centre de Phnom Penh. Ce lac servait de réservoir, il réduisait la durée des inondations qui mettaient en péril aussi la santé des habitants et causaient parfois de sérieux dégâts. Phnom Penh était une ville d'eau, mais les canaux ont été bétonnés, certains recouverts et Boeung Kak ressemble aujourd'hui à une espèce de terrain vague improbable, comme si une bombe était tombée en son cœur. L'entreprise en charge du développement de cet endroit s'interroge maintenant sur la possibilité de creuser deux lacs et de réinstaller une population.

Pa Lina : Pour moi, la ville moderne, ce n'est pas seulement des centres commerciaux, des buildings, mais aussi la nature, des lacs naturels... Mais même autour de ma maison, il y a beaucoup d'usines, de bâtiment, beaucoup de pollution.

New Phnom Penh, cité ouvrière. Juste en face des usines de grandes marques étrangères, un marché où vers 16 h-18 h, on se presse pour acheter des légumes, un morceau de viande pour préparer le repas du soir.

A. L. : Ces usines sont de véritables villes, entourées de murs. C'est un phénomène récent ?

L. C. : Certaines remontent aux accords de Paris, mais la majorité aux années 2000. Beaucoup d'usines étrangères se sont alors implantées dans le pays, jusqu'à 600 à l'échelle nationale. Elles emploient essentiellement des femmes et des jeunes, qui n'ont pas de travail à la campagne.

A. L. : Et ils sont surveillés...

L. C. : À Phnom Penh et partout ailleurs dans le pays, les ouvriers sont enfermés, ils entrent dans l'usine très tôt le matin et finissent entre 16 h et 20 h, car ils compensent un salaire très bas par des heures supplémentaires pour économiser et envoyer une partie du salaire à leur famille. Ils travaillent dur, ne mangent pas assez et on les retrouve souvent évanouis. Dans la tradition cambodgienne, ce sont les maris qui rapportent l'argent pour subvenir aux besoins de la famille, mais à présent, la vie est si difficile que de plus en plus de femmes travaillent. Le Cambodge est l'un des pays qui a les plus bas salaires au monde, c'est pour ça qu'il y a de plus en plus d'implantations d'usines. Des camions ne cessent de déposer des ouvriers devant les usines, alors que la campagne est désertée par les jeunes. Les syndicats sont très actifs au Cambodge, ils soutiennent des manifestations, informent les ouvriers sur leurs droits et les amènent à se questionner sur leur condition par rapport à d'autres pays. Par exemple, pourquoi en Corée, la même marque paie 1 000 ou 2 000 dollars, là où elle en paie 100 pour le même travail

© Philip Date / Shutterstock

Vue depuis le Mékong.

au Cambodge ? L'année dernière, suite à une manifestation pacifique, des affrontements ont fait au moins 40 blessés et 4 morts. Et pour ces blessés, ces morts, personne n'a été jugé.

A. L. : On a l'impression que ce quartier a été bâti sur une décharge, il y a énormément de déchets. Il s'agit plutôt de survivre que de vivre…

L. C. : La plupart des ouvriers s'endettent car ils ont parfois besoin d'envoyer de l'argent en urgence à leur famille, en cas de maladie, car il n'y a pas d'assurance.

F. P. : Le 4 janvier 2014, l'armée, ou plutôt la garde prétorienne du Premier ministre, a tiré sur la foule des ouvriers. Cette injustice ne peut qu'éclater tôt ou tard, c'est trop douloureux, trop pénible pour les masses populaires d'être ainsi méprisées par cette nomenklatura au pouvoir qui ne recule devant rien pour se faire de l'argent…

Kompheak Phoeung : Je me demande tout simplement à qui profite ce développement… Il faut que ce développement soit équitable si l'on ne veut pas revenir un jour ou l'autre au régime khmer rouge. À l'époque aussi, beaucoup de Cambodgiens se voyaient confisquer leurs biens ou étaient opprimés. Si on ne prend pas soin du présent, on risque de refaire le même chemin et cela coûtera encore beaucoup de chair humaine, de sang…

Nous terminons notre voyage dans la ville avec le célèbre théâtre d'ombres cambodgien, toujours dans l'ombre du passé de Phnom Penh…

Kompheak Phoeung : Ramayana, *Reamker* en khmer, est un personnage divin, qui veut vaincre à la fois les démons et les humains. La version khmère lui confère plus de caractères humains, donc de faiblesses, de défauts, et de qualités. Il y a une rupture dans l'histoire du Cambodge, le régime khmer rouge est parti avec un pan entier de la culture khmère, en particulier avec une partie du théâtre d'ombres. Au Cambodge, il n'y a plus qu'une trentaine de troupes de cette taille. Nous essayons de faire renaître ces formes qui tendent à disparaître, par exemple le théâtre d'ombres grand format, c'est en quelque sorte un travail de mémoire…

Rithy Panh : Les artistes ont failli disparaître. Le miracle, c'est que cinq, six danseuses du Ballet royal ont survécu, qui connaissent encore des chants par cœur. Qu'il y ait encore des danseurs qui repartent en tournée, c'est un miracle. Pour l'instant, la culture n'est pas au milieu de la ville. Dans les années 1980, il fallait d'abord vivre, soigner, et on avait tendance à oublier la culture. Aujourd'hui, une volonté renaît, il faut la soutenir. Si la culture est considérée comme une des conditions de réussite, de développement, on pourra faire de belles choses.

Kompheak Phoeung : Phnom Penh est une ville bâtarde. La pauvreté et la richesse se côtoient, dans un contraste total, certaines catégories sociales peuvent se payer un repas de 300 ou 400 dollars alors que le salaire moyen des gens n'est même pas de 160 dollars. Une ville sans mesure on peut dire… L'avenir, je ne peux pas le voir pour l'instant. Je souhaite qu'on prenne soin du présent, et si le présent est en bonne santé, alors l'avenir sera splendide…

Quel temps fera-t-il **en 2050 ?**

MAGAZINE DE LA RÉDACTION
Diffusion : 05/06/2015

Production : **Véronique Rebeyrotte** et **Anne-Laure Choin**
Réalisation : **Annie Brault**

Alors que se prépare la conférence mondiale de Paris sur le climat (COP21), la menace ne pèse plus seulement sur les générations futures : elle est réelle, concrète, ici et maintenant. Hausse des températures, phénomènes climatiques extrêmes, diminution de l'enneigement, montée du niveau des eaux, adaptation de l'agriculture... La France de 2050 dépendra de ce que nous décidons, ou ne décidons pas, dès aujourd'hui.

Un magazine diffusé lors de la journée spéciale climat sur France Culture et la Journée mondiale de l'environnement, le 5 juin 2015.

Pascal Canfin, écologiste, ex-ministre délégué au Développement du gouvernement Ayrault.
Ronan Dantec, sénateur Europe Écologie Les Verts de Loire-Atlantique et l'un des acteurs des négociations sur le climat, porte-parole mondial de Cités et Gouvernements locaux unis (CGLU) sur le climat.
Jean Jouzel, climatologue du Groupe d'experts intergouvernemental sur l'évolution du climat (GIEC), prix Nobel de la paix en 2007.
Gonéri Le Cozannet, ingénieur sur la question des risques côtiers et changements climatiques au Bureau de recherches géologiques et minières (BRGM).
Julie Mugica, ingénieur littoral au Bureau de recherches géologiques et minières (BRGM).
François Moisan, directeur de l'Agence de l'environnement et de la maîtrise de l'énergie (ADEME).
Serge Planton, responsable du groupe de recherches climatiques à Météo-France Toulouse.
Jean-François Soussana, directeur scientifique Environnement à l'Institut national de la recherche agronomique (INRA).

© Stéphane Bidouze / Shutterstock

Toulouse, siège de Météo-France. Le responsable du groupe de recherches climatiques, Serge Planton, analyse des courbes sur ses ordinateurs. Il a participé à la rédaction d'un rapport publié en mars 2015 à la demande du ministère de l'Écologie sur le climat de la France au XXIe siècle. Cap sur 2050...

Serge Planton : À l'horizon 2050, on prévoit un réchauffement d'environ 1,3 °C. Cela peut paraître faible, mais ce qui est important, c'est le phénomène d'accélération : sur cinquante ans, le rythme de réchauffement est au moins deux fois plus rapide que sur un petit peu plus d'un siècle auparavant. Pour donner un autre ordre de grandeur, un réchauffement typique de 2 °C signifierait que la température actuelle de Toulouse se retrouve à Melun.

Véronique Rebeyrotte : Expliquez-nous concrètement vers quel climat on va dans les dix décennies futures.

S. P. : On sait que les vagues de chaleur vont se multiplier, qu'elles vont devenir à la fois plus intenses, plus longues et plus fréquentes. Selon un scénario fort d'émissions, à la fin du XXIe siècle, elles seront un événement quasiment normal, assez habituel en tout cas.

V. R. : En 2003, on a constaté les effets de la canicule sur la mortalité des personnes les plus vulnérables.

S. P. : La vague de chaleur de 2003 a duré moins d'une vingtaine de jours, celle de 2006 a dépassé la vingtaine de jours, ces scénarios prévoient des épisodes qui pourraient atteindre une quarantaine de jours selon nos définitions actuelles d'un épisode de canicule.

V. R. : On parle aussi de sécheresse et, dans le même temps, d'inondations spectaculaires.

S. P. : On s'attend à ce que les sécheresses deviennent aussi plus longues, plus étendues dans l'espace. C'est un phénomène que l'on observe déjà sur les dernières décennies. Du fait de la hausse de température, l'évaporation des sols augmente et cette évaporation est l'un des facteurs les plus aggravants de la sécheresse, et particulièrement de la sécheresse agricole. On sait également que la variabilité et l'intensité des pluies devraient augmenter, même si l'on ne peut pas se prononcer sur la multiplication d'épisodes aussi extrêmes que celui de Montpellier en 2014, où il est tombé plus de 250 mm d'eau en 24 heures.

V. R. : Certains endroits deviendront-ils invivables ?

S. P. : On ne peut pas parler forcément de climat invivable. Si on veut faire une analogie pour imaginer le climat dans la région parisienne au milieu du XXIe siècle, on peut le comparer à celui de Madrid, en termes de températures et précipitations. Cela signifie que des adaptations seraient nécessaires. La climatisation paraît incontournable mais aboutirait à un réchauffement de l'air extérieur d'environ 2 °C, si elle était généralisée à Paris par exemple.

Étés très chauds, sécheresse chronique, le paysage agricole change en 2050. Pas d'oliviers pour autant au nord de la Loire car les gelées hivernales seront toujours d'actualité, mais il va falloir adapter nos cultures aux nouveaux aléas climatiques. Ce à quoi travaillent l'Institut national de la recherche agronomique et son directeur scientifique Environnement, Jean-François Soussana.

Jean-François Soussana : Un exemple assez emblématique, c'est celui de la vigne. La viticulture est d'ores et déjà confrontée à des épisodes de sécheresse, à des températures élevées qui entraînent des modifications dans les pratiques, comme l'avancement de la période des vendanges de trois semaines au minimum, parfois plus. Il est également nécessaire de contenir le degré alcoolique des vins, qui augmente, par les pratiques ou par des solutions technologiques comme les levures que l'INRA met au point. Il y a des évolutions dans les pratiques qui partent de la parcelle, du vignoble et vont jusqu'à la technologie, jusqu'aux transformations agricoles. Si l'on se projette un peu plus loin dans le temps, c'est-à-dire dans les années 2050, il est possible que l'on ait besoin de reconfigurer les systèmes, certains d'entre eux du moins, pour limiter les impacts du changement climatique les plus forts. Dans le Sud-Ouest de la France, la culture du maïs irrigué sera soumise aux tensions grandissantes autour de l'eau. Les demandes des autres secteurs seront en effet croissantes, à un moment où, sous l'effet conjugué du réchauffement et de précipitations irrégulières, les ressources diminueront. On peut s'attendre, par conséquent, à ce qu'il y ait de plus en plus d'arrêtés interdisant l'irrigation à certaines périodes et que les cultivateurs de maïs soit amenés à faire évoluer leur système. On sait déjà, par exemple, que l'on pourrait substituer au maïs une autre plante tropicale, le sorgho, qui a une consommation en eau réduite.

V. R. : À quoi ressemblera une exploitation agricole en 2050 ?

J.-F. S. : Fort heureusement, la France est un pays qui a une grande diversité de régions agricoles, de systèmes de production, de traditions également en matière d'agriculture, d'alimentation, donc il n'y a pas d'exploitation type. Mais je pense que l'on observera toute une série de petits changements, d'adaptations incrémentales, qui permettront de conserver très largement nos systèmes de production actuels grâce à une recherche qui aura permis de trouver des plantes plus tolérantes à la sécheresse, des animaux plus tolérants aux vagues de chaleur ou des itinéraires agronomiques qui émettent moins de protoxyde d'azote ou qui stockent du carbone dans les sols.

V. R. : Peut-être faudra-t-il aussi changer nos habitudes alimentaires ?

J.-F. S. : Effectivement, l'autre piste tout à fait sérieuse aujourd'hui est celle d'une modification de la demande. De la même manière que dans le secteur de l'énergie, que l'on parle d'économie d'énergie ou que l'on envisage de changer le mix énergétique, il faut réfléchir au système d'alimentation. Les pertes et les gaspillages liés aux modes de consommation dans les pays développés sont dus à des problèmes de logistique, de transport et de stockage dans les pays en développement, et les réduire permettrait de limiter les émissions de gaz à effet de serre. La consommation de produits animaux, et en particulier de viande rouge dont les émissions par kilo sont plus élevées, mérite aussi d'être débattue. De nouveaux usages vont se développer dans un contexte où l'on devra produire toujours notre alimentation, ce qui supposera encore des efforts d'adaptation considérables.

De la terre à la mer. Sur la côte sableuse d'Aquitaine, les falaises n'ont pas fini d'être grignotées par la montée du niveau des mers et lors d'épisodes brutaux comme des tempêtes de plus en plus fréquentes. Dans le quartier ostréicole de l'Aiguillon dans la commune d'Arcachon, Julie Mugica est ingénieur littoral au BRGM, le Bureau de recherches géologiques et minières. Son collègue Gonéri Le Cozannet est ingénieur spécialisé dans la question des risques côtiers et changements climatiques.

Julie Mugica : Historiquement, ce quartier est soumis à des submersions marines plus ou moins importantes. Mais il sera d'autant plus exposé en cas d'élévation du niveau de la mer, de 20 à 30 cm en 2050, voire de 50 cm à 1 m à l'horizon 2100, voire davantage encore dans le cas de la fonte des calottes glaciaires. Ici, l'environnement est extrêmement mobile, constitué par tout un système de chenaux et de bancs de sable. La superficie du bassin d'Arcachon change énormément entre la marée basse et la marée haute, ce qui crée des mouvements de sables et de vase. L'ajustement géomorphologique, qui va se faire en fonction du changement climatique, va moduler cette exposition à la submersion marine.

V. R. : Quelle observation avez-vous faite des dernières tempêtes, notamment en 2014 ?

J. M. : Prises individuellement, elles n'avaient pas un caractère exceptionnel. En revanche, leur succession très rapide dans le temps n'a pas permis au littoral de se rééquilibrer, de se restaurer et a provoqué des érosions très importantes, un recul du trait de côte de 10 à 20 m sur tout le littoral, voire 40 m sur certains secteurs, et un abaissement du niveau des plages jusqu'à 2 m. En une saison, sur certains secteurs, les traits de côtes, que nous avions projetés pour 2020-2040 en nous fondant sur les évolutions passées, ont été atteints.

Affiche de campagne du WWF pour sensibiliser les jeunes sur les enjeux du péril climatique.

© Pierre Gaudoin / Céline Lentz / WWF France

V. R. : La côte Aquitaine va-t-elle être grignotée ?

J. M. : L'érosion est un phénomène caractéristique du littoral aquitain, et dans un contexte de changements climatiques, on peut concevoir qu'il soit aggravé.

V. R. : Faudra-t-il déplacer des gens, ici comme sur d'autres côtes françaises ?

Gonéri Le Cozannet : Cette question se pose à relativement long terme, car elle sera liée à des élévations du niveau de la mer très importantes, un mètre voire davantage, dans des zones très basses comme les atolls en Polynésie française, éventuellement le bassin d'Arcachon ou en Languedoc-Roussillon. Ce niveau ne sera pas atteint avant 2100. Après 2100, le niveau de la mer continuera de monter et dans des proportions assez importantes, puisqu'on estime que la fonte des calottes en Antarctique et au Groenland provoquera une élévation du niveau de la mer de 10 m. Ça, c'est un petit peu la partie fragile des calottes. Tout dépend du scénario d'émissions de gaz à effet de serre en fait. C'est du très long terme, mais la question doit être envisagée dès maintenant pour les grosses infrastructures industrielles qu'il est très difficile de déplacer, des centrales nucléaires, des industries chimiques…

V. R. : Monter des digues, est-ce une solution ?

G. L. C. : Il y a des zones où on ne pourra pas faire autrement, là où les enjeux sont très importants, comme Saintes-Maries-de-la-Mer, Le Havre… Mais il ne suffit pas de monter la digue d'un mètre lorsque le niveau de la mer monte d'un mètre, on estime qu'il faut la construire à 2 m, voire 3 m selon les conditions.

Les chercheurs ne cachent pas qu'il faudra aussi envisager de rendre des sites à la mer... L'ex-ministre délégué au Développement du gouvernement Ayrault, l'écologiste Pascal Canfin, s'inquiète ainsi de voir une France impactée dans ses territoires par le réchauffement climatique, dans un contexte mondial encore plus instable du fait de la raréfaction des ressources en eau...

© Biosphoto / Cyril Ruoso

Inondation de la Somme, en Picardie.

Pascal Canfin : Un monde à + 4 ou à + 5 °C, ce que les scientifiques nous prédisent si on ne fait rien, c'est clairement un monde différent de celui que nous connaissons aujourd'hui. Une des conséquences majeures du changement climatique sera la multiplication des conflits armés. On ne peut pas vivre en paix dans un monde à + 4 °C, et c'est bien pour ça que le prix Nobel de la paix a été attribué aux scientifiques du GIEC, le Groupe d'experts intergouvernemental sur l'évolution du climat.

V. R. : La France verrait l'arrivée croissante de réfugiés climatiques...

P. C. : Aujourd'hui, les migrants viennent majoritairement de la corne de l'Afrique, de l'Érythrée, de la Somalie, une des régions où le changement climatique a le plus de conséquences actuellement, avec des phénomènes de sécheresse inédits. Ce n'est pas théorique, ce n'est pas seulement pour 2050, c'est déjà pour aujourd'hui.

V. R. : Comment parvient-on à convaincre les politiques ?

P. C. : C'est ce qu'on appelle la tragédie du long terme. Ni les politiques, ni les responsables économiques, chefs d'entreprise ou investisseurs, ne s'intéressent vraiment au long terme, parce qu'ils ne seront plus en situation de responsabilité. C'est pourtant un problème qui ne concerne pas les générations futures, mais les générations présentes, mes enfants vivront jusqu'en 2100 et une grande partie des Français d'aujourd'hui connaîtront 2050. C'est donc la priorité du moment. D'un point de vue économique, nous vivons une double révolution, la révolution dite numérique, le développement d'internet dans toutes les dimensions de notre vie et la révolution de l'économie verte. Le prix d'un panneau solaire, par exemple, a été divisé par huit au cours des quinze dernières années. Remettons-nous un peu dans la perspective historique. Il y a un siècle et demi, lorsqu'on a inventé l'automobile, les entreprises qui ont continué à fabriquer des diligences et des voitures à cheval sont mortes. La question est simple : la France fera-t-elle partie de ceux qui continueront à fabriquer des voitures à cheval ou de ceux qui prendront le train de la nouvelle économie et auront un avenir industriel dans la compétition mondiale ? Moi, je souhaite évidemment que ce soit la seconde hypothèse qui s'impose, encore faut-il que les bonnes décisions politiques soient prises aujourd'hui.

Jean Jouzel, un des climatologues du GIEC, prix Nobel de la paix au titre de lanceur d'alerte sur l'urgence climatique en 2007, a pour rôle de mettre toutes les données scientifiques sur les bureaux des politiques.

Jean Jouzel : Dans notre périple vers Manille, j'ai dit au président Hollande qu'on me demandait souvent s'il était vraiment convaincu des conséquences du réchauffement climatique. Il m'a répondu que le dialogue avec les scientifiques du GIEC avait été une étape importante dans sa compréhension du problème du réchauffement climatique. L'idée de s'appuyer sur les conclusions des scientifiques s'est donc imposée en France et notre rôle est de transmettre le message aux politiques.

V. R. : Les politiques vous écoutent mais n'agissent pas forcément en relation. Ne faut-il pas aussi convaincre des économistes, des industries ?

J. J. : Je suis aussi en contact avec eux, avec monsieur Pouyanné, le directeur général de Total, ou Jean-Bernard Lévy du côté d'EDF, par exemple. Je leur dis qu'il faut désinvestir le secteur fossile, aussi bien de l'extraction que de l'utilisation des combustibles fossiles, sauf si on réussit à mettre en place le stockage du gaz carbonique, et développer fortement les énergies renouvelables.

V. R. : Mais vous pouvez aller jusqu'à lui dire que l'exploitation des gaz de schiste que Total effectue en Algérie ou dans l'Arctique demain, est une très mauvaise idée ?

J. J. : Oui, cela découle de la nécessité de laisser 80 % des combustibles fossiles là où ils sont. Il faut complètement changer de modèle énergétique, et de façon très rapide, si on veut rester en dessous de + 2 °C. Il y a une vingtaine d'années, personne ne prêtait attention à ce message, ce n'est plus le cas aujourd'hui, mais il faut passer de l'écoute à l'action.

À l'horizon 2050, la France s'est fixé un objectif : c'est le facteur 4, autrement dit diviser par quatre nos émissions de gaz à effet de serre par rapport à 1990. Comment ? En consommant mieux l'énergie, en allant vers plus d'efficacité énergétique et en supprimant petit à petit les énergies fossiles émettrices de gaz à effet de serre, pétrole, gaz, charbon. La très officielle Agence de l'environnement et de la maîtrise de l'énergie, l'ADEME, et son directeur François Moisan disposent d'un budget de 3 milliards d'euros sur sept ans destiné à aider les entreprises françaises à innover pour aller vers une économie décarbonée.

François Moisan : Il faut être beaucoup plus efficace dans notre façon de consommer l'énergie, dans nos logements, dans les bâtiments dans lesquels nous travaillons.

V. R. : Des « passoires thermiques », il y en a beaucoup en France…

F. M. : En France, contrairement à des pays émergents, les deux tiers des bâtiments qui existeront en 2050 sont d'ores et déjà construits. Une grande partie d'entre eux a donc été construite avant le premier choc pétrolier et les premières réglementations thermiques, et ils constituent aujourd'hui un stock à rénover, à réhabiliter. Cela nécessite un certain nombre d'investissements par les ménages, dont l'intérêt est de réduire la facture énergétique et d'être ainsi rentables.

V. R. : Quels investissements par exemple ?

F. M. : Isoler leur logement, acheter plutôt des chaudières performantes voire des pompes à chaleur…

V. R. : Seuls les nouveaux bâtiments peuvent être des bâtiments basse consommation…

F. M. : On peut retrouver ces niveaux de performance dans de la réhabilitation. En revanche, dès 2020, on construira des bâtiments qu'on appelle « à énergie positive », très, très performants, avec par exemple, du photovoltaïque sur leur toit et un bilan global positif, c'est-à-dire qu'ils exporteront plus d'énergie qu'ils n'en consommeront. D'ici 2050, il est possible de réhabiliter l'ensemble du parc, grâce à des mécanismes comme des prêts à taux zéro, des crédits d'impôt, etc.

V. R. : Un autre secteur très concerné par la réduction des émissions de gaz à effet de serre, c'est celui des transports…

Viser le long terme, mais avec des étapes pragmatiques et réalistes.

F. M. : Une première voie évidente est de fabriquer des véhicules plus performants, plus légers, avec des moteurs plus perfectionnés, et avec une consommation électrique hybride ou de biogaz, lequel est produit à partir des végétaux et des déchets… Une seconde voie est ce qu'on appelle « les services de mobilité », comme la location d'une voiture pendant quelques heures ou le covoiturage, par exemple. C'est l'économie du partage, selon laquelle on n'est pas forcément obligé d'être propriétaire de tous les objets. Derrière cela, il y a la révolution technologique du numérique. Ces services sont nés avec les téléphones mobiles et toutes les applications qui y sont associées. Selon cette vision, on peut diviser par deux notre consommation d'énergie en maintenant une croissance économique.

V. R. : Parce que cela produit de la croissance ?

F. M. : En mettant en place ces solutions, on fait de l'investissement. La réhabilitation des logements, par exemple, suppose l'intervention de différents corps de métier, en France. On gagne ainsi environ deux ans de croissance d'ici 2050.

V. R. : Donc dans la France de 2050, on circule mieux, on est mieux isolé…

F. M. : Et on se nourrit mieux… On peut avoir un mode de vie tout à fait enviable, par rapport même au nôtre aujourd'hui.

V. R. : On ne respire plus dans une ville comme Paris…

F. M. : Évidemment, ça ne peut qu'être mieux, s'il n'y a plus d'émissions de gaz polluant. Cette démarche demande un effort, mais le résultat en vaut la peine.

Ronan Dantec est sénateur Europe Écologie Les Verts de Loire-Atlantique et copilote du sommet mondial Climat et Territoires.

Anne-Laure Choin : Sur le terrain, vous rendez-vous compte des changements ?

Ronan Dantec : Oui, sur le littoral breton, la dune a reculé de manière inédite, les oiseaux remontent, comme le petit héron blanc qui, aujourd'hui, est familier sur toutes nos côtes ; et puis il fait quand même plus chaud depuis la canicule de 2003. Une canicule est un phénomène grave, et si elles se multiplient en 2050, elles auront un impact sur l'espérance de vie.

A.-L. C. : Il semble que les actions viennent plutôt des territoires, des communes. Pensez-vous que le changement viendra des territoires ?

R. D. : Nous sommes dans un cycle de négociations et de mobilisation volontaire, y compris la COP à Paris, où chaque État doit dire ce qu'il s'engage à faire. C'est la même chose pour l'ensemble des acteurs non étatiques, et notamment les territoires. Il y a aujourd'hui des territoires dans le monde qui montrent à quel point il est facile de réduire drastiquement les émissions de gaz à effet de serre, et ça, c'est un message très positif. Copenhague sera neutre en carbone vers 2025, Vancouver veut l'être en 2035, Nantes tient un objectif de moins 30 % en 2000 c'est-à-dire 10 points de mieux que l'objectif européen. Ce qui veut bien dire que l'objectif de stabilisation du climat à + 2 °C, est encore tout à fait accessible.

© Biosphoto / Christian Testu

Tournesols lors d'une sécheresse en France.

A.-L. C. : Dans les sommets comme « Climat et Territoires », organisé en juillet à Lyon, que dit-on, que fait-on ?

R. D. : Le sommet « Climat et Territoires », organisé avec la région Rhône-Alpes, est un moment d'engagement extrêmement fort des réseaux de collectivités territoriales, et notamment donc « Cités et Gouvernements locaux unis », qui rassemble à peu près les élus locaux des deux tiers des habitants de la planète. C'est pour dire aux États : vous pouvez, à Paris, vous engager fortement, vous pouvez vous inscrire dans cette stratégie de réduction des émissions pour stabiliser le climat parce que, nous derrière, on va faire le travail et on sait comment faire le travail. Néanmoins, 2015, ce n'est pas que les négociations sur le climat : en septembre, à New York, sont décidés les objectifs de développement durable et, en juillet, à Addis-Abeba, les États s'entendent sur le financement du développement. L'un des enjeux de la négociation à Paris, c'est la mobilisation pour un développement durable des territoires du Sud, notamment des villes du Sud. Si on ne les accompagne pas, elles vont reproduire nos erreurs et elles émettront de plus en plus de CO_2. Il y a un vrai enjeu de solidarité, de développement et de lutte contre le changement climatique.

A.-L. C. : Comment faire pour que les entreprises aussi verdissent un peu leur activité, notamment celles qui sont dans des branches polluantes ?

R. D. : Je crois qu'aujourd'hui un certain nombre de chefs d'entreprise ont compris que s'ils ne changeaient pas le monde, c'est la vie de leurs propres enfants qui serait menacée. Il y a cette phrase qui me semble résumer l'enjeu : « La différence entre le scénario + 2 °C et le scénario + 5 °C, si on ne fait rien, s'appelle tout simplement la civilisation. » Cette idée gagne du terrain, ceux qui sont en situation de pouvoir s'engager le font peu à peu. Cependant, le monde économique a besoin de cadres de régulation. Dire que le carbone a un prix, l'intégrer sous la forme de la taxe carbone, n'empêchera pas les entreprises de faire du bénéfice mais imposera une nouvelle règle du jeu. Depuis la nuit des temps, les entreprises sont habituées à intégrer les contraintes que leur donne le pouvoir politique national ou international.

A.-L. C. : En même temps, aujourd'hui, et c'est une mesure du FMI, 10 millions d'euros par minute sont investis, sont donnés en subventions aux énergies fossiles, on se dit que ce n'est pas encore tout à fait gagné…

R. D. : Je pense qu'on a la possibilité de gagner ce combat vital pour notre destin collectif, je n'ai surtout pas dit qu'on l'avait gagné. Aujourd'hui, ce combat passe par la taxation du carbone, par un soutien fort au développement parce que, pour un certain nombre de pays aujourd'hui, avoir une infrastructure électrique complexe est impossible. On a besoin effectivement d'aider massivement, financièrement, les États à aller vers un autre mix énergétique, et notamment au sud, de viser le long terme, mais avec des étapes pragmatiques et réalistes. J'espère que la conférence de Paris permettra de trouver une hiérarchisation dans les actions.

A.-L. C. : On craint pour l'instant un scénario à la Copenhague… Peut-on attendre réellement, sans naïveté, un accord ambitieux ?

R. D. : Selon les contributions dont on dispose aujourd'hui, nous sommes plutôt sur un scénario de + 3 °C, donc un scénario très dangereux pour le XXIe siècle, mais tout de même meilleur que celui à + 5 °C… Je pense que l'enjeu de Paris, c'est la dynamique lancée : tous ceux qui sont en capacité d'agir agissent-ils ? Les États se reverront-ils en 2020 pour parler des objectifs 2025 pour aller plus loin que le + 3 °C ? Si Paris ne lance pas cette dynamique, si les gens ne croient pas au récit, alors chacun se repliera et, au lieu de se demander comment réduire ses émissions, il se demandera comment empêcher les migrants de débarquer chez lui. Cette dynamique de repli des territoires s'est toujours appelée la guerre. ■

L'ATELIER DU SAVOIR

52 LE BEL ÂGE, CARTOGRAPHIE DE LA JEUNESSE
« LE BEL ÂGE » – Serge Hefez
ENTRETIEN AVEC GILLES KEPEL – SANDRINE TREINER

72 PHILOSOPHIE
PENSER LE POLITIQUE AVEC MERLEAU-PONTY
LE POUVOIR IMAGINAIRE – Raphaël Enthoven

80 HISTOIRE
LA BALEINE, LOINTAIN ET FRAGILE HÉRITAGE
CONCORDANCE DES TEMPS – Jean-Noël Jeanneney

90 VERS UNE MÉDECINE CONNECTÉE
RÉVOLUTIONS MÉDICALES – René Frydman

96 RETOUR SUR LE RELIGIEUX
RÉPLIQUES – Alain Finkielkraut

© Flore-Aël Surun / Tendance Floue

LE BEL ÂGE

CARTOGRAPHIE DE LA JEUNESSE

Narcissiques, égoïstes, déprimés, peu investis socialement et politiquement, les jeunes d'aujourd'hui seraient devenus de simples consommateurs au sein d'une tribu numérique qui génère des liens de sociabilité émotionnels et mimétiques. Cette jeunesse fait peur aux adultes, qui l'observent avec méfiance. Ils ont vite fait de psychologiser leur « crise d'adolescence » comme une posture pulsionnelle d'ordre privé, pour dénier à la révolte adolescente toute dimension d'engagement.

« Nous entretenons un rapport tout autre aux bois, bocages et chemins, aux histoires qui les traversent et aux êtres vivants qui habitent notre quotidien », expliquent les zadistes de Notre-Dame-des-Landes. Si la plupart des jeunes se rallient moins à des actions collectives, à des engagements politiques, syndicaux ou religieux, ils expriment des valeurs et sont en quête d'une éthique partagée. Beaucoup se rejoignent dans le rejet d'un monde où la pauvreté et la précarité côtoient les richesses éhontées, où la concurrence et la loi du marché saccagent l'environnement.

Discréditer leur engagement contre le monde tel qu'il est, c'est le dépolitiser, l'infantiliser en imaginant l'écraser. Comment, cependant, ne pas mesurer la puissance de la quête identitaire et de l'imagination qui animent cette jeunesse ? Une imagination largement fertilisée par les outils numériques, une quête identitaire à l'épreuve des bouleversements profonds intervenus dans les mœurs familiales et sociales.

Comment nous départir d'une vision figée de la jeunesse, d'une représentation homogène de cette catégorie dont les mutations permanentes signent la complexité ? Famille, sexualité, identités masculines et féminines, engagement politique, identité nationale, tous les terrains autrefois balisés, sont aujourd'hui en chantier.

« Le bel âge, cartographie de la jeunesse » aura tenté d'esquisser un tableau impressionniste qui rende compte de la diversité bien vivante des jeunes de France.

Serge Hefez

MES DEUX PÈRES, MES DEUX MÈRES, MES FRÈRES, MES SŒURS ET MOI...

« LE BEL ÂGE »
Diffusion : 11/07/2015
Producteur : **Serge Hefez**
Reportage : **Sophie Bober**
Réalisation : **Alexandra Malka**

Jusqu'à il y a peu, les enfants pouvaient se référer à un père et à une mère dont ils étaient issus biologiquement, et s'identifier à un patronyme pour se forger une identité. Aujourd'hui, le mariage n'est plus la condition sine qua non de la fondation d'une famille qui se décompose et se recompose allègrement. Comment se construit-on une identité lorsque l'on a plusieurs parents ?

Irène Théry est directrice d'études à l'EHESS, École des hautes études en sciences sociales, spécialisée dans la sociologie du droit, de la famille et de la vie privée. Elle participe depuis des années au débat public sur toutes les questions qui concernent la famille et, à ce titre, la ministre de la Famille lui a confié, il y a deux ans, la présidence d'un groupe de réflexions visant à examiner les questions posées par la diversité des modes actuels d'établissement de la filiation, un travail qui a abouti au rapport *Filiation, origines, parentalité* (Odile Jacob, 2014) sous sa direction et celle d'Anne-Marie le Royer.

Serge Hefez : Les situations où l'on sort de cette référence unique à un papa et une maman, les plus fréquentes, ce sont évidemment les situations de recompositions familiales. Parfois dès leur naissance, ou leurs premières années, des enfants sont confrontés à plusieurs foyers, à plusieurs papas, à plusieurs mamans et vont devoir intégrer tous ces éléments dans la constitution de leur identité…

Irène Théry : Traditionnellement, la recomposition familiale intervenait à partir d'un veuvage, et le beau-parent était en situation de remplacer un parent disparu. C'était d'ailleurs un rôle impossible qu'on lui demandait puisque, évidemment, le disparu était irremplaçable ; de là, d'ailleurs, cette vision très négative des beaux-pères parâtres, des belles-mères marâtres... Depuis quelques décennies, les recompositions interviennent très majoritairement après une séparation, et selon la nouvelle règle commune : lorsqu'on divorce de son conjoint, on ne divorce pas de ses enfants, les enfants comme les parents étant très attachés à ce que le lien de filiation subsiste par-delà la séparation. Il y a vraiment un statut très particulier du père et la mère, et l'idée qu'ils sont quand même uniques au monde... Dans ces familles recomposées, tout le monde pense dans l'ensemble que, justement, un beau-père ou une belle-mère ne doit pas se prendre pour le père ou la mère, mais plutôt essayer de trouver une place originale. Aujourd'hui, on s'aperçoit que ça n'est pas évident de recomposer une famille... Jusqu'à maintenant, on n'osait pas trop le dire, car on avait l'impression de remettre en cause le droit de recomposer, mais, à présent, alors qu'il y a plus d'un million d'enfants qui vivent dans les familles recomposées en France, la question ne se pose plus de savoir si ça va continuer. Je pense que le rôle de beau-père et de belle-mère continue à n'être pas tout à fait légitime pour la société et, du coup, pour les enfants eux-mêmes. Je ne suis pas psychologue, je suis sociologue, et je remarque simplement ceci : nous n'avons toujours pas accordé la moindre place dans le système juridique à la spécificité du statut de beau-père ou de belle-mère, les beaux-parents n'existent pas en droit. La société est en retard par rapport à cette évolution, où le cercle de famille s'est élargi à de nouvelles figures, les beaux-pères et les belles-mères, mais aussi les beaux-grands-parents. Il en résulte des conflits de loyauté très importants, qui ne pourront s'atténuer que le jour où nous tous et notre société, notre droit, accepterons la cohabitation possible, heureuse, de parents auxquels personne ne veut contester leur place et de beaux-parents qui tiennent à avoir une place générationnelle, un rôle éducatif.

S. H. : Autrement dit, l'interjection bien connue « tu n'es pas mon père », par exemple, que tous les adolescents, à un moment ou un autre, lancent à leur beau-père qui veut les envoyer se coucher, continuera bien évidemment d'exister mais ne sera pas ressentie de la même manière si chacun est reconnu à l'intérieur de la famille ?

I. T. : Dans une société où il y a une place pour chacun, il est plus facile aux individus d'occuper la leur. Dans la vie quotidienne, il y a des soucis, des conflits, des désaccords, il y a des moments où il faut gueuler, protester. Et si, à chaque fois, c'est un enjeu affectif – « est-ce que ma place va être mise en question ? », etc. –, c'est très difficile pour les adultes comme pour les jeunes. La famille, c'est l'endroit où on peut s'engueuler tranquillement, je dirais, sans que, justement, cela ait une influence sur la légitimité de chacun d'être là...

S. H. : Le groupe de travail que vous dirigez a beaucoup planché sur les questions de transmission, d'héritage, de délégation d'autorité parentale... Quelles seraient les pistes, aujourd'hui, pour que cette famille recomposée puisse avoir un statut et, surtout, pour que les enfants

Reportage

Esther vit à Paris depuis que sa mère a quitté son père pour s'installer avec son beau-père et ses enfants, il y a 6 ans et demi.

***Sophie Bober** : Qu'est-ce que ça change d'avoir un beau-père sexagénaire qui a 20 ans, 25 ans de plus que votre mère ?*

***Esther** : Au départ, ça fait un peu bizarre, mais, après, ça ne se voit plus du tout, en fait. Ils s'entendent tellement bien ensemble et ils jouent tellement le rôle de parents tous les deux que, finalement, on a vraiment l'impression qu'ils ont le même âge. Moi, j'aime bien justement le fait d'avoir des relations très différentes avec mes deux parents, ça fait que je peux partager avec l'un des deux ce que je ne peux pas partager avec l'autre, et c'est l'idéal...*

***S. B.** : Mais est-ce qu'on n'en joue pas, de ces différences d'autorité entre les parents et beaux-parents, parce qu'ils n'ont pas forcément les mêmes modes d'éducation ?*

***E.** : Justement, mon beau-père a déjà eu une famille, il a déjà éduqué ses trois enfants, qui sont maintenant adultes. Ma mère m'avait éduquée pendant 8 ans et, pendant 4 ans, mon petit frère, avant qu'on arrive ici, et du coup, c'est vrai qu'ils n'avaient pas les mêmes modes d'éducation, ni les mêmes idées là-dessus... C'est vrai que c'est plutôt utile, quand je trouve que ma mère ne fait pas bien quelque chose, j'essaie de la faire culpabiliser devant mon beau-père. Ce n'est pas très honnête, mais faut bien en tirer des choses, quand même...*

***S. B.** : Et lui, vous l'appelez comment lorsque vous vous adressez à lui, que vous lui demandez de l'aide ?*

***E.** : C'est quelque chose que mes amis ont toujours trouvé bizarre, mais mes parents, je ne les ai jamais appelés papa et maman, je les ai toujours appelés par leur prénom et du coup, pour mon beau-père, c'est pareil, je l'appelle par son prénom. Ça donne un peu d'originalité à notre famille, et, même dans la décoration de notre maison, on a toujours des choses kitsch, on n'est pas une famille super sage comme dans* La Petite Maison dans la prairie. *On est toujours dans la blague, la joie, la bonne humeur, et quand mes amis viennent, ils disent : « Elle est trop cool, ta famille ! » Et moi, ça me fait plaisir parce que ça les choque, mais dans le bon sens. Pour moi, la séparation de mes parents, c'est la chose la plus chouette qui nous soit arrivée dans la vie, et je ne vois pas ma vie autrement que maintenant...*

***S. B.** : Et pour votre petit frère, est-ce que vous pensez que ça a été aussi facile que pour vous ?*

***E.** : Je pense que ça a été plus compliqué parce que, justement, lui, son modèle, c'est mon père, vu que c'est un petit garçon, et il a eu peur pendant longtemps de le trahir en allant vers*

▸ Suite p. 56

puissent identifier toutes les personnes de la génération précédente dont ils sont redevables, finalement ?

I. T. : Je crois qu'il faut bâtir autour de cette idée : il n'est pas nécessaire, justement, d'être dans la filiation, il n'est pas nécessaire d'être un parent pour exercer des tâches éducatives, on peut donc confier celles-ci à d'autres personnes, en l'occurrence aux beaux-pères et belles-mères, et reconnaître cela comme une sorte de délégation d'autorité parentale sans pour autant les transformer en parents. C'est déjà ce qu'ils font, ils emmènent à l'école, chez le dentiste, ils soignent, ils racontent des histoires le soir... Ils jouent ce rôle générationnel, le reconnaître simplifiera la vie de tout le monde. L'autre piste, c'est de réformer la transmission. Lorsqu'on veut léguer ses biens à un enfant qui n'est pas le sien mais que l'on a élevé 15 ans, 20 ans, et que l'on découvre qu'on est, en droit, un étranger pour lui, c'est très choquant... Faire évoluer notre juridiction n'enlèvera pas tous les problèmes qui peuvent exister dans une famille recomposée, certainement pas, mais cela évitera au moins une partie de ces enjeux de légitimité. Il y a une place pour plus de monde qu'on ne croit dans un cercle de famille plus large...

▸ Suite de la p. 55

mon beau-père. Maintenant, tout va bien, mais les deux premières années, il pouvait dire des trucs violents contre mon beau-père ou mettre en valeur notre père comme si c'était un héros, c'était plutôt marrant, mignon...

***S. B.** : Et passer du statut de fille aînée de la famille à numéro quatre, qu'est-ce que ça change ?*

***E.** : Ça, c'est un peu un inconvénient, quand même : avant je devais être la grande sœur qui avait autorité sur le petit frère et maintenant, je perds un peu ce rôle. Mais, justement, c'est bien aussi parce qu'à la place j'ai des grands frères et sœurs qui jouent ce rôle-là pour moi. C'est tout de même toujours agréable de se sentir grande par rapport aux autres et d'avoir autorité sur eux. Avant, mon petit frère, j'avais un peu d'autorité sur lui et, maintenant, il me considère à peu près comme si j'avais son âge...*

***S. B.** : Et comment vous imaginez-vous dans 10 ou 15 ans, dans quel cadre familial ?*

***E.** : Je ne vais pas rêver tout de suite au divorce ! Je rêve d'avoir un mariage heureux, avec un mari chouette et des enfants. Comme toutes les filles, j'ai lu les contes de fées...*

GARÇONS / FILLES

« SEXE OPPOSÉ », OPPOSÉ EN QUOI ?

« LE BEL ÂGE »
Diffusion : 18/07/2015
Producteur : **Serge Hefez**
Reportage : **Sophie Bober**
Réalisation : **Alexandra Malka**

Lorsque, récemment, le ministère de l'Éducation nationale a tenté de mettre en place des « ABCD de l'égalité » pour remédier aux inégalités des parcours scolaires des filles et des garçons, les rumeurs les plus délirantes ont circulé, prouvant qu'on ne touche pas impunément à la sacro-sainte différence des sexes... Le slogan de Simone de Beauvoir dans les années 1950, « on ne naît pas femme, on le devient », continue de résonner dans nos mémoires. Si l'on ne naît pas femme ou homme, comment et pourquoi le devient-on aujourd'hui ?

Cendrine Marro est maîtresse de conférences en psychologie et sciences de l'éducation à l'université de Paris-Ouest, qui fait partie du laboratoire d'études de genres et de sexualité regroupant Paris-VIII, Paris-X et le CNRS.

Hélène Zimmer est cinéaste, réalisatrice du film *À 14 ans* (2014), scénariste pour le film *Journal d'une femme de chambre* (2015).

Serge Hefez : Hélène Zimmer, votre film *À 14 ans* plonge avec beaucoup de sensibilité et de réalisme dans l'univers des adolescents. Il y a quelque chose d'extrêmement dur dans les rapports qu'ont les garçons et les filles...

Hélène Zimmer : Oui, c'est parce qu'ils ont un rapport dur avec eux-même au départ, et que c'est un âge où ils construisent leur identité en miroir de l'autre sexe. C'est houleux, comme c'est houleux avec leurs parents, avec les profs, avec tout ce qui représente l'altérité... Ils vivent des choses difficiles et tous leurs sentiments s'expriment avec une sorte de rage, mais je ne pense pas que cette violence soit fabriquée. Je pense, au contraire, qu'elle n'est pas contrôlée. Plus on vieillit, plus on essaie de se contenter de la réalité des rapports avec les autres et de calmer le jeu...

S. H. : Cendrine Marro, vous qui travaillez avec des enfants, de la maternelle au CM2, et accompagnez les enseignants à l'éducation sur l'égalité des sexes à l'école, que constatez-vous ?

Cendrine Marro : On voit bien qu'on est pris dans une dialectique différence-inégalité. Toute la société nous incite à être différents sans nous faire voir combien ces différences vont produire des inégalités. Tout le travail qu'on fait dans l'éducation à l'égalité des sexes à l'école, c'est de déshabiller les inégalités, d'ôter les habits de la différence qui nous conduisent à les accepter. Nous sommes toujours pris entre ces trois grandes idéologies touchant la question du sexe : la différence des sexes – on est censés être des filles ou des garçons –, la complémentarité des sexes – qui fait ciment avec l'idéologie de la différence, c'est-à-dire que l'on est différents mais complémentaires –, et puis l'hétérosexualité.

S. H. : Mais cette complémentarité, qui fait que chacun a sa part de gâteau qui n'est pas tout à fait la même, produit aussi beaucoup de stabilité : chacun a son territoire, ses compétences, son savoir-faire, ça produit peu de conflictualité, moins que cette quête de l'égalité...

C. M. : Cela produit des conflits, parce qu'on est pris avec les deux autres idéologies, et que, pour être complémentaires, on n'a pas besoin d'être de sexe différent...

S. H. : Hélène Zimmer, ce sont ces rapports très crus que vous avez observés ?

H. Z. : Moi, j'en ai vécu plein, des scènes comme ça au collège au cours de mon adolescence, et quand je les ai tournées, j'ai ressenti beaucoup d'attachement pour les garçons, envers les comédiens. En les écoutant, on se dit : « C'est presque un passage obligé, la fille doit se faire tripoter par tout le monde parce que c'est une fille... » Heureusement, ça n'arrive pas toujours, mais je me souviens qu'à 11 ou 12 ans, j'ai remarqué que le regard des hommes sur moi changeait, qu'il devenait érotique d'un coup... Tout d'un coup, notre corps commence à appartenir à la société et aux hommes, il devient un objet de désir... L'expérience de la féminité, le fait de devenir une femme, c'est la façon dont on se positionne à l'égard de ça, du regard que les autres projettent sur nous. À nous de savoir si on a envie d'entrer dans ce rôle de fille... Le collège, c'est un jeu, mais qui est

Reportage

Esmée, Clara et Elena vivent en colocation à Aubervilliers, elles adorent les Femen, elles ont un petit peu envie de prendre la suite de ces jeunes femmes, et elles aiment la provocation...

***Sophie Bober** : Esmée, depuis 4 ans, vous faites partie de ce collectif que vous avez nommé avec vos amies « les Travlators ». Comment peut-on vous définir ?*

***Esmée** : On n'aime pas trop les définitions. Dès que quelque chose est défini, ça s'enferme dans un cadre et nous, on aime bien quand ça déborde du cadre plutôt...*

***S. B.** : Dans votre collectif, il n'y a que des filles ou aussi des garçons ?*

***Es.** : Je ne sais pas, vous croyez qu'il y a des garçons ?*

***S. B.** : Ici, il n'y en a pas, en tout cas...*

***Es.** : Ah bon, vous croyez ? J'ai des doutes sur Elena...*

***S. B.** : Elena, vous êtes un garçon, en fait ?*

***Elena** : Je suis un cheval... C'est ça, mon identité la plus forte...*

***S. B.** : Ça signifierait qu'être une fille, c'est pas si évident ?*

***El.** : Ça dépend de ce qu'on met derrière le mot « fille »...*

***S. B.** : J'ai trouvé une photo de vous, Esmée, où vous posez avec les bras en l'air et les poils sous les bras... C'est assez rare, que des filles posent ainsi...*

***Es.** : Je trouve ça drôle que ce soit aussi incroyable, alors que tout le monde a des poils sous les bras, en fait... À l'origine, c'est parce que j'ai juste la flemme, c'est pas politique, mais qu'après tout le monde réagisse, j'm'en fous...*

***S. B.** : Qu'est-ce qu'elles en pensent vos mères, est-ce que vous avez eu des mères militantes soixante-huitardes ou alors pas du tout ?*

***Es.** : Moi, ma mère elle ne se revendique pas spécialement comme féministe dans un sens politique, mais quand je parle de ces questions avec elle, on est complètement d'accord et l'éducation qu'elle m'a donnée m'a toujours portée vers quelque chose de libre, de positif. On pouvait être ce qu'on voulait, il y avait mille façons d'être une « fille » et je ne me suis jamais sentie mal à l'aise ou obligée de correspondre à une image qui plairait à mes parents ou ma famille...*

***El.** : Ma mère, elle a fait un truc que je trouve assez cool : c'est que, quand j'ai eu 11 ans et que je commençais à être dans la puberté, etc., au lieu de me filer le* Dico des ados*, elle m'a filé un livre qui s'appelle* Notre corps, nous-mêmes*, un livre seventies complètement fou, un peu refait par le MLF de l'époque...*

***Clara** : Ce qui est scandaleux, c'est ce* Dico des filles*. Je pense que si une fille offre ça à une fille, c'est l'enfer ! C'est une sorte de manuel pour expliquer comment il faut se comporter dans la société quand on est une fille, avec toutes les questions essentielles qu'on se pose comme...*

***Es.** : Par exemple, comment on fait quand on aime un garçon ou, quand on a aimé une fille, pour en sortir, pour que ça n'arrive plus jamais, comment on fait pour le maquillage, les vêtements, le shopping...*

***S. B.** : Mais il s'adresse à qui, ce dictionnaire ? À des petites filles, à des jeunes filles ?*

***Es.** : À des ados, vers 13 ans... Moi, je suis tombée dessus parce que j'avais des copines qui l'avaient... C'est horrible parce que c'est juste tous les clichés, des conseils sur la puberté, dire aux filles qu'elles vont être mal à l'aise par rapport à leur corps, alors que c'est pas forcé non plus...*

***S. B.** : À choisir, est ce que vous auriez aimé naître homme ?*

***Es.** : On est comme ça. Moi, je ne regrette pas, c'est juste qu'on nous demande de nous adapter à quelque chose, et on le détourne comme on peut...*

© Alain Willaume / Tendance Floue

violent. L'identité qu'on s'y invente n'est pas ludique, c'est ce qu'on va être toute notre vie...

S. H. : C'est un jeu pour prendre le pouvoir. Ces garçons vivent avec des filles depuis la maternelle, mais à un moment – au moment justement de la sexualité –, il faut absolument s'affronter pour savoir qui va prendre le dessus...

Ces étiquetages mélangent en plus le sexuel et le sexué. [...] La sexualité, qui est une pratique, ne dit rien de votre identité.

H. Z. : Les filles sont confrontées aux mots crus et aux dilemmes liés à la sexualité dès la 6e, parfois dès la primaire... Décider, par exemple, de coucher avec un garçon, cela peut être une façon de conquérir son corps, une façon de s'émanciper aussi, mais en même temps de se confronter à l'opprobre et se faire traiter de pute...

C. M. : On peut interpréter ce jeu comme une lutte de pouvoir mais aussi comme une socialisation. On apprend aux filles, qui l'intègrent plus ou moins consciemment, qu'elles sont dans la séduction, qu'une fille, une vraie, est capable de séduire, etc. Quand on travaille sur les « études genres », on se place au niveau macro, on essaie de voir comment la société nous amène à penser le « deux », à utiliser sans arrêt les étiquetages. Et de manière caricaturale, les garçons sont éduqués avec l'idée que c'est « eux qui baisent » et que c'est « elles qui se font baiser », ce qui ne veut pas dire que tous les garçons et toutes les filles pensent ça... On a du mal à se sortir des étiquettes, par exemple, on parle de « sexe opposé », opposé en quoi ? Il faut se questionner là-dessus pour avancer. Je travaille sur « l'emprise du genre », un concept que j'ai emprunté à Ilana Löwy : nos identités, nos comportements, nos conduites, nos représentations sont sous l'emprise du genre.

S. H. : Au-delà des « ABCD d'éducation », comment apprend-on aux instituteurs à parler et à s'adresser aux garçons et aux filles ? On sait bien qu'on ne tient pas les bébés garçons et les bébés filles de la même façon, qu'on ne s'adresse pas à eux avec le même ton de voix, qu'on ne leur donne pas le biberon de la même façon. Ce sont des millions d'expériences du corps qui façonnent les filles et les garçons, à tel point qu'ils ont le sentiment que les différences sont naturelles et qu'effectivement, ils sont faits de nature, et non de culture ou de relations sociales...

C. M. : On travaille avec la littérature jeunesse, on organise des débats philosophiques, socio-politiques avec ces enfants qui vont de la maternelle au CM2. Et on discute, à chaque fois, des différences qu'ils voient entre les filles et les garçons, on les amène petit à petit à voir en quoi ces différences vont produire des injustices, un concept qui leur est plus familier que celui d'inégalités. Parce que c'est une fille, elle n'a pas le droit de grimper aux arbres... Parce que c'est un garçon, il n'a pas le droit de pleurer alors qu'il a du chagrin...

S. H. : Récemment, Bruce Jenner, un athlète olympique, devenue une femme à l'âge de 65 ans, a fait la une des magazines, avec des millions de suiveurs sur Twitter. Autant dire que cette question du genre, des passages du genre, de la fluidité du genre, devient de plus en plus commune et, finalement, de plus en plus acceptée par le public comme des variantes de la normalité relevant du droit de chacun. D'ailleurs, des enfants de plus en plus jeunes réclament de changer de genre ou, en tout cas, de porter des signes évidents de l'autre sexe, de changer de prénom et de suivre une route qui n'est pas celle de leur corps biologique. Et de plus en plus, on a tendance à les écouter et à essayer de les suivre plutôt que de les contraindre... Hélène Zimmer, ces jeunes que l'on voit dans votre film sont justement très normés comme garçons et filles... Dans ces milieux, est-ce possible d'être différent ?

H. Z. : Ces modèles-là existent et, quand on est jeune et qu'on doit choisir une voie, on adopte forcément les codes qu'on a vus mille fois à la télévision, dans les films. Surtout, la différence est regardée de façon tellement violente que l'on essaye tous de se distinguer mais en se ressemblant tous un peu. Et l'homosexualité entre filles est toujours un fantasme chez des garçons de cet âge-là, alors que l'inverse n'est pas vrai.

S. H. : Et ça, c'est aussi la norme : montrer les jeux sexuels entre filles comme une variante de l'hétérosexualité...

H. Z. : Ce qui est absolument grotesque, j'ai l'impression que ce n'est pas tant de l'ordre du désir que d'une reproduction d'un schéma social...

S. H. : Mais tout de même, on n'habite plus le masculin et le féminin avec la même tranquillité qu'il y a des générations. Est-ce que ça vous paraît correspondre à un mouvement profond dans notre société ?

C. M. : Cela dépend des lieux. En France, par exemple, je ne suis pas sûre qu'il y ait plus d'ouverture que dans d'autres pays où le changement de sexe, y compris sur les papiers d'état civil, est beaucoup plus facile... Dans cette société, le problème c'est qu'on a le choix entre deux catégories seulement : si vous n'êtes pas une fille, c'est que vous êtes un garçon, et inversement. Ces étiquetages mélangent en plus le sexuel et le sexué – vous pouvez être trans et être hétéro ou homo, par exemple. La sexualité, qui est une pratique, ne dit rien de votre identité, ce n'est pas parce que vous êtes un garçon homosexuel que vous êtes un moindre garçon et que vous êtes une fille... Les trois idéologies de la différence des sexes, de l'hétéronormativité et de la complémentarité des sexes, cimentent encore la société... ■

JEUNESSE, SEXUALITÉ, IDENTITÉ SEXUELLE

« LE BEL ÂGE »
Diffusion : 25/07/2015
Producteur : **Serge Hefez**
Reportage : **Sophie Bober**
Réalisation : **Alexandra Malka**

L'importance croissante des pratiques symétriques comme les caresses, la masturbation mutuelle, ou la sexualité orale, apparaît dans toutes les enquêtes successives de ces dernières années. Et pourtant, si cette tendance à l'égalité se maintient, une asymétrie persistante entre les sexes continue d'exister et, chez les plus jeunes, le harcèlement sexiste, la violence sexuelle, les injures homophobes sont loin d'avoir disparu. Les jeunes gens ont-ils vraiment brisé les tabous sur le plan de leur sexualité et de leur accès au plaisir ?

Christian Spitz, « le Doc », est médecin spécialisé en pédiatrie, a recueilli les témoignages de jeunes dans l'émission *Lovin' Fun* sur Fun Radio avec l'animateur Difooll de 1992 à 1998, une écoute qu'il a reprise sur la même antenne depuis 2013.

François Kraus est directeur d'études, département Opinion et Stratégies d'entreprise à l'IFOP, a mené de nombreuses enquêtes dont une, fin 2013, baptisée « Génération Youporn : mythe ou réalité ? » qui nous apprend une foule de choses sur les modifications des comportements sexuels des 15-24 ans.

Serge Hefez : François Kraus, vous avez mené cette fameuse enquête baptisée « Génération Youporn : mythe ou réalité ? » dont on a énormément parlé dans la presse. Quelles sont les grandes tendances qu'elle a permis de dégager ?

François Kraus : Elle montre, quand même, une certaine intégration des nouvelles technologies dans la vie sexuelle des jeunes, d'abord dans le rapport au corps. Par exemple, l'épilation intégrale est une norme qui a été véhiculée par le porno californien du début des années 90 et s'est progressivement diffusée comme le modèle attendu dans la jeune génération. Aujourd'hui, 45 % des filles de 18 à 25 ans y ont recours, contre seulement 25 % des 25-34 ans et moins de 5 % des plus de 35 ans. On a l'impression que les femmes s'alignent plus ou moins sur les goûts et les fantasmes masculins, et parallèlement, près des deux tiers des garçons de moins de 25 ans ont déjà complexé sur la taille de leur sexe.

S. H. : S'ils la comparent à celle des acteurs pornos, évidemment !

F. K. : Exactement... Il est difficile d'isoler un unique effet de causalité et de dire que le *porn* favorise à lui seul la diffusion de la sexualité orale, par exemple, ou est responsable du doublement en 20 ans de la pratique de la sodomie chez les jeunes de 18 à 25 ans... Mais certaines pratiques sont étroitement liées à l'univers de la culture *porn*, comme l'éjaculation faciale ou la « bifle » – gifler le visage de son partenaire avec son pénis – qui n'existaient quasiment pas il y a une demi-douzaine d'années et qui ont été véhiculées par les sites et les réseaux sociaux. Elles concernent aujourd'hui un quart des jeunes pour la première, et près d'un tiers pour la seconde. Ces pratiques, vraiment typiques du X, témoignent de l'influence directe de la scénographie de la pornographie.

S. H. : L'accès à des rencontres via internet, dont parlait Marine, est-il une autre tendance lourde chez les jeunes ?

F. K. : Les dernières mesures des rencontres en ligne montrent que, globalement, 40 % des Français ont déjà fait l'expérience du dating online et surtout les 25-35 ans. Chez les plus jeunes, la sociabilité lycéenne et estudiantine fait que l'on trouve généralement un noyau de partenaires festifs très facilement, mais à partir du premier déplacement

Reportage

Marine a 24 ans, et c'est une jeune fille pour le moins décomplexée.

***Sophie Bober** : Marine, vous êtes inscrite depuis longtemps sur Tinder, mais c'est quoi ?*

***Marine** : Tinder, c'est une sorte de bestiaire, c'est une application où il y a plein de visages qui se succèdent et il faut choisir celui qui vous plaît le plus, essayer de discuter et peut-être de décrocher un rancard... L'idée, c'est de se mettre en avant par une image plus que par un texte. Il n'y a pas de place pour écrire, d'ailleurs, et je trouve ça très dommage. C'est vraiment un catalogue de visages, pour moi, de garçons.*

***S. B.** : Jamais de filles ?*

***M.** : Je mets des filles aussi sur mon blog, un peu étranges, avec les pires profils, mais je ne leur parle pas. En général, elles ne sont pas très rigolotes...*

***S. B.** : C'est quoi cette histoire de blog qui découle de votre fréquentation de Tinder ?*

***M.** : Avec une amie, on s'est rendu compte qu'il y avait des récurrences dans les profils de garçons. Certains posent avec des lions, des tigres ou des crocodiles, d'autres prennent des selfies dans leurs voitures, ou encore en groupe, avec une bière à la main...*

***S. B.** : Ce sont les garçons qui sont dans les 20 km autour de l'endroit où vous vous trouvez qui apparaissent, c'est ça ?*

***M.** : À Paris, je réduis à 10 km car il y a énormément de monde, mais à la campagne, j'enregistre plutôt 30 km, pour avoir 8 têtes qui s'affichent...*

***S. B.** : Vous cherchez simplement une aventure, une histoire d'un soir ?*

***M.** : Je cherche absolument rien, je n'ai pas d'idées préconçues de ce que j'attends de cette application. C'est très rigolo, on peut assez vite déterminer ce qu'une*

pour trouver un emploi, on se tourne vers les sites de rencontre... On observe aussi que l'usage qu'en font les jeunes est assez spécifique ; c'est une sorte d'apprentissage des jeux de séduction en ligne, notamment chez les jeunes filles qui, pour des questions de réputation, ne peuvent pas forcément se permettre de faire des jeux de séduction, un peu sexuels, avec des hommes de l'environnement amical ou familial. Les derniers résultats de notre enquête montrent que la proportion de personnes recherchant juste l'aventure d'un soir a doublé en l'espace de trois ans, passant d'à peu près 20 à 40 %...

S. H. : Chez les garçons et les filles ?

F. K. : Chez l'ensemble des Français ayant déjà fait l'expérience. Naturellement, la chose est plus difficilement dicible dans la gente féminine que dans la gente masculine, car les femmes ont toujours plus de mal à admettre que leur sexualité s'inscrit hors du cadre conjugal, affectif, solide et stable, du fait de la réputation, du contrôle social. Ces sites de rencontre, qui garantissent un total anonymat, leur permettent, plus que n'importe quel autre lieu de rencontre, de multiplier des partenaires occasionnels.

S. H. : Christian Spitz, vous les écoutez beaucoup ces jeunes, c'est facile la sexualité aujourd'hui ?

Christian Spitz : C'est mieux accepté, d'une façon générale, mais ce n'est pas simple pour tout le monde, garçons comme filles, d'accepter son homosexualité. Est-ce en raison de l'image que leur renvoie la société ou d'un problème plus intime ? Ce que Françoise Dolto disait est toujours d'actualité : l'homosexualité, ce n'est pas pathologique, c'est juste difficile à vivre. Je ne crois pas non plus que ce soit facile aujourd'hui, la sexualité, pour les jeunes. Au contraire, les adolescents sont tout aussi exigeants et intransigeants dans pas mal de domaines...

S. H. : Mais c'est cette image d'Épinal où tout serait facile, où les garçons et les filles pourraient se rencontrer comme ils veulent, où ils veulent via internet, avoir des milliers de formes de rapports sexuels entre eux, que je voudrais questionner. Ce rapport, qui peut paraître extrêmement décomplexé à la sexualité, est-ce si facile ?

F. K. : L'échangisme au sens strict concerne 5 à 7 % des jeunes, c'est une proportion qui a relativement peu évolué en une vingtaine d'années... Le plan à trois reste un fantasme très fort dans la gente masculine, moins dans la gente féminine, mais le passage à l'acte est toujours un peu difficile même s'il se diffuse. Enfin, il y a un peu une tendance à la bisexualité, notamment féminine. La pornographie, au même titre que d'autres formes de production culturelle comme la publicité ou le cinéma traditionnel – on l'a vu avec *La Vie d'Adèle* – participe à une certaine érotisation des rapports entre femmes qui favorise peut-être une plus forte admissibilité sur le plan social, même si, en réalité, cela reste toujours plus compliqué...

C. S. : Dans les plans à trois, les filles peuvent exprimer leur homosexualité, en mettant une fille dans leur couple en quelque sorte...

F. K. : Il existe différentes formes de sexualité de groupe : il y a le « côte-à-côtisme », où on fait les choses à côté, le mélangisme, où il n'y a pas pénétration, et l'échangisme au sens strict, qui se pratique rarement avant 25 ans.

personne attend de l'autre selon l'heure à laquelle il propose le rendez-vous et selon les disponibilités qu'il accorde... Chez les garçons, c'est souvent le café à 18h30...

***S. B.** : C'est un test...*

***M.** : Exactement, si ce n'est pas cool, on simule le fait qu'on doit rejoindre des amis et, si c'est cool, on s'invite au resto et on passe la nuit ensemble...*

***S. B.** : À quand remonte votre dernière histoire d'amour via Tinder ?*

***M.** : Eh bien, je ne pense pas que j'en ai eu ! Mes dernières histoires d'amour, je ne les ai pas rencontrées sur Tinder, non...*

***S. B.** : Quelle est la différence entre Tinder et AdopteUnMec, par exemple ?*

***M.** : Je pense que Tinder, c'est vraiment un catalogue, on switche vite, « t'es beau, tu me plais, tu me plais pas », etc. Il n'y a pas vraiment de place pour la personnalité, la date de naissance, pour l'orientation sexuelle, tout simplement pour se décrire. AdopteUnMec, c'est vraiment la foire... C'est une vitrine, c'est comme choisir son tube de dentifrice sur le marché... Et ce côté catalogue, j'ai envie d'en tirer moi-même des conclusions, c'est ma petite étude sociologique, je m'amuse à changer ma photo de profil et je regarde qui réagit dessus...*

***S. B.** : Et en imaginant, Marine, que vous retombiez amoureuse vraiment, vous arrêteriez votre inscription à Tinder ?*

***M.** : Je ne l'efface pas parce que ça nourrit mon blog, et que ça m'amuse bien...*

***S. B.** : Vous avez envie de vous amuser...*

***M.** : Ben, la vie c'est un terrain de jeu, j'ai envie de partir en voyage, d'aller voir des expos, des concerts, de rencontrer des gens...*

S. H. : Avez-vous le sentiment que ce terrain de la sexualité reste un peu compliqué, un peu conflictuel ou qu'il devient plus simple ?

F. K. : Une grande partie des jeunes – environ 10 à 15 % des plus de 18 ans chez les femmes et 5 à 10 % des hommes – sont toujours vierges après 18 ans... Et la proportion de vierges est beaucoup plus élevée que ce qu'on peut croire en fait chez les jeunes de moins de 25 ans, ce qui montre qu'il y a encore des difficultés d'accès à une sexualité régulière...

S. H. : En matière d'homosexualité, nous sommes encore aux idées reçues sur des jeunes gays qui s'éclateraient dans les saunas, dans les boîtes, à l'infini avec des milliers de garçons, alors que, souvent, c'est la norme commune qui s'impose, qui vante et valorise la conjugalité...

F. K. : Dès la fin des années 1970 et au début des années 1980, les sociologues ont mis en lumière un modèle de sexe sans lendemain extrêmement prégnant chez les homosexuels, notamment urbains, dans lequel il y avait une dissociation totale entre sexualité et conjugalité. Et, au fil des 20 à 30 dernières années, la tendance a été plutôt à une sorte de normalisation, une volonté de revaloriser le couple, et le mariage pour tous en est un peu l'aboutissement... Depuis 10 à 15 ans, on observe plus ou moins un alignement du modèle de sexualité homo sur celui des hétéros, et parallèlement chez les hétéros, un développement de la culture du « coup d'un soir », notamment grâce aux sites de rencontre, qui fait que les deux sexualités se rapprochent progressivement.

C. S. : Chez les plus jeunes, la relation homosexuelle peut faire partie des fantasmes. Je crois que l'expérience a toujours existé, l'errance de l'identité sexuelle à l'adolescence n'est pas quelque chose de forcément nouveau, mais, seulement, c'est vécu totalement différemment, avec beaucoup de liberté, ce n'est plus considéré comme tabou.

F. K. : On observe une tendance à la bisexualité de plus en plus marquée dans la gente féminine même si le passage à l'acte reste plus limité. Nos derniers chiffres donnent 18 % des filles de moins de 25 ans déclarant avoir déjà été sexuellement attirées par une personne du même sexe, une proportion qui a quasiment doublé, voire triplé en l'espace de 20 ans. Donc, on ne sait pas si c'est parce que c'est plus acceptable socialement maintenant ou si c'est une tendance de fond...

S. H. : Et chez les garçons ?

F. K. : 10 à 12 % des hommes déclarent avoir déjà été attirés par une personne du même sexe et, ce qui est intéressant, c'est que 10 % sont déjà passés à l'acte, soit la même proportion que chez les femmes, qui sont beaucoup plus nombreuses à le fantasmer.

S. H. : Dans une même société, l'homosexualité peut être totalement combattue, fustigée, méprisée et, à une courte distance de là, être un peu branchée, bien vue et finalement enviable. Pour finir, il faut rappeler l'extrême disparité des situations des jeunes vis-à-vis de la sexualité et du rapport entre les sexes. À quelques kilomètres d'intervalle, on peut trouver des jeunes assez décomplexés, avec une fluidité de rapports extrêmement forte, un grand respect entre les uns et les autres, mais aussi la domination masculine la plus rigide, des filles soumises qui ne peuvent quasiment pas s'exprimer dans leur corps. ■

© Flore-Aël Surun / Tendance Floue

« JE suis, NOUS sommes »

« LE BEL ÂGE »
Diffusion : 01/07/2015
Producteur : **Serge Hefez** Reportage : **Sophie Bober** Réalisation : **Alexandra Malka**

Que signifie, pour ces jeunes, l'appartenance à l'identité française, aux valeurs républicaines, à l'histoire de France ? Question clé au moment où le pays s'interroge sur l'Europe, sur ses frontières qu'elle a la dangereuse tentation de refermer. Question dérangeante aussi pour les nouvelles générations, prises entre la ferveur nationale et les théories du complot, les « Je suis Charlie » et « Je ne suis pas Charlie », et qui cultivent de plus en plus le goût du grand large et le rejet de l'identité particulière.

Caroline Fourest est journaliste, essayiste, réalisatrice, rédactrice en chef de la revue *Prochoix,* chroniqueuse dans *Les Matins de France Culture.* Son dernier livre, *Éloge du blasphème,* a paru chez Grasset en avril 2015.

Raphaël Glucksmann est essayiste, documentariste. Engagé aux côtés des leaders des révolutions démocratiques géorgiennes et ukrainiennes, il a publié *Génération gueule de bois, manuel de lutte contre les réacs,* chez Allary Éditions en février 2015.

Alexis Mazade est conseiller municipal à Tremblay-en-France, président du groupe communiste, porte-parole de la majorité Front de Gauche.

Reportage

Au lieu de se tourner vers des partis politiques, beaucoup de jeunes s'engagent dans la défense d'autres valeurs, comme Romain, 20 ans, qui a passé une année sur la ZAD de Notre-Dame-des- Landes.

***Romain** : Le 27 janvier 2013, un dimanche, il était à peu près 17 heures quand on est arrivé, on a entouré la ferme de tracteurs pour éviter qu'elle soit détruite, le lundi matin. L'objectif était de maintenir une exploitation en vie pour réinstaller d'autres paysans, une fois la bataille gagnée. Moi, j'étais chômeur à ce moment-là, je me suis donc déclaré habitant là avec d'autres paysans, ce qui a entraîné des procédures juridiques d'expulsion, des procès.*

***Sophie Bober** : Combien de temps êtes-vous resté sur la ZAD ?*

***R.** : Un an... Je n'avais pas d'espace à moi, tout était ouvert... Je me suis un peu perdu, c'est toute la difficulté de ces mouvements, de ne pas se perdre soi-même.*

***S. B.** : Êtes-vous d'accord aujourd'hui avec le jeune garçon que vous étiez ?*

***R.** : J'ai passé mon enfance avec mon grand-père, mon père et mes oncles à la campagne. Avec ces paysans, j'ai retrouvé cette notion de ruralité, de paysannerie qui est importante...*

***S. B.** : Vous avez l'impression de ne pas vous trahir...*

***R.** : Oui et c'est un milieu dans lequel je me sens bien...*

***S. B.** : Et la France, dans 10 ans, vous aimeriez qu'elle soit comment ?*

***R.** : Rouge, ou plutôt verte ! Je la préférerais verte...*

Serge Hefez : Les jeunes se forgent leur identité en fonction de tous les événements qui viennent bouleverser leur existence. Comment ne pas commencer par les attentats de *Charlie Hebdo* et la mobilisation extraordinaire qui a suivi, cette impression d'une alliance sacrée qui se mettait en place à travers toutes ces personnes qui marchaient ensemble... Est-ce que cela a été aussi l'occasion de mieux comprendre cette jeunesse de France ?

Caroline Fourest : Je ne crois pas que cette prise de conscience remonte aux attentats de janvier. Quelques années auparavant, au moment des caricatures de Mahomet, quand on défendait la position de *Charlie Hebdo* au tribunal face aux associations religieuses qui portaient plainte contre nous, que Dieudonné était venu faire son numéro habituel, j'avais croisé une classe de lycéens, fascinés d'avoir vu Dieudonné. J'avais été frappée par la dangereuse confusion dont ils faisaient preuve : « Madame, dessiner Mahomet, c'est raciste, et Dieudonné, lui, il n'a pas le droit de se moquer des juifs, c'est pas juste ! »... Je n'ai donc pas attendu les attentats du 7 janvier pour comprendre l'importance de ce problème et, dans mes cours à Sciences Po, j'ai beaucoup tenté de dissocier la critique des idées de la critique des identités, de faire la différence entre blasphème et racisme. Depuis des années, je pense que c'est une priorité absolue et qu'elle doit être au cœur de nos métiers de journaliste ou de professeur.

S. H. : Diriez-vous qu'il existe, en fait, deux catégories de jeunes en France, ceux qui sont « Charlie » et ceux qui ne le sont pas ?

C. F. : Je pense qu'il y a même trois catégories, ou plutôt lignes politiques, séparées par des fractures idéologiques : il y a les jeunes qui vont se sentir solidaires de *Charlie Hebdo* – sans forcément l'avoir lu –, de son esprit un peu enfantin et satirique, de cette liberté d'expression ; ceux qui sont très influencés par des sites internet proches de la mouvance Dieudonné, Soral, complotistes, qui confondent l'esprit critique avec le fait de mettre en doute tout consensus républicain, toute parole un peu apaisée ; et ceux qui relaient clairement des paroles simplistes, racistes et xénophobes, parce qu'ils expriment la colère de leurs parents ou cherchent à se former une tribu autour de la défense de l'identité blanche contre une autre tribu qu'ils sentent adverse.

S. H. : Raphaël Glucksmann, selon vous, cette jeunesse aurait la gueule de bois...

Raphaël Glucksmann : C'est la gueule de bois d'une génération née au moment de la chute du mur de Berlin, en 1989, à laquelle on a promis la paix éternelle, le progrès social, le fait que les libertés seraient quelque chose de naturel, d'acquis et qui, tout d'un coup, ouvre les yeux, se rend compte que le pacte républicain se délite, que la guerre est revenue en Europe, en Ukraine, mais aussi au cœur des villes par les actes terroristes. C'est un réveil douloureux, la rencontre d'une réalité fondamentalement opposée au mythe dans lequel cette génération a été élevée et, pour moi, c'est aussi une prise de conscience essentielle. Tout l'enjeu, c'est de faire en sorte que celle-ci débouche sur une revitalisation du pacte républicain et du discours sur l'identité française. Et là-dessus, la jeunesse est à l'image de la société. La jeunesse est divisée par les trois courants idéologiques cités par Caroline Fourest comme l'ensemble de la société, mais, comme elle n'est pas encore intégrée dans les structures sociales et mentales, elle en donne une image plus forte.

S. H. : Alexis Mazade, vous qui avez choisi un engagement politique, quel est votre diagnostic sur cette gueule de bois ?

Alexis Mazade : Je pense, en effet, que la jeunesse prend conscience de ces fractures sociales et de l'existence de plusieurs jeunesses aujourd'hui, en France. Ce n'est pas pareil de naître en banlieue parisienne, ou à Paris, même si on retrouve dans certains quartiers populaires les mêmes problématiques qu'en Seine-Saint-Denis, où j'ai grandi.

S. H. : Que les jeunes ne vivent pas la même réalité sociale, ce n'est pas nouveau. En revanche, que le combat politique semble ne plus remporter beaucoup d'adhésion chez les jeunes, c'est un phénomène inédit. Ils ne croient plus que les grands partis politiques soient capables de les porter vers des avenirs plus radieux.

A. M. : C'est vrai, et moi, je suis nostalgique de l'époque de mes parents ou de mes grands-parents qui menaient leur combat politique entre jeunes. Cette jeunesse se désintéresse de plus en plus de la chose publique, de l'intérêt général, parce que le modèle dominant qui traverse aujourd'hui la société française est individualiste et, aussi peut-être, parce que les raisons de cet engagement et les idées à défendre sont devenues plus floues…

S. H. : Peut-être aussi parce que ces grands partis ne leur semblent pas porter les idéaux de la jeunesse, tout simplement ?

R. G. : Oui, cette idée-là est très forte dans tous les pays d'Europe et elle très sensible en France. De récents sondages montrent que 90 % des citoyens ne font plus confiance aux grands partis politiques, et en particulier les jeunes. Je vois deux causes principales : un décalage total entre le type de structure politique proposé, ultra-vertical, avec des logiques d'appareils et d'apparatchiks, et le rapport des jeunes au monde, dans lequel ils rédigent eux-mêmes l'encyclopédie qu'ils consultent sur internet, ils se rendent eux-mêmes présents sur les réseaux sociaux, se regroupent selon leurs affinités et non pas en fonction du drapeau – c'est la logique des réseaux sociaux… Tous les récents mouvements civiques politiques dans le monde, que ce soit la révolution ukrainienne à Maïdan, celle d'Égypte place Tahrir, *Occupy Wall Street*, les indignés, les parapluies de Hong Kong, sont tous nés de manière horizontale. Les gens se sont rendus eux-mêmes présents sans structure, idéologie et leader préexistants. L'époque du prophète révolutionnaire dont Mélenchon rêve tous les soirs est révolue, et heureusement pour la société, parce qu'à mon avis, cela va déboucher sur un nouveau mode d'engagement politique…

S. H. : Mais tous ces mouvements spontanés, extrêmement généreux, qui rassemblent beaucoup de jeunes, ne sont-ils pas aussi éphémères ?

C. F. : Cette génération spontanée se forme et se reforme au fur et à mesure des causes, et s'agrège sur un mode horizontal en fonction du thème et des réseaux sociaux. Ensuite, quand il s'agit de structurer la colère et de passer aux responsabilités ou à une proposition, là, la fonction du parti politique demeure, et vous avez donc deux catégories de jeunes : ceux qui, selon leurs priorités de vie – parce qu'avoir un avenir est un défi, quand on est jeune –, épousent des causes quand ils le peuvent, et ceux qui cumulent combats personnels et combats politiques plus structurés, sur le long terme. Contrairement à ce qu'on entend souvent, les jeunes ne sont pas moins rebelles, moins engagés, mais ils sont engagés autrement, et les partis les séduisent forcément moins, tout simplement.

Il y a, dans la société, une envie de redécouvrir cette lumière, cet esprit des Lumières, mais cela exige un peu de culture, cela demande de se retourner sur le passé, de se plonger dans la philosophie, de lire, cela nécessite un effort.

S. H. : Beaucoup de jeunes sont tentés par des engagements extrémistes, qui leur semblent les seuls à porter la question de l'identité nationale…

R. G. : Ils ont cette tentation parce que, de l'autre côté, du côté des forces républicaines, il y a une forme d'aphasie totale, d'incapacité à dire ce qu'est la République. Non pas parce qu'on a perdu la foi dans ce message universel, mais parce qu'on n'arrive plus à le faire vivre. Et, effectivement, des jeunes qui naissent dans le 7e arrondissement de Paris, dans la banlieue parisienne et dans un village périurbain de Picardie ne se croiseront plus jamais. On a eu raison de supprimer le service militaire qui est démodé, qui ne marche plus, mais on ne l'a pas remplacé. Comment faire vivre les valeurs d'universalisme du pacte républicain, si elles n'existent pas concrètement dans la vie des jeunes ? Cela nourrit la tentation d'un repli sur une identité autre, religieuse, extrémiste, identitaire. Il n'y a qu'à voir le succès des mouvements identitaires et du Front national sur internet, sur Twitter, sur Facebook…

© Catherine Leblanc / Godong / Photononstop

S. H. : Voltaire, le Siècle des lumières, dont nous sommes bien sûr tous pétris, représentent-ils une référence très audible pour les jeunes aujourd'hui ?

C. F. : Il y a, dans la société, une envie de redécouvrir cette lumière, cet esprit des Lumières, mais cela exige un peu de culture, cela demande de se retourner sur le passé, de se plonger dans la philosophie, de lire, cela nécessite un effort. De toute façon, l'utopie – et surtout l'utopie universaliste – est tellement fine, est tellement complexe qu'elle appelle un effort. En face, des doctrines proposent quelque chose d'extrêmement simple à comprendre, sollicitant très peu d'efforts, en réalité, le repli tribal. Le réflexe identitaire tel que l'exploite le Front national fonctionne comme les réseaux sociaux, selon le « qui se ressemble s'assemble », c'est un mode d'agrégation extrêmement simple qui peut parler aux jeunes. Le Front national présente un autre avantage : il est aujourd'hui le seul parti politique où on peut faire carrière très facilement, alors qu'au parti socialiste ou LR, les postes sont pris par des barons locaux depuis des décennies, et il faut justement avoir une culture, une stratégie militante, et beaucoup d'abnégation pour y faire carrière.

De par la crise du pacte républicain, la tentation est forte, chez une partie de la jeunesse, de se retrouver dans une idéologie de repli sur soi.

A. M. : Quand je débats sur les réseaux sociaux, sur Twitter ou Facebook, avec un jeune qui a choisi ce type d'engagement, il se borne toujours à la constatation. Constater des faits ou une réalité, c'est une chose, mais les analyser et apporter une explication contextuelle, politique, c'en est une autre... Parfois, ils parlent de « rassemblement », alors qu'ils sont issus d'une formation politique qui ne fait que prôner la division et la haine. Mais pour en avoir conscience, il faut faire cet effort effectivement de culture, de lecture, de retour historique. De par la crise du pacte républicain, la tentation est forte, chez une partie de la jeunesse, de se retrouver dans une idéologie de repli sur soi.

S. H. : Raphaël Glucksmann, quelles sont les alternatives qui existent en France pour s'engager politiquement aujourd'hui ?

R. G. : Dans toutes les périodes de crise, certains partis veulent renverser la table, rencontrer le sentiment naturel des gens, en particulier de la jeunesse. Le problème aujourd'hui, en France, c'est que le débouché apparemment naturel pour ce vote de refus d'un système qui ne fonctionne pas, c'est le vote FN. En Espagne, les citoyens qui veulent renverser la table s'engagent à Podemos... Comment la gauche française peut-elle incarner un vote ou un engagement pour le changement, la refondation du contrat social ?

S. H. : Selon une enquête du CEVIPOF, 49 % des Français jugeaient qu'il y avait trop d'immigrés en 2009, 67 % en 2013. Parallèlement, de plus en plus de voix réclament le rétablissement de la peine de mort. Caroline Fourest, vous intervenez beaucoup sur les liens entre radicalisme religieux, islamophobie et identité nationale, comment voyez-vous les choses aujourd'hui chez les jeunes gens ?

C. F. : Il n'est pas aisé de faire entendre toutes les nuances, entre le fait d'être croyant, intégriste, terroriste, qui sont des degrés évidemment très différents, de ne pas confondre la question de l'immigration et la question du radicalisme religieux. Et plus il y a d'attentats, plus il y a de violence, plus il y a une fatigue démocratique, moins il est aisé de les entendre, tant on se trouve écrasé par un autre son de cloche, beaucoup plus bruyant et beaucoup plus facile qui dit : « Pas d'amalgame, ne parlons de rien, nions les problèmes parce que ça peut créer trop de risques de surenchères politiques », mais cela ne convainc évidemment personne, cela fait enrager même certains qui, ne trouvant pas dans les autres partis une parole forte et claire sur ces questions, vont au Front national... Quand la parole politique est nuancée, elle paraît faible et molle, on lui reproche de ne pas être à la hauteur de la colère et de la peur que ressentent les citoyens. Il faut crier pour l'incarner mais, quand vous criez, vous dites rarement des choses nuancées... C'est un cercle infernal qu'il n'est pas facile de défaire...

S. H. : Mais hors des partis, la jeunesse gronde aussi, partout dans le monde. Des jeunes tunisiens qui renversent Ben Ali, des foules du Caire qui renversent Moubarak, qui envahissent la place Taksim à Istanbul et la transforment en campement subversif, les occupants de New York, jusqu'à ces zadistes, comme ce jeune Romain qui a occupé Notre-Dame-des-Landes : ils sont tous mobilisés, ils ont envie de changer les choses, d'en découdre. Comment utiliser un petit peu mieux ce mouvement pour qu'il devienne une vraie transformation de la société ?

R. G. : C'est tout l'enjeu des années à venir, c'est toute la force et la faiblesse de ces mouvements... La force : ne pas avoir de leader, de structures, de coût, ne pas être récupérables, être son propre porte-parole... La faiblesse : comment faire de ces mouvements éclatés un moyen de transformer la société dans son ensemble ? Les élites de gauche seront-elles capables d'adopter un récit polyphonique, de transformation générale de la société, à partir de toutes ces initiatives ? Aujourd'hui, je pense que la France est ultra en retard à ce niveau par rapport à d'autres pays, et c'est une des raisons de la défaite idéologique permanente que connaît la gauche dans notre pays. La droite, aujourd'hui, qui dérive de plus en plus vers l'extrême droite, a une forme politique cohérente avec l'idéologie de la verticalité, des frontières, de la domination d'un chef, tandis qu'à gauche, il y a un décalage entre une aspiration de refonte de la démocratie et des structures obsolètes.

C. F. : Les débats qui traversent la gauche, c'est toujours de savoir si on doit aller faire la pêche aux différentes causes communautaires, y compris celles qui se révèlent, au fond, très réactionnaires ou très sexistes, très religieuses, ou si on doit rester sur la ligne républicaine universelle et laïque. À mon avis, ce sillon très utopiste a une force d'agrégation beaucoup plus forte que la collection de petites chapelles incompatibles entre elles... Fondamentalement, je ne crois pas que l'on va pouvoir révolutionner la démocratie représentative, et je ne le souhaite pas car je pense qu'une des vertus de cette verticalité est de faire tenir un pays ensemble. Mais l'engagement, en revanche, ressemblera de plus en plus à une collection de causes successives... Pourquoi n'aurait-on pas le droit de butiner d'une cause à l'autre, de se forger ainsi un corset, une philosophie qui fait qu'on va plutôt voter de telle façon ou de telle autre ? Une autre forme d'engagement, celle des jeunes qui partent en Syrie pour devenir terroristes djihadistes, pose la même question de la « rétribution symbolique ». Quand vous vous engagez dans un parti, si vous êtes au chômage, vous gagnez une vie en communauté peut-être étouffante mais aussi stimulante. Si vous vous engagez en Syrie et que vous n'avez jamais voyagé, que vous êtes un peu frustré sexuellement, soudainement, vous avez plein d'esclaves sexuels, des mitraillettes pour tirer sur des gens... Si vous êtes jeune, sans travail et que vous vous engagez au FN, vous gagnez un poste... Néanmoins, il y a quelque chose qu'il ne faut jamais négliger, quelque chose d'intemporel et d'universel qui anime la jeunesse – et pas seulement elle, il faut l'espérer –, c'est le besoin de sens. Quand vous appartenez à une communauté de lutte, même le temps d'une cause, votre vie a du sens. Le besoin de sens, il n'est pas moins fort dans cette génération que dans une autre.

Une dose de démocratie beaucoup plus directe est nécessaire aujourd'hui, sinon on ne fera jamais revenir la jeunesse au sein des partis politiques.

R. G. : Je suis un tout petit peu plus pessimiste, je pense qu'aujourd'hui on atteint un moment d'aporie : les institutions ne sont plus réellement représentatives. Quand, par exemple, le Front national fait 40 % des voix dans certains cantons et n'a pas département, je considère que ce n'est pas un triomphe mais une faille de la démocratie. Il faut vraiment prendre en compte la méfiance grandissante vis-à-vis des institutions qui représentent la démocratie, et refonder un nouveau contrat social qui permette de reconnecter les institutions verticales existantes avec un désir d'horizontalité. La Ve République a été faite pour les citoyens de l'époque du général de Gaulle, avec un chef charismatique qui parlait et le bon peuple qui écoutait, mais cela ne fonctionne plus. Une dose de démocratie beaucoup plus directe est nécessaire aujourd'hui, sinon on ne fera jamais revenir la jeunesse au sein des partis politiques. ■

LA FLAMBÉE DES BANLIEUES, DIX ANS DÉJÀ

ENTRETIEN AVEC GILLES KEPEL

Suite à la mort de deux adolescents électrocutés alors qu'ils fuyaient un contrôle de police, des violences urbaines ont éclaté à Clichy-sous-Bois, entre le 27 octobre et la mi-novembre 2005, puis après le jet de grenades lacrymogènes près d'une mosquée pendant la prière de la nuit. Elles se propagent dans les banlieues de plusieurs grandes villes suscitant notamment le 8 novembre l'instauration de l'état d'urgence. La France redécouvre alors le sujet des quartiers défavorisés et semble faire connaissance avec une génération inconnue qui ne s'en prend pas seulement aux forces de l'ordre, mais aussi aux transports publics et aux écoles. Dix ans après, où est passée la jeunesse des banlieues ?

Sandrine Treiner : Dix ans après, on peut avoir le sentiment que le sujet « banlieue » a disparu de l'espace du débat public. Est-ce vrai ou pas ?

G. K. : La banlieue a disparu de l'espace du débat public, mais elle est plus que jamais au cœur de l'espace territorial français. Les émeutes de 2005 devaient avoir en principe pour conséquences de faire entrer dans le champ politique ce que l'on a appelé les « élus de la diversité », pour qu'ils intègrent les partis et les rajeunissent, et fassent que les photographies de l'Assemblée nationale et de l'équipe nationale de football soient sinon superposables, en tout cas, moins opposables. En fait, ça n'a pas été une réussite. Il y a eu au niveau municipal des élus de la diversité en nombre mais ça n'a pas permis de réintroduire les quartiers ou les communes marginalisés dans l'espace public. Les clivages sont plus forts encore qu'il y a dix ans. Au Mirail, à Toulouse, l'imam de la mosquée que fréquentait notamment Mohammed Merah s'inquiétait récemment, lors de son sermon auquel j'ai assisté le jour même où on a annoncé la décapitation d'un entrepreneur dans l'Isère par un employé fiché islamiste radical, que les « Blancs » désormais quittent en masse le quartier du fait du grand nombre d'incivilités qui y sont commises.

S. T. : Pourquoi faire spontanément le lien entre la question posée et les propos d'un imam ?

G. K. : Parce qu'au Mirail, par exemple, l'influence politique, sociale et morale de l'imam de la mosquée principale – qui est d'ailleurs dans un préfabriqué – est beaucoup plus déterminante que celle des élus de la diversité. Or, Toulouse, ce n'est pas rien, c'est la ville de Merah et une région emblématique d'exportation du djihadisme français vers la

Professeur des universités en science politique et arabisant, **Gilles Kepel** anime avec Bernard Rougier le séminaire de recherche sur le Moyen-Orient et la Méditerranée à l'École normale supérieure. Il est l'auteur d'une quinzaine de livres traduits dans de nombreuses langues dont les derniers parus sont *Passion arabe, journal 2011-2013* (prix Pétrarque 2013) et *Passion française, les voix des cités* (2014), repris sous coffret par Gallimard. Sur France Culture, il a notamment produit *La Grande Traversée : « Retour d'Égypte »* en juillet 2014, et il présentera *Le Monde selon Gilles Kepel* les dimanches soir à 17 h 54.

Syrie et l'Irak. L'autre commune que l'on pourrait citer, c'est Trappes. Début juillet 2015, 83 « trappistes » étaient partis faire le djihad. Il y a 15 ans, c'était la commune exemplaire de processus d'insertion sociale réussie avec les figures de Nicolas Anelka, Omar Sy et Jamel Debbouze. Entre-temps, l'année dernière, Trappes a été le lieu d'émeutes, suite à la verbalisation d'une Antillaise convertie qui portait le niqab sur la voie publique. On voit là la persistance des problèmes de marginalisation et aussi l'usage de plus en plus fréquent d'un répertoire religieux qui tend à se substituer au répertoire politique. Cela marche d'ailleurs dans les deux sens : certains élus pensent que la religion est le vecteur d'une paix sociale, hautement inaccessible du fait du chômage massif et de la perte de confiance dans le récit républicain. Démonstration assez frappante en Seine-Saint-Denis, aux élections municipales de 2014, avec une association comme l'Union des associations musulmanes de Seine-Saint-Denis (UAM 93) qui s'est construite comme un lobby religieux auprès des différents candidats, négociant son soutien en fonction d'un certain nombre de critères.

S. T. : Le mouvement spontané de 2005 ne posait pourtant que des questions sociales et politiques. La question religieuse ne semblait pas être posée…

G. K. : Si, elle avait été posée. En 2005, on était en pleine invasion de l'Irak. On a oublié que le vrai déclencheur des émeutes n'était pas la mort des deux adolescents. Deux ou trois jours de désordres avaient été calmés, notamment par les « grands frères ». Trois jours après, des CRS « caillassés » tandis qu'ils étaient en patrouille de nuit ont tiré des grenades lacrymogènes devant la mosquée Bilal à Saint-Denis. Or, on était en plein ramadan. Le récit de cet événement a été construit, pas dans les grands médias mais localement par un certain nombre d'acteurs des émeutes, comme « le gazage de la mosquée Bilal ». C'est de là que s'est établi le bouche à oreille de l'idée que l'État français, avec ses forces de répression, persécutait des musulmans en prière. Cela dit, la question sociale et politique était très importante, bien sûr. Je considère que 2005, c'est le remake du raté de la marche des beurs. En 1983, des enfants de l'immigration franco-algérienne partent des quartiers Nord de Marseille, passent à Lyon, montent à Roubaix et viennent présenter leurs doléances à l'Élysée. Le locataire de l'Élysée est alors François Mitterrand, ancien ministre de l'Intérieur au moment de la guerre d'Algérie, qui avait déclaré : « Avec le FLN, la seule négociation, c'est la guerre. » Pour ce même François Mitterrand, en 1983, la formule s'est déplacée : « Avec les enfants du FLN, la seule négociation, c'est la ruse. » Il ne les a pas fait entrer dans le système politique alors que c'était leur demande, et a dilué leurs revendications dans SOS Racisme et les concerts : le mouvement a été folklorisé. Une partie des marcheurs est alors allée vers le religieux et une autre dans la toxicomanie. À mon sens, 1983-2005, ce sont 22 années de perdues.

S. T. : Mais 22 ans après, ce ne sont plus les mêmes, que s'est-il transmis d'une génération à l'autre ?

G. K. : 2005 est bien la rémanence de 1983 mais avec une ethnogénération beaucoup plus nombreuse car en 1983, il y avait, en proportion, bien moins de jeunes issus de l'immigration postcoloniale. On a vu resurgir une revendication politique et sociale à partir d'un sentiment de victimisation et de persécution – d'où la dimension du mouvement. Des associations comme ACLEFEU (« Assez-le-feu ») ont relayé cette revendication politique, ce qui a donné dans un premier temps des inscriptions massives sur les listes électorales, puis des votes massifs des quartiers pour Ségolène Royal. À partir de l'échec de leur candidate, c'est fini, l'abstention aux législatives suivantes est un fait majeur du moment. Au fur et à mesure que le désenchantement progresse, le sentiment religieux s'y substitue et va même incorporer le politique. En 10 ans, ce phénomène a continué à progresser chez beaucoup de ces jeunes devenus les plus emblématiques.

S. T. : C'est pourtant l'époque du plan Borloo pour les quartiers et d'une injection de moyens financiers sans précédent. Il n'a porté aucun fruit ?

G. K. : Le plan Borloo et la politique de rénovation urbaine massive ont rénové les habitats sordides, mais la feuille de vigne du béton cache la nudité de l'absence de travail. Le problème majeur, c'est la très grande difficulté de la jeunesse en général, et celle-ci en particulier – en raison du déficit scolaire, du délit de faciès et de la discrimination sur l'adresse –, de trouver un emploi légal qui assure ascension sociale et participation politique. La marginalisation progresse, en dépit de tout. À partir de l'affaire Merah, qui coïncide avec la fin du quinquennat de Nicolas Sarkozy, des attitudes clivantes sont, de fait, renforcées dans la société pour deux raisons. 2005, c'est le début de la troisième génération de l'islam de France. Ce sont eux, les enfants des « darons » (les anciens « travailleurs immigrés »), qui vont être les plus visibles et parmi lesquels, pour certains, se développe une revendication de type salafiste, très faible autrefois. D'autre part, la stratégie de l'islamisme international, désormais mêlé à la vie quotidienne par les réseaux sociaux, a changé : le djihadisme international cible prioritairement la jeunesse européenne et favorise des mouvements radicaux qui agissent à partir du bas dans les quartiers – contrairement à la stratégie d'Al-Qaïda qui envoyait depuis l'étranger 19 personnes sur une cible, en exécution d'ordres venus d'en haut. Ces jeunes agissent dans leur environnement comme les frères Kouachi ou Amedy Coulibaly. Une revendication de type « conflit du travail » peut se traduire, dans le langage des réseaux sociaux de Daech, par une tête coupée, une attaque contre une usine de type Seveso et l'exhibition d'images insoutenables sur les réseaux sociaux. C'est très préoccupant pour toutes les politiques d'intégration mises en œuvre. Ça prend en otages des populations entières et, par effet de contamination, ne peut que favoriser la croissance du FN, déjà premier parti de France depuis les dernières élections européennes. La rénovation des banlieues a eu un effet sur

© Olivier Laban-Mattei / AFP Creative / Photononstop

travail mais au moins une projection de soi-même qui, dans les situations extrêmes, va jusqu'au nihilisme et l'auto-anéantissement. Des événements comme les meurtres perpétrés par Mohammed Merah prennent cette jeunesse en otage. Ce qui se joue, c'est la construction d'un grand récit alternatif, qui touche aussi désormais les zones rurales, comme l'a révélé l'exemple de la petite ville de Lunel, dans l'Hérault, pépinière de djihadistes. Ce contre-discours aux valeurs de la République, pourtant produit par une infime minorité, séduit même des jeunes qui ne sont pas issus de l'immigration postcoloniale, notamment parce que sa grammaire est parfaitement adaptée à celle des réseaux sociaux, à leur graphisme, à la transgression des codes moraux établis, etc. La Laïcité, la Nation, la République sont des récits qui tournent à vide. Un des enjeux aujourd'hui, c'est l'étude en profondeur des phénomènes. Pour cela, il faudrait que les décideurs politiques cessent de mépriser l'université, mépris renforcé encore durant ce quinquennat, alors qu'elle seule dispose des outils intellectuels pour penser ce défi majeur.

les quartiers. Ils ont changé complètement d'aspect pour la plupart mais, effet pervers, les efforts et les transferts sociaux en faveur de l'immigration postcoloniale des banlieues ont été perçus par les populations périurbaines, majoritairement européennes ou venues de l'exode rural, comme une injustice dans la mesure où celles-ci payent des impôts mais ne bénéficient pas de tels transferts. Le vote FN en découle pour une large part.

S. T. : Pourquoi n'est-on pas parvenu à traduire politiquement la revendication légitime des quartiers ?

G. K. : Ce fut le pari d'ACLEFEU. S'ils ont eu beaucoup de mal à réenchanter le politique, c'est parce que les ressources sont faibles : seuls des postes d'employés municipaux leur ont été proposés. On se heurte toujours à l'absence massive d'emplois dans les quartiers populaires, qui nourrit des ruptures en termes de valeurs culturelles. Si le sentiment, c'est que l'école dans les quartiers défavorisés mène au chômage, à quoi bon l'école ? Cela conduit à des exils extérieurs, hors de France, ou s'incarne dans un exil intérieur qui est celui du salafisme, d'une manière générale. Certains jeunes se cramponnent à la dimension littérale de la prédication comme modèle totalement opposé à un modèle déficient, car il ne propose pas d'emploi, et d'autres partent dans la dérive djihadiste. Cette jeune génération construit une projection d'elle-même dans laquelle l'identité religieuse est importante, à travers des réseaux sociaux et des groupes de pairs qui ne se retrouvent pas forcément à la mosquée. L'institution religieuse musulmane elle-même a du mal à toucher la jeunesse, qui est projetée dans un autre réseau. Certes, la religion ne fournit pas de travail mais au moins une projection de soi-même…

S. T. : Comment réintégrer cette question dans la sphère politique ?

G. K. : On peut se sentir pris entre l'enclume du Front national et le marteau du djihadisme. C'est tout le modèle européen, si dynamique il y a 20 ans, qui est remis en cause et n'arrive pas à trouver sa place dans l'économie-monde, entre puissance manufacturière et délocalisations. Nous n'arrivons plus à payer des salaires pour fabriquer en Europe. Dans le Vaucluse, terre d'élection du FN, les produits maraîchers sont remplacés par ceux du Maghreb, et cela dessert la main-d'œuvre locale issue de l'immigration maghrébine. Le chômage et le déficit budgétaire sont centraux. Le religieux se nourrit de la faillite du contrat moral que promettait la social-démocratie. Le paradoxe le plus ahurissant aujourd'hui, c'est que l'Europe n'arrive plus à contrôler les flux migratoires en provenance du Sud et de l'Est de la Méditerranée d'un côté, et y exporte ses djihadistes de l'autre…

Photo Roger Parry © Éditions Gallimard

Penser le **politique** avec MERLEAU-PONTY

Rencontre enregistrée dans le cadre du cycle « Politique de la pensée » des Bibliothèques de l'Odéon, le 13 juin 2015 à l'Odéon-Théâtre de l'Europe

Producteur : **Raphaël Enthoven** Réalisateur : **Rafik Zénine**

LE POUVOIR IMAGINAIRE
Diffusion : 9/08/2015

Raphaël Enthoven : Comment sortir du dogmatisme ? Comment sortir d'un discours qui a tout prévu ? Comment se défaire de la mauvaise foi qui noie toute objection dans le soupçon ? En remplaçant la question de savoir ce qui est dit par la question de savoir qui le dit. Comment s'affranchir d'une idéologie qui, quand la réalité semble la contredire, ne voit dans cette « contradiction » qu'un ajournement sinon la confirmation à venir de sa pertinence ? Comment, surtout, renoncer à un dogme sans verser dans le dogme d'en face ? Comment, par exemple, renoncer au marxisme sans devenir un anticommuniste primaire ? Comment inverser le platonisme, sans être, en cela, encore platonicien ? Les illusions sont coûteuses, dit Nietzsche, mais la destruction des illusions est encore plus coûteuse. La difficulté n'est pas d'abjurer une doctrine. La difficulté, le problème, c'est de ne plus être doctrinaire. Changer d'avis, c'est bien ; mais ne plus tenir son avis pour *la vérité*, c'est mieux. Faut-il platement appeler de nos vœux la venue des sceptiques ? Ou bien se pencher sur le destin sans compromis des rares philosophes qui accomplissent ce tour de force et qui finissent par ouvrir les yeux sur leur propre aveuglement ? Maurice Merleau-Ponty est de cette espèce précieuse. Et son parcours, son itinéraire – pour reprendre le sous-titre du livre que lui consacre Vincent Peillon – peut être lu à bon droit comme le chemin de croix phénoménal qui conduit un homme de la religion – en l'occurrence le marxisme – à l'agnosticisme – en l'occurrence le sentiment que l'histoire déborde la raison. Une chose est de changer de religion. Toute autre est de sortir de l'église. Il est facile de ne plus être marxiste : ça arrive tous les jours. Ce qui est difficile, c'est de ne plus être sectaire. Et de ne pas remplacer une erreur par une autre. D'abjurer non pas un dogme, mais le dogmatisme lui-même. Alors, à quelle épiphanie doit-on de sortir de la croyance ? Quelle place occupe, dans cette apostasie politique, une ontologie qui, dès 1945, récusait déjà l'absolutisme dans la connaissance ? Y a-t-il un lien, en un mot, entre le renoncement à l'absolu comme politique et le discours sur l'être, l'ontologie, selon laquelle, à trop subir les lois de l'esprit, le monde finit par rendre l'âme ?

N'avons-nous le choix que d'être ou des cyniques ou des coquins ?
(« *Pour la vérité* » *in* Sens et Non-Sens, *1948*)

Les républicains de Stendhal voulaient follement la sincérité contre les « coquins » et les « fripons » qui peuplaient les cours et les antichambres. Les professeurs dreyfusistes de 1900 voulaient la justice à tout prix. Ils disaient : même si la révision du procès Dreyfus doit compromettre l'état-major de l'Armée et la Défense nationale, il faut obtenir la révision, puisqu'une France injuste ne serait plus la France et ne mériterait plus d'être sauvée. Maurras leur opposait bien qu'une politique ne doit pas se régler sur le juste et l'injuste tels que nous les sentons en nous-mêmes, mais d'abord sur les conditions d'existence et l'intérêt de la nation, sans laquelle il n'y a pas de civilisation et finalement pas de justice, qu'« on a quelquefois vu des tribunaux sans justice, mais jamais de justice sans tribunaux », qu'il fallait donc sauver l'autorité des tribunaux et laisser Dreyfus à l'île du Diable au nom même de la justice, – ni Péguy, ni les Kantiens n'acceptaient que la France perdît ses raisons d'exister pour conserver l'existence. Dans l'entre-deux-guerres, la plupart des intellectuels français traitaient les questions politiques sous l'angle de la morale.

Nous avons bien changé. Nous avons vu, comme on dit, « où cela mène ». À tort ou à raison, nous attribuons les malheurs de la France au cynisme et à l'indépendance des Français. Nous sommes tous des repentis. On ne nous y reprendra plus. Chacun de nous se sent responsable, chargé de patrie ou de parti comme on est chargé de famille. Avant de dire une vérité, nous regardons d'abord aux conséquences. Nous avons gagné en bienséance et en sérieux, mais à force de mesurer nos paroles et de n'entendre que réponses mesurées, nous prenons l'habitude assez basse des interprétations, des allusions et des pointes. Il règne presque partout un ton cafard et insinuant qui est celui de la Sapinière dans Balzac et de la Congrégation dans Stendhal. Le jeu se fait par la bande. Les épées sont mouchetées. Les conservateurs sont « socialistes », les révolutionnaires sont gouvernementaux, chacun répond à côté, de sorte que les discussions sont dialogues de sourds. Tout le monde est réaliste, opportuniste, tacticien. Maurras est en prison, mais le maurrassisme est partout. Nous sommes tous des coquins au sens de Stendhal.

N'avons-nous donc le choix que d'être ou des cyniques ou des coquins ? Avant de nous résigner à ce dilemme, il faudrait être sûr qu'il est inévitable.

Raphaël Enthoven : Vincent Peillon, quelle est la différence entre un coquin et un cynique, et un tel dilemme est-il évitable ?

Vincent Peillon : L'intérêt de ce texte est qu'il pose cette question centrale pour Merleau-Ponty : être un cynique ou un coquin, ce choix est-il inévitable ? Le cynique, c'est la belle âme, celle qui, après l'expérience de la guerre, n'a pu éviter le drame du nazisme, de l'antisémitisme, de l'Holocauste. C'est la loi morale de Kant qui nous dicte d'agir « de telle sorte que ton action puisse être érigée en loi universelle » et selon laquelle chacun de nous n'est pas ce qu'il est comme particularité, comme individu, comme enracinement, mais plutôt comme homme universel.

R. E. : Autrement dit, se vivre comme le dépositaire d'une universalité donne bonne conscience mais expose à se plaindre en réalité que le monde ne soit pas ce qu'il devrait être ?

Maurice Merleau-Ponty (1908-1961)

Penser l'existant humain comme « être-au-monde », comprendre l'expérience humaine vécue, décrire concrètement le réel, le philosophe **Maurice Merleau-Ponty** a cherché, dans toute son œuvre, à « revenir aux choses mêmes », selon le précepte du fondateur de la phénoménologie, Edmund Husserl : *La Structure du comportement* (1942), *La Phénoménologie de la perception* (1945), *Sens et Non-sens* (1948), *Les Aventures de la dialectique* (1955), *Signes* (1960). Ancien élève de l'École normale supérieure et agrégé de philosophie, il fonde la revue *Les Temps modernes* en 1945 avec Sartre, qu'il quitte en 1953 au moment de la rupture de leur amitié. Professeur à la Sorbonne et au Collège de France, il n'a cessé de méditer sur la vision, comme dans son dernier ouvrage, *L'Œil et l'Esprit* (1960), avant qu'il ne meure brutalement à 53 ans, assis à son bureau, où le livre de Descartes, *La Dioptrique*, était encore ouvert... Son ouvrage posthume paraît en 1964 : *Le Visible et l'Invisible*.

V. P. : Il est terrible, ce cynisme. C'est une conscience mystifiée : je ne me vis pas comme juif, je me vis comme conscience universelle mais dans le regard de l'autre, je suis assigné à être cela et en cela, l'autre me prend ma vie, d'une certaine manière. Mais c'est aussi une conscience mystificatrice, complice de ce qui s'est passé. Dans le début de son texte, Merleau-Ponty n'épargne d'ailleurs pas les professeurs socialistes de l'entre-deux-guerres qui représentent l'idéalisme français, comme Léon Brunschvicg.

R. E. : Car, à force de refuser de se compromettre, ils ont fini par pactiser avec le pire ?

V. P. : Bien sûr. Si vous refusez la présence de la violence dans l'histoire, alors vous la laissez faire ; cette idée de paix perpétuelle, de réconciliation, de salut, de jour du Seigneur, de société sans classe ou évidemment de règne des fins chez Kant, a contribué à ne pas vouloir voir venir la catastrophe. Et puis, en face du cynique – le politique « moral » –, il y a le coquin, le politique au sens plus usuel d'une certaine façon, l'homme qui ne se préoccupe plus des fins mais uniquement des moyens.

Maurice Merleau-Ponty coiffant Karl Marx (dessin de Maurice Henry).

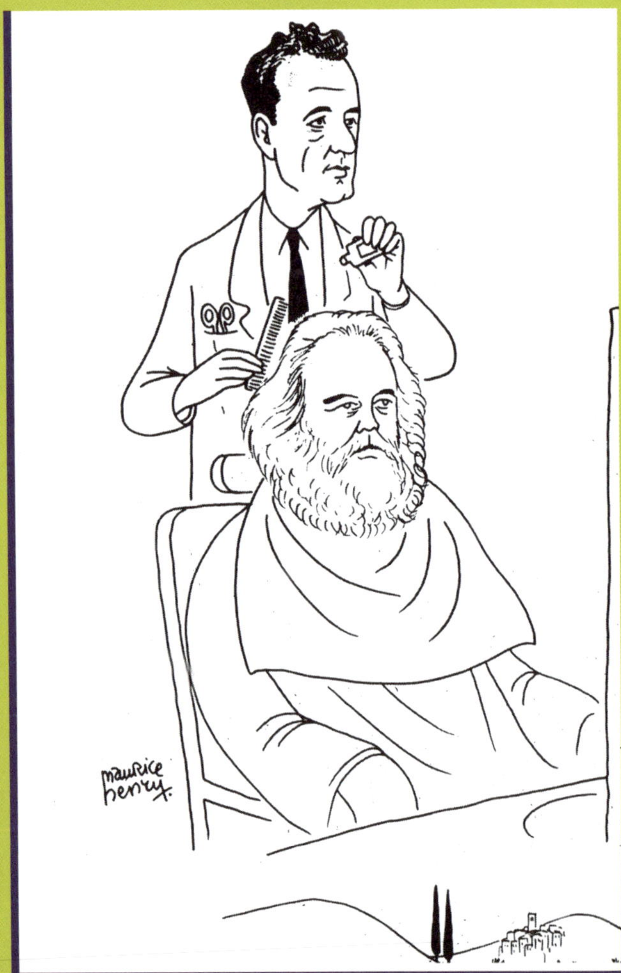

© Bridgeman Images

R. E. : Mais qui spécule volontiers sur l'utilisation des fins, qui peut les brandir à bon droit dans une tribune, qui s'en sert au bon moment…

V. P. : Le sophiste, celui qui mise sur la persuasion plutôt que sur la vérité, qui a essentiellement comme idée que le pouvoir ne va pas servir un projet qui est extra-politique mais que le pouvoir est en lui-même son propre projet, et que tous les moyens sont bons. Merleau-Ponty part de la critique de la politique morale mais pointe l'autre danger : à ne plus être du côté des cyniques, on peut verser très rapidement du côté des coquins. Selon lui, il ne faut être ni cynique ni coquin, et c'est le chemin assez tremblant qu'il va essayer de nous faire parcourir.

R. E. : Tous les chemins de Merleau-Ponty sont en effet tremblants : il conserve la structure d'un sujet, mais le sujet cartésien est brisé, fracturé, mêlé au monde, en un sens souillé par le monde. Cela prive d'emblée tout individu de revendiquer une vérité absolue ou, en tout cas, met celui qui revendique une vérité absolue en situation de l'usurper. Nous sommes de plain-pied dans le monde, donc quiconque prétend s'élever au-dessus du monde verse, à force de morale, dans un cynisme…

V. P. : Merleau-Ponty critique la conscience souveraine, le cogito cartésien qui se découvre une fois qu'il a rompu son lien à l'autre, à son corps et au monde. Toute la philosophie de Merleau-Ponty consiste au contraire à dire : ma conscience n'existe que liée à mon corps, incarnée, elle n'existe que dans le rapport à l'autre. Ce fantasme de pureté qu'il y a dans le cogito, c'est ce que Merleau-Ponty dénonce non seulement philosophiquement comme faux, mais politiquement comme extrêmement dangereux. Selon lui, cette illusion de pureté ne veut pas affronter l'adversité du monde, la coexistence, le tragique des relations interindividuelles, la dimension contingente de l'histoire. Merleau-Ponty est peut-être, et Sartre l'a reconnu à la fin de sa vie, le seul auteur qui construit son ontologie – étude de l'être – à partir d'une interrogation politique. Ceux qui aiment et qui connaissent Merleau-Ponty se demandent souvent comment il passe de ses premiers travaux – *Phénoménologie de la perception, Structure du comportement,* disons le temps de la guerre – au *Visible et l'Invisible,* à la fin de sa vie. En fait, c'est la politique qui conduit Merleau-Ponty à passer d'une théorie où il croit qu'il va y avoir encore une réponse, donc une coïncidence possible entre l'être et la pensée, à sa dernière philosophie, qui est une interrogation sans réponse possible mais qui précisément par sa lacune nous ouvre à l'être. Lorsque Merleau-Ponty meurt précocement, Sartre écrit un texte magnifique qui est un texte d'amitié comme il existe des grandes amitiés philosophiques, où il dit « Merleau-Ponty nous a appris à penser la politique » et « il est le philosophe de sa politique ». La politique n'est pas selon lui une application de la théorie, une conséquence de la pensée philosophique. Penser la façon dont nous vivons ensemble dans l'histoire est ce qui nous pousse d'après Merleau-Ponty à réélaborer notre ontologie.

R. E. : Est-ce qu'on peut dire de Merleau-Ponty que son pire ennemi, c'est ce qu'Aragon désigne comme une maladie plus répandue que la grippe, à savoir son goût de l'absolu ? Ou est-ce qu'il a le goût de l'absolu tout en sachant qu'il ne l'atteindra jamais, et qu'il serait fou et cynique de prétendre y parvenir ?

V. P. : Ce n'est pas faux. Merleau-Ponty nous dit la chose suivante : si nous ne voulons pas être des coquins, lorsque nous ne voulons pas non plus être des cyniques, il ne faut quand même pas renoncer aux valeurs. Le maléfice de la politique, c'est d'essayer de faire entrer ces valeurs dans le réel et nous n'avons pas à y renoncer. Merleau-Ponty est vraiment un philosophe du tragique parce qu'il part de l'idée que vivre à plusieurs, c'est comprendre que les autres ne vous voient pas comme vous vous voyez vous-même. Dès lors, vous entrez dans un labyrinthe : ce qui vous fait, le regard de l'autre, qui n'est pas la façon dont vous voyez, peut être un tissu d'amour, un tissu de compréhension mais aussi un tissu irréductible de conflit. L'horizon de la pensée politique devient alors l'horizon de la conflictualité. Le problème n'est pas de quitter une violence pour aller dans la paix perpétuelle mais de trouver une violence plus légitime ou moins dure qu'une autre. Et Merleau-Ponty enracine le politique dans cette violence, mais il dit – et ça aussi c'est un peu particulier – que le politique n'est pas différent de chacun d'entre nous, il ne fait qu'exacerber quelque chose qui est lié à la condition humaine, c'est la quintessence profonde de cette situation existentielle qui est la nôtre.

CE QUI VOUS FAIT, LE REGARD DE L'AUTRE, […] PEUT ÊTRE UN TISSU D'AMOUR, UN TISSU DE COMPRÉHENSION MAIS AUSSI UN TISSU IRRÉDUCTIBLE DE CONFLIT.

René Descartes (1596-1650), peint par Frans Hals.

Les fantômes du passé et la liberté dans le monde (« La guerre a eu lieu », in Sens et Non-Sens, *1948)*

L'antisémitisme allemand nous replace devant une vérité que nous ignorions en 1939. Nous pensions qu'il n'y avait pas de juifs, pas d'Allemands, mais seulement des hommes ou même des circonstances. Il nous semblait qu'à chaque moment chacun de nous choisissait dans une liberté toujours neuve d'être et de faire ce qu'il voulait. Nous n'avions pas compris que, comme l'acteur se glisse dans un rôle qui le dépasse, et promène autour de lui ce grand fantôme – dont il est l'animateur, mais aussi le captif –, chacun de nous dans la coexistence se présente aux autres sur un fond d'historicité qu'il n'a pas choisi, se comporte envers eux en qualité d'« aryen », de juif, de Français, d'Allemand, que les consciences ont l'étrange pouvoir de s'aliéner et de s'absenter d'elles-mêmes, qu'elles sont menacées du dehors et tentées du dedans par des haines absurdes et inconcevables au regard de l'individu. Si un jour les hommes doivent être des hommes les uns pour les autres, si l'universalité doit se réaliser, ce sera dans une société où les traumatismes du passé auront été liquidés. Jusque-là, la vie sociale restera ce dialogue et cette bataille de fantômes où l'on voit soudain couler de vraies larmes et du vrai sang.

V. P. : Très tôt, en 1936, Merleau-Ponty donne un compte-rendu de *Être et Avoir* de Gabriel Marcel, où il commente très simplement la deuxième méditation de Descartes. Descartes est à la fenêtre, il pleut et il voit passer des manteaux et des chapeaux, mais Descartes, parce que pour lui percevoir, c'est juger, dit : « À la question "Qu'est-ce que je vois ?", il ne répond pas "Je vois des manteaux et des chapeaux" mais "Je vois des hommes" ». Pour Merleau-Ponty, c'est cela que l'on ne peut plus dire. La philosophie de Merleau-Ponty s'est laissé bouleverser par la tragédie du monde. Lorsque les pèlerines bleues françaises arrêtent les enfants place de la Contrescarpe, sur ordre des nazis, Merleau-Ponty se dit : « Mais celui-là qui est arrêté, se pense-t-il ou est-il vu comme cette conscience universelle ? » Bien entendu que non, il est arrêté, déporté et tué en tant que juif, lui-même ne se donne pas cette détermination. Je pense aussi à mon maître Jean-Pierre Vernant qui disait : « Lorsque vous êtes dans la situation même d'un résistant et que, à un moment, vous devez tirer sur un autre homme, alors, à ce moment-là, vous ne tuez pas une conscience universelle ». Ce sont des faits humains qui viennent invalider des théories philosophiques.

CE QUI LE FAIT PENSER, C'EST LA CHAIR DU MONDE, C'EST SON CORPS [...]

(Humanisme et Terreur, *1947)*

Le déclin de l'humanisme prolétarien n'est pas une expérience cruciale qui annule le marxisme entier. Comme critique du monde existant et des autres humanismes, il reste valable. À ce titre au moins, il ne saurait être dépassé. Même incapable de donner forme à l'histoire mondiale, il reste assez fort pour discréditer les autres solutions. Considéré de près, le marxisme n'est pas une hypothèse quelconque, remplaçable demain par une autre, c'est le simple énoncé des conditions sans lesquelles il n'y aura pas d'humanité au sens d'une relation réciproque entre les hommes, ni de rationalité dans l'histoire. En ce sens, ce n'est pas une philosophie de l'histoire, c'est la philosophie de l'histoire et y renoncer c'est faire une croix sur la Raison historique. Après quoi, il n'y a plus que rêveries ou aventures.

© Éditions Gallimard

R. E. : Comment celui qui réhabilite le fait sur la théorie en vient-il dans *Humanisme et Terreur* à justifier les procès de Moscou et à défendre le sentiment que le marxisme n'est qu'ajourné pour des raisons objectives mais qu'il n'est pas invalidé par ce qui semble pourtant aux antipodes de ses intentions ? Comment peut-il à la fois réhabiliter le réel et, dans le même temps, le nier dans la défense de la théorie à laquelle il adhère ?

V. P. : Les choses ne se sont pas produites comme la théorie marxiste l'avait dit, cela n'a pas été une révolution internationale, dans un pays industriel... Il y a eu déraillement de l'histoire. La pratique ne correspond pas à la théorie. Mais à l'époque d'*Humanisme et Terreur,* Merleau-Ponty garde encore l'idée qu'à un moment la théorie et la pratique pourraient se rejoindre. La radicalité et l'intérêt de sa pensée, c'est de renoncer progressivement, d'*Humanisme et Terreur* jusqu'aux derniers écrits, en particulier les *Aventures de la dialectique,* à l'idée que cette coïncidence entre pratique et théorique ait lieu un jour.

R. E. : Revenons aux procès de Moscou. Il ne les condamne pas dans *Humanisme et Terreur*.

V. P. : Il a la même analyse sur les procès de Moscou que sur la Résistance et la collaboration : au moment de l'action historique – c'est Œdipe dont il parlera, c'est la situation historique – vous ne connaissez pas la conséquence de vos actes, vous ne connaissez même pas le sens dernier de vos actes. Quand vous entrez dans le labyrinthe de la politique, vous pouvez avoir les meilleures intentions du monde, le raisonnement le plus parfait, toutefois ce qui sera retenu et vu par les autres et ce qui fera effet dans l'histoire, vous ne le savez pas. Il a une espèce de suspension du jugement, mais on ne peut pas dire qu'il justifie les procès de Moscou, il essaie d'introduire là la dimension tragique de l'histoire et de l'action dans l'histoire.

R. E. : Vous avez pointé au début que la pensée politique de Merleau-Ponty était, d'une certaine façon, le socle à partir duquel il fallait penser son ontologie ou son esthétique, et pourtant à lire la *Phénoménologie de la perception,* on se dit que le rapport de cet homme au monde a déjà, d'une certaine façon, un coup d'avance sur sa pensée politique…

V. P. : Dans la *Phénoménologie de la perception,* qui est un texte plus théorique, il garde cette coïncidence entre l'être et la pensée à travers le schème phénoménologique, celui du présent vivant. C'est le chapitre sur la temporalité. Ce présent vivant qu'on a aussi chez Husserl, c'est le moment où les trois extases du temps vont coïncider, où l'être et la pensée se retrouvent, c'est le prolétariat dans *Humanisme et Terreur*. Ce que la dernière ontologie de Merleau-Ponty va défaire, c'est la possibilité de cette coïncidence. La non-coïncidence n'est pas simplement de fait, parce que le marxisme n'y arrive pas encore, mais il s'agit d'apprendre à penser dans l'horizon d'aucune coïncidence possible, et c'est précisément cette ouverture de la non-coïncidence qui est notre inscription dans l'être, ce qu'il appelle la pensée interrogative. Ce qui l'intéresse, c'est la manière dont la conscience est incarnée dans son corps, dans le monde avec les autres, dans une histoire qui est ouverte et contingente.

R. E. : Il se méfie comme de la peste de la tentation d'une mise à distance qui permettrait justement à la conscience non pas de s'incarner mais de se désincarner. Il se méfie de la bonne conscience, et cette façon qu'il a d'être critique à l'endroit des belles âmes n'est-elle pas contradictoire ?

V. P. : La philosophie est née en réalité avec Socrate qui n'est pas dans sa chaire d'université mais au milieu des hommes pour les interroger, essayer d'ébranler les certitudes et l'organisation des choses. Le philosophe qui se retire du monde pour Merleau-Ponty sort de cette tradition et de cette justification de la philosophie. Le « Je pense je suis », c'est une liberté tellement pure que, dès lors qu'elle va s'incarner dans une action, elle va déchoir.

R. E. : Des trois grandes brouilles de Sartre avec Camus, Aron et Merleau-Ponty, il n'y en a qu'une seule sur laquelle on peut considérer que Sartre a eu des regrets, c'est celle avec Merleau-Ponty.

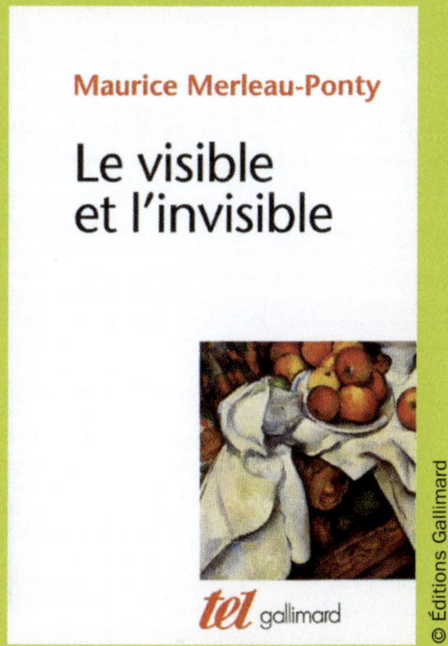

V. P. : Cette affaire date de 1952, et elle est extrêmement douloureuse pour les deux et lorsqu'à la mort de Merleau-Ponty, Sartre lui rend hommage, dans un texte d'une beauté qui montre ce que pouvait être sa générosité, il dit deux choses : c'est Merleau-Ponty qui avait raison et c'est lui qui nous a appris à penser. Les lettres de rupture entre Sartre et Merleau-Ponty sont extrêmement cruelles parce que Sartre s'adresse à Merleau-Ponty sur un ton qui ne convient pas du tout, alors que Merleau-Ponty essaie de débattre du rapport entre la totalité et l'événement, donc de la manière dont le philosophe peut intervenir dans le champ de la politique. Selon lui, il faut toujours une distance, même lorsque le philosophe s'engage en politique, il a une place à part. Au nom de la vérité, il doit toujours être prêt à trahir, il n'est donc pas l'homme du parti, il est l'homme qui doit représenter dans le champ de la démocratie quelque chose d'autre. Sartre fait comme s'il ne l'entendait pas, il reproche à Merleau-Ponty son attitude un peu rêveuse, philosophique.

R. E. : Comme il reprochait à Camus sa frivolité…

V. P. : J'ai évidemment une passion pour Merleau-Ponty, et je n'ai pas le même rapport à Sartre, mais je reste ébloui par la générosité de son texte de 1960, où d'ailleurs il comprend ce qui fait de Merleau-Ponty un philosophe éminemment sensible. Ce qui le fait penser, c'est la chair du monde, c'est son corps, l'histoire, le tragique. Dans ce texte, Sartre éclaire aussi Merleau-Ponty par ses liens avec sa mère, il explique pourquoi il y a quand même toujours cette volonté d'aller chercher ou de retrouver une unité toujours disparue. Il ne fait que lui rendre justice. Et quelle force faut-il avoir pour rendre justice à quelqu'un avec qui on s'est brouillé aussi durement !

LA PHILOSOPHIE EST NÉE EN RÉALITÉ AVEC SOCRATE QUI N'EST PAS DANS SA CHAIRE D'UNIVERSITÉ MAIS AU MILIEU DES HOMMES. […]

La critique n'est que refus – l'agnosticisme politique
(Les Aventures de la dialectique, *1955)*

Quiconque s'associe de près ou de loin à l'entreprise communiste pour des raisons comme celles de Sartre devient donc imperméable à l'expérience. Au contraire, l'agnosticisme, c'est d'abord la promesse d'examiner sans ferveur et sans dénigrement tout ce qu'on peut savoir de l'URSS, promesse facile à tenir, quand on ne regarde pas en soi le communisme comme un remords ou une ressource, quand on a conjuré les « fadaises optimistes » et qu'on le considère dans le relatif. L'agnosticisme, malgré les mots, c'est ici une conduite positive, une tâche, comme au contraire la sympathie, une abstention. Il reste à préciser quelle politique pourrait s'en déduire.

V. P. : Dans ce texte, on voit vraiment apparaître ce moment où il n'y a plus de solution qui nous attend dans le cahier du maître. Autrement dit, je ne peux pas juger la société dans laquelle je vis à partir de l'hypothèse d'une société parfaite, déjà existante, et qui nous attendrait quelque part. C'est un schème religieux qui a d'ailleurs été tout à fait reproché à Marx : il y aurait une fin de l'histoire, une société réconciliée et c'est à partir de ce modèle que je jugerais la société existante. Pour Merleau-Ponty, il ne faut pas renoncer à juger la société existante, mais nous ne disposons plus évidemment de cet outil conceptuel achevé, donc la tâche est sans doute plus difficile. Cela suppose d'être attentif à chaque événement, d'essayer de voir dans les membrures de l'événement ce vers quoi il conduit, d'être ouvert au pluralisme des interprétations, d'être interrogatif… C'est ce moment qu'il appelle d'ailleurs agnosticisme.

R. E. : Mais concrètement, comment renoncer à l'absolu sans se résoudre en définitive à tout simplement faire ce qu'on peut ?

V. P. : Nous sommes obligés de nous confronter à ce qu'est la réalité, et de nos existences, et de notre vie collective, nous sommes obligés de comprendre qu'il y a des lectures à faire de chaque événement, des estimations, des analyses, des discussions. Ce qu'il critique d'une certaine façon, c'est une posture de survol, qui est aussi une forme de philosophie universitaire. C'est très facile de ne pas entrer dans l'action et de juger que toute action est minable, médiocre, etc. ; ce qui est intéressant, c'est de se confronter à la difficulté précisément de l'action. Selon Merleau-Ponty, la politique se juge à l'efficacité de l'action, aux résultats et non aux intentions. C'est cela, la complexité : entrer dans le labyrinthe de l'action où elle est reflétée par toutes les consciences qui l'observent. Il faut une attention à l'événement, à la contingence, à la singularité, pour sortir du dogmatisme.

IL A PROGRESSÉ EN PASSANT D'UN SAVOIR À UN DOUTE.

R. E. : N'est-ce pas le marxisme qui a appris à Merleau-Ponty la critique des idéologies, le dégoût des belles âmes ?

V. P. : Oui, c'est pour cette raison qu'il dit qu'il faut apprendre à penser avec Marx. Mais, en même temps, le déraillement de l'histoire, qui laissait la théorie indemne dans *Humanisme et Terreur,* c'est fini. Après les années 1950, ce qui se passe en Union soviétique, à l'Est, l'échec de la tentative communiste, doit remettre en cause la théorie de Marx. Cela ne veut pas dire que Marx cesse de nous apprendre à penser, mais que le marxisme comme théorie globale n'apporte pas la solution. Et en même temps que Merleau-Ponty perd la solution marxiste, il perd toute solution, il n'y a plus de solution définitive.

R. E. : Il a progressé en passant d'un savoir à un doute.

V. P. : Exactement, c'est le texte sur Montaigne : le scepticisme est un moyen d'accès à la vérité comme l'interrogation est un moyen d'ouverture sur l'être, et vous perdez l'être quand vous apportez une réponse à vos questions.

R. E. : L'erreur est de croire que le scepticisme est une impuissance ou une suspension du jugement ; c'est en réalité un scalpel autrement plus efficace que le dogme pour appréhender le réel…

V. P. : Le penseur se laisse questionner par la question de l'être, et cette interpellation n'est pas en dehors de l'être, elle est quelque chose qui participe de l'être. C'est ce qu'il cherche à figurer dans *Le Visible et l'Invisible,* mais il y a toujours un point qui reste : je m'interdis l'idée, et d'abord par impératif politique lié à l'expérience du nazisme et à l'expérience soviétique, qu'il puisse y avoir quelque part une solution, une coïncidence, un arrêt.

R. E. : Merleau-Ponty s'est-il jamais posé une autre question que celle de savoir comment rencontrer le monde dont nous faisons pourtant partie ?

V. P. : Selon lui, il n'y a pas à retrouver quelque chose que l'on a perdu et c'est précisément ce sentiment de l'absence qui est constitutif de tout ce que nous pouvons faire de bien entre nous. L'idée qu'il y a quelque chose de perdu, mais dont je garderai, moi, la trace – moi mais peut-être pas les autres – par la race, le sang ; cette idée signe la présence du danger.

R. E. : On n'en a jamais fini avec le fait d'être fini ?

V. P. : Absolument. Il ne faut pas pour autant tomber dans le désespoir, dans l'indifférence, dans le scepticisme, c'est à partir de là que nous devons construire humainement nos réponses, sans avoir l'illusion que la solution existe quelque part.

« La virtu sans aucune résignation. »
(Signes, 1960)

Tout ce qu'on croyait pensé et bien pensé – la liberté et les pouvoirs, le citoyen contre les pouvoirs, l'héroïsme du citoyen, l'humanisme libéral – la démocratie formelle et la réelle, qui la supprime et la réalise, l'héroïsme et l'humanisme révolutionnaires – tout cela est en ruine. Là-dessus, nous sommes pris de scrupules, nous nous reprochons d'en parler trop froidement. Mais attention ! Ce que nous appelons désordre et ruine, d'autres, plus jeunes, le vivent comme naturel et peut-être vont-ils avec ingénuité le dominer justement parce qu'ils ne cherchent plus leurs références où nous les prenions. Dans le fracas des démolitions, bien des passions moroses, bien des hypocrisies ou des folies, bien des dilemmes faux disparaissent aussi. Qui l'aurait espéré il y a dix ans ? Peut-être sommes-nous à un de ces moments où l'histoire passe outre. Nous sommes assourdis par les événements français ou les épisodes bruyants de la diplomatie. Mais au-dessous du bruit, un silence se fait, une attente. Pourquoi ne serait-ce pas un espoir ?

Maurice Merleau-Ponty (à gauche) en discussion.

René Saint Paul / Rue des Archives

Philosophe et homme politique, **Vincent Peillon** est un spécialiste de la pensée républicaine et de la laïcité dans la France des XIXe et XXe siècles. Député européen, il a été ministre de l'Éducation nationale du gouvernement Ayrault, de mai 2012 à mars 2014. Disciple de Maurice Merleau-Ponty (1908-1961), agrégé et professeur de philosophie, il est l'auteur de *La Tradition de l'esprit : itinéraire de Maurice Merleau-Ponty* (Grasset, 1994), *L'Épaisseur du cogito : trois études sur la philosophie de Maurice Merleau-Ponty* (Éditions Le Bord de l'eau, 2004), *Éloge du politique : une introduction au XXIe siècle* (Le Seuil, 2011).

© Didier Gaillard / Opale / Leemage

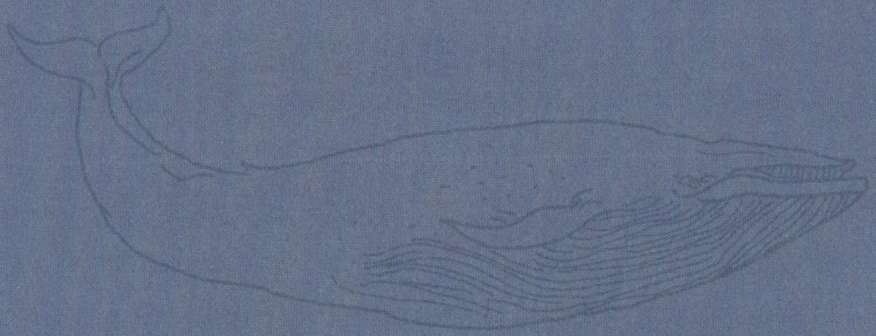

Michel Pastoureau est historien médiéviste, directeur d'études au CNRS et à l'EHESS. Parmi ses ouvrages consacrés à la symbolique et l'héraldique des animaux : *Les Animaux célèbres* (Christine Bonneton, 2001), *L'Ours. Histoire d'un roi déchu* (Le Seuil, La librairie du XXIe siècle, 2007), *Bestiaires du Moyen Âge* (Le Seuil, 2011), *Le Cochon* (Gallimard, 2013).

Gravure extraite d'une encyclopédie allemande publiée en 1860 figurant une baleine boréale et un cachalot échoués sur la plage.

La BALEINE *lointain* et *fragile* HÉRITAGE

CONCORDANCE DES TEMPS
Diffusion : 25/04/2015
Production : **Jean-Noël Jeanneney**
Réalisation : **Patrick Molinier**

Colossale, trompeuse, diabolique, mais aussi pudique, source de pureté et de chasteté… C'est l'histoire de la baleine, replacée dans la longue durée des rêves, des stupéfactions, des concupiscences éprouvées par les hommes en face de ce mammifère prodigieux, que Michel Pastoureau nous raconte ici…

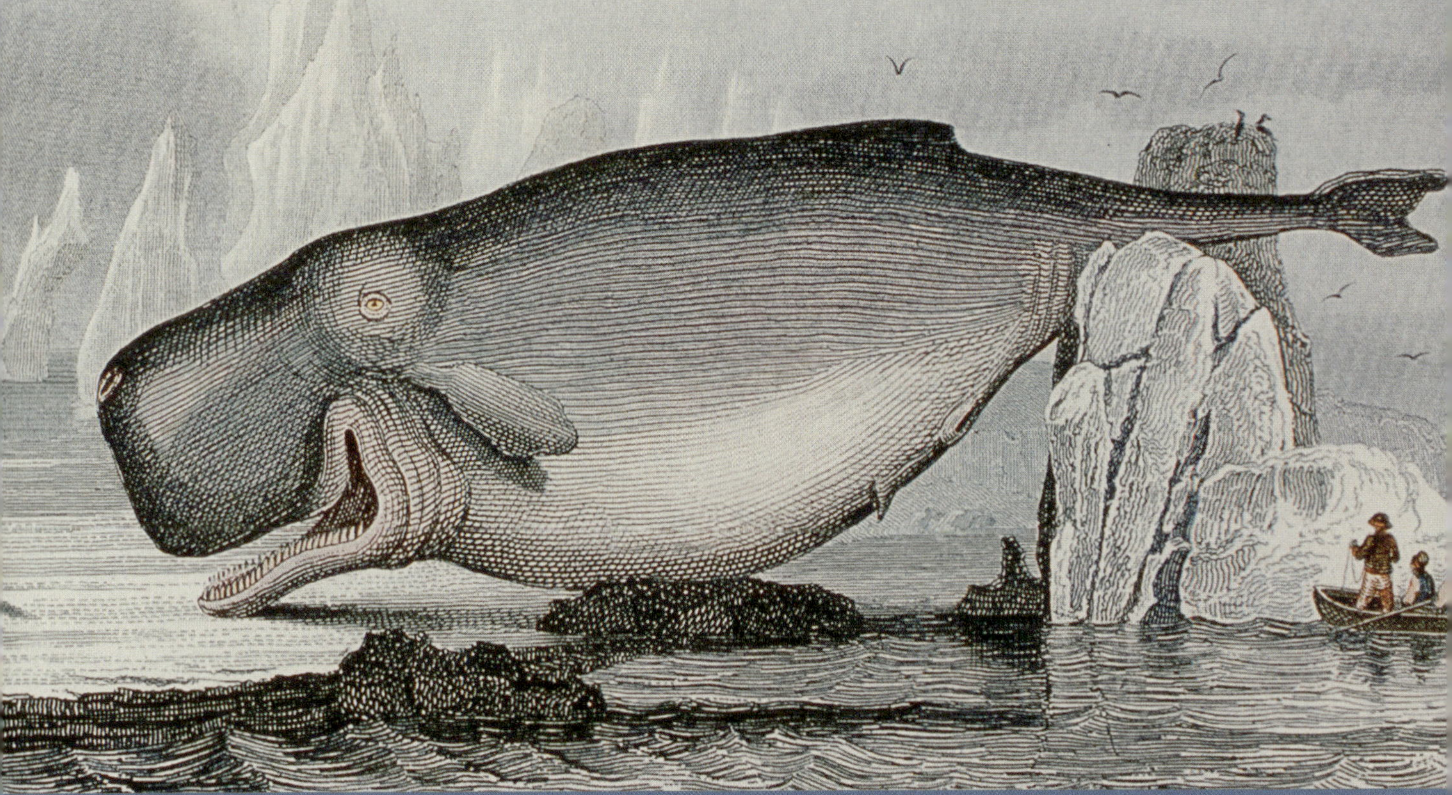

Jean-Noël Jeanneney : *Moby Dick* est probablement le roman le plus prestigieux parmi tous ceux que la baleine a inspirés depuis les débuts de littérature…

Michel Pastoureau : Oui, même s'il n'a pas connu un grand retentissement au moment de sa parution, à la déception de Melville qui avait connu le succès avec quelques-uns de ses romans précédents. La première édition est parue à Londres sous le titre de *The Whale* (*La baleine*), la deuxième édition américaine a pris le titre de *Moby Dick*. C'est en effet un des très grands romans d'aventures, aujourd'hui considéré comme un classique de la littérature « romantique américaine ». D'autres écrivains tout aussi connus s'y sont essayés, comme Alexandre Dumas avec *Les Baleiniers*, qui n'est certainement pas ce qu'il a écrit de meilleur, ou même Jules Verne avec un livre spécialement consacré à la chasse à la baleine, vers la fin de sa vie. Là encore, je crois que ce n'est pas l'ouvrage le plus réussi de Jules Verne, au point que j'en ai oublié le titre…

J.-N. J. : La baleine est aussi présente à la fin de *Vingt mille lieues sous les mers*.

M. P. : Il y a différents monstres marins dans *Vingt mille lieues sous les mers*, qui est un très grand livre et aussi un très grand film – le premier film qu'enfant, j'ai vu au cinéma. Les histoires de mer et de marins m'ont toujours intéressé, des histoires d'aventures, de dangers, de monstres, de colossal aussi, car il n'y a pas de plus gros être vivant que la baleine.

J.-N. J. : *Moby Dick*, c'est l'histoire de l'obsession d'un marin, Achab, qui a perdu une jambe dans un premier affrontement avec « la baleine des baleines », la baleine blanche, et qui recherche éperdument sa vengeance.

M. P. : Il la recherche sur toutes les mers du globe. Il a embarqué un équipage pour une chasse à la baleine traditionnelle mais, peu à peu, ses hommes comme le lecteur se rendent compte que ce capitaine Achab est à moitié fou et que ce qui compte pour lui, c'est se venger de ce gros animal marin. Une métaphore se développe tout au long du livre, une espèce de lutte entre le Bien et le Mal, et le lecteur ne sait plus si le Bien est du côté du capitaine Achab et le Mal du côté de la baleine, ou le contraire. Dans les derniers chapitres, le capitaine devient terrifiant et l'histoire finit très, très mal pour lui et pour ses compagnons. Seul survit le narrateur de l'histoire. *Moby Dick* est une métaphore sur le Bien et le Mal, et sur la folie aussi.

J.-N. J. : Certains ont comparé ce duel à une corrida…

M. P. : On y trouve en effet la mise à mort de l'animal, véritable obsession du marin. Cette baleine est un monstre, blanc de surcroît, et les animaux blancs dans l'imaginaire ont toujours occupé une place singulière. Qu'il s'agisse de quadrupèdes, d'oiseaux ou comme ici de cétacés, ce sont des êtres particuliers, qui peuvent être pris en très bonne part ou en très mauvaise part. En tant qu'historien, je suis attentif aux notations colorées. Concernant les animaux, elles ne sont pas neutres, et même toujours très fortes sur le plan symbolique.

J.-N. J. : La dimension gigantesque de l'animal, qui échappe quasiment à toute mesure humaine, est métaphorique, elle aussi.

M. P. : La baleine, c'est le colossal, c'est le prodigieux, le monstrueux. Dans toute son histoire, qu'elle soit antique, médiévale ou moderne, c'est une idée qui revient : il n'y a rien de plus gros, elle nous place non seulement au-delà de l'humain mais au-delà du connu, dans ce que le Moyen Âge appelle le merveilleux, qui peut être divin ou diabolique… Le plus souvent, la baleine est du côté du diabolique.

J.-N. J. : Dans l'Antiquité, Aristote et Pline l'Ancien s'affrontent justement sur la définition de la baleine…

M. P. : Ces deux auteurs, les plus bavards sur la baleine dans l'Antiquité, ne sont pas d'accord sur ce qu'est une baleine

EXTRAIT DU FILM **MOBY DICK,** *RÉALISÉ PAR JOHN HUSTON EN 1956, AVEC GREGORY PECK, D'APRÈS LE ROMAN DE HERMAN MELVILLE PARU EN 1851 :*

« Moby Dick ? On donne des noms à des baleines ?
– Oui, les plus grosses baleines, les plus meurtrières ont toutes leur histoire : des baleines qui ont tué des centaines d'hommes parfois, des baleines comme Timor Tim, New Zealand Tom, ou Morquan reine des mers du Japon, des baleines qu'on a nommées d'après leurs exploits guerriers. Et la plus énorme des baleines, c'est Moby Dick !
– Une baleine blanche, a dit Achab, ça existe ? Une baleine peut être blanche ?
– Elle est blanche, plus blanche que toutes les neiges qui ne soient jamais tombées, comme une pyramide de marbre blanc et que tu verrais flotter, et partout où elle nage, partout les oiseaux blancs escortent la baleine, des oiseaux blancs comme des anges.
– Dans quel océan nage cette baleine blanche ?
– Dans tous les océans, on l'a aperçue dans différentes mers, distinctes de milliers de milles dans la même journée, à la même heure…
– Peut-être bien qu'il n'y a pas qu'une baleine, mais toute une famille ? Peut-être bien que Moby Dick, c'est cent baleines ?
– Alors, c'est qu'elles ont toutes la mâchoire de travers, avec un front plissé et une bonne douzaine de fers piqués dans les flancs… Oui, beaucoup d'entre nous ont voulu chasser Moby Dick, et ils l'ont touchée au vif et n'ont connu que sa vengeance. Beaucoup prétendent l'avoir tuée, mais toujours, après ça, elle est réapparue, énorme, et blanche, mystérieuse, immortelle, à c'qui paraît…
– Dis donc toi, tu voudrais nous faire peur ?
– Ce que j'en dis moi, c'est dit…
– Baleine par tribord ! Baleine par tribord ! Baleine par tribord ! Par le travers tribord ! Je la vois qui sort, là ! Elle replonge !
– Tribord ! À tribord toute !
– Arrimez les attaches !
– Larguez le grand hunier !
– Un dollar que je l'ai avant toi !
– D'accord, un dollar du contraire… »

Le capitaine Achab (Gregory Peck) sur le flanc de Moby Dick.

et, comme toujours, Aristote est le plus proche de nos savoirs actuels, même si la notion de mammifère n'émergera qu'au XVIIIe siècle. Il a compris que la baleine est un animal qui doit refaire surface pour respirer, qu'elle a des poumons, qu'elle ne pond pas des œufs et donne naissance à des petits qui sont vivants, qu'elle allaite, et qu'elle n'est donc pas un poisson. Pline, au contraire, et tous ceux qui vont le copier, très nombreux au Moyen Âge, la voient comme un gros poisson. Aristote, comme Pline, distingue différentes catégories de baleines, ce qui rejoint la classification actuelle des cétacés en deux familles. La première, celle de la baleine proprement dite, qui n'a pas de dents mais ce que nous appelons des fanons, c'est-à-dire des espèces de lames cornées très rapprochées, qui font que la baleine ne peut pas dévorer mais seulement aspirer…

J.-N. J. : Ils serviront d'ailleurs à fabriquer les corsets des dames pendant très longtemps, d'où l'expression de « baleine »…

M. P. : Dans la deuxième famille, les gros animaux marins qui ont des dents et que nous rattachons aujourd'hui à la famille du cachalot. Le latin distingue bien les deux animaux, *ballaena* d'un côté et *cetus* de l'autre, *cetos* en grec, ou bien un mot plus rare et plus précieux, *physeter,* qui signifie « l'animal qui souffle », le souffle et l'expiration du cachalot étant perçus comme plus prodigieux que ceux de la baleine. Pline précise que le cachalot fréquente l'océan des Gaules, notre Atlantique en quelque sorte, et qu'on ne le rencontre pas en Méditerranée. Pendant tout le Moyen Âge, on va recopier Pline, développer ses idées, au détriment des observations plus précises et construites d'Aristote. Pline a certes beaucoup voyagé mais c'est essentiellement un homme de cabinet qui fait des fiches, se fait lire des extraits de textes.

J.-N. J. : On vient d'ailleurs de rééditer dans la Pléiade l'*Histoire naturelle* de Pline l'Ancien.

M. P. : Cette *Histoire naturelle* fait autorité, presque au même titre que la Bible, pour le savoir occidental jusqu'au XVIIe siècle à peu près. Il faut la connaître, la lire et la relire. Pline a un style qui n'est pas toujours facile, un latin sévèrement abrégé, contracté, mais il existe de très bonnes traductions modernes, à commencer par celle de Littré dans la seconde moitié du XIXe siècle.

J.-N. J. : On est là aux origines de la cétologie, c'est-à-dire de la science des baleines.

M. P. : La science des cétacés voit le jour dans la seconde moitié du XVIIIe siècle, le mot « cétologie » est employé, je crois, pour la première fois dans un titre de livre par Lacépède, le continuateur de Buffon, un homme étonnant, à la fois homme politique et savant un peu aventurier, président du Sénat sous l'Empire, grand chancelier de la Légion d'honneur, mais aussi auteur d'une *Histoire des cétacés* parue en 1804, qui constitue le tome XLV de l'*Histoire naturelle* initiée par Buffon.

J.-N. J. : Trouve-t-on déjà chez Aristote ou Pline la distinction entre les cétacés et les dauphins par exemple, ou les morses ou les orques, selon qu'ils aspirent l'eau ou respirent l'air ?

M. P. : On se pose la question : comment vit-on sous l'eau, comment respire-t-on ? On observe que certains sont obligés de remonter régulièrement la surface, d'autres non, et ça développe tout un imaginaire, d'autant que voir une baleine ou un cachalot vivant est extrêmement rare dans l'Antiquité ou au Moyen Âge. On ne les connaît donc que par les lectures et l'imagination. D'ailleurs, les images de baleine montrent alors des êtres très éloignés des animaux véritables que nous connaissons aujourd'hui, du point de vue formel et chromatique.

J.-N. J. : Dans cette iconographie de la baleine au Moyen Âge, est évidemment très présente l'histoire de Jonas. Celui-ci est un prophète qui serait probablement tombé dans l'oubli sans ce lien direct avec la baleine. C'est une histoire que l'on connaît de façon un peu abstraite, souvent un peu simplifiée, très riche pourtant en significations.

M. P. : C'est un peu un conte merveilleux que ce livre de Jonas, un des plus courts sinon le plus court de l'Ancien Testament. Jonas est un petit prophète, ce n'est pas Élie, ce n'est pas Ézéchiel. Il a reçu de Dieu l'ordre de se rendre à Ninive, l'équivalent du Mossoul actuel, pour avertir les habitants qu'ils vont être punis parce qu'ils vivent dans le vice, l'inconduite, le péché et la désobéissance. Jonas ne veut pas remplir la mission que Dieu lui a confiée parce qu'il a peur de la réaction des Ninivites, il préfère s'enfuir et s'embarque à Jaffa dans l'espoir de gagner Tarse, en Asie Mineure. Pendant le voyage, une tempête se lève. Chaque marin, chaque voyageur prie son propre Dieu – il y a toutes sortes de nations à bord de ce navire – et Jonas, lui, ne prie personne. Il est fâché avec son Dieu auquel il a désobéi.

J.-N. J. : Cela intrigue et finalement préoccupe beaucoup les autres marins…

M. P. : Ils considèrent qu'au fond, c'est lui qui a attiré la tempête sur le navire et ils décident de s'en débarrasser. Ils n'ont pas tort d'ailleurs, c'est tout à fait la colère de Dieu qui se déchaîne contre Jonas. Jeté à l'eau, Jonas est avalé par un monstre marin et passe trois jours dans le ventre de ce gros animal qualifié de « baleine » par certaines traductions de la Bible. Là, il se repent et accepte d'accomplir sa mission. Finalement, Dieu lui pardonne et ordonne au monstre marin de le recracher sur une plage. De nombreuses images du Moyen Âge représentent Jonas en train de sortir de la gueule de la baleine. Alors il se rend à Ninive, il annonce aux habitants que Dieu va les châtier, les Ninivites effrayés se repentent, modifient leur mode de vie et deviennent des hommes pieux et sages.

J.-N. J. : Donc, Dieu est indulgent à l'égard de Ninive.

M. P. : Dieu est miséricordieux, il leur pardonne. Et Jonas ne comprend pas et il est furieux contre Dieu, il a peur lui-même de passer pour un faux prophète, lui qui a prédit la colère divine et la destruction de la ville. Il sort de Ninive, s'assied sous un arbre et se met à bouder. Dieu décide de lui donner une leçon : il fait ronger l'arbre par un ver, l'arbre se dessèche, perd ses feuilles qui protégeaient Jonas du soleil et le crâne de Jonas – comme tous les prophètes bibliques, il était chauve – est brûlé par les rayons du soleil. Le livre se termine de manière un peu énigmatique : Jonas est furieux, ne comprend pas pourquoi Dieu l'a abandonné, ni le sens de la mission qui lui a été confiée… Dès l'époque paléochrétienne jusqu'au XVIe siècle, de nombreuses gloses médiévales reviennent sur cette histoire qui nous enjoint d'obéir à Dieu tout-puissant, de lui faire confiance et d'accomplir les missions qu'il nous donne. Comme on le fait fréquemment au Moyen Âge, on a également comparé Jonas et Jésus : Jonas demeure trois jours dans le ventre de la baleine, comme Jésus reste trois jours dans la mort et même aux enfers, entre sa crucifixion et sa résurrection. Certains exégètes médiévaux voient aussi Jonas comme un antitype du Christ, relevant l'antithèse entre le prophète qui a désobéi et le fils qui a obéi à son père.

Dans un manuscrit du XIIIe siècle, le récit d'une baleine prise pour une île par des marins…

J.-N. J. : Jonas, Yunus, réapparaît dans le Coran et joue un rôle précis…

M. P. : Jonas dans le Coran vit la même histoire. Le navigateur, le marin qui rencontre un monstre, qui est avalé puis recraché, est un thème assez universel, repris dans de nombreuses mythologies, sinon dans toutes.

J.-N. J. : La baleine est à la fois une prison, une tombe potentielle et une représentation du péché.

M. P. : C'est une prison, une punition et en même temps un lieu de métamorphose. Jonas se convertit, au fond, dans le ventre de la baleine. Dans l'Antiquité grecque, ce sont les cavernes qui sont des lieux où l'on passe d'un état à un autre, dont on ressort autre. Cette idée est très ancienne et très répandue dans les mythologies du monde entier.

Extrait d'un reportage sur les cachalots, diffusé sur France Inter dans l'émission Les Routes du rêve *de Claude Villers, le 14 mai 1996.*

« Alors ceux qui cherchent à nous écholocaliser, ceux qui sont très, très près, c'est un son irrégulier. Le son typique classique de la chasse, de la recherche de la proie du cachalot, c'est le clic un peu régulier qu'on entend, un peu le type métronome qu'on entend derrière.
– Alors, si je suis un calamar géant et que j'entends ce bruit il vaut mieux…
– Il vaut mieux te barrer, oui !
– On sait pas trop comment la lutte se passe, mais ce qu'on sait c'est que c'est réellement une lutte.
Le cachalot peut manger des calamars. Une des espèces de

calamar peut mesurer jusqu'à 20 m, donc c'est vraiment le calamar géant, le serpent des mers, c'est Jules Verne et c'est une lutte entre, d'un côté, un animal à sang chaud avec un minimum d'intelligence qui est le cachalot et, de l'autre côté, un calamar qui lui fonctionne plus sur des systèmes réflexes. Donc c'est vraiment une lutte, un combat à la vie à la mort où le cachalot n'est pas sûr de ressortir vivant. Ainsi, si par un mauvais hasard, le calamar arrive à se saisir du cachalot à 1 500 m de profondeur et arrive à le maintenir suffisamment pour que celui-ci arrête de respirer, le cachalot meurt, se noie... »

J.-N. J. : Quelle symbolique les gens du Moyen Âge auraient-ils attribué à ce combat entre cachalots et calamars ?

M. P. : Un combat entre deux monstres. Le calamar dont il est question ici, c'est le grand calamar, qui peut étouffer un cachalot, une pieuvre géante comme celle que le capitaine Nemo affronte dans *Vingt mille lieues sous les mers*. Au Moyen Âge, la comparaison se ferait avec le combat entre des animaux terrestres, par exemple entre le dragon, bien réel alors, et l'éléphant qui sont à peu près de force égale, combat qui se termine par la mort de l'un des deux. On y verrait toutes sortes de métaphores et de gloses, comme dans les bestiaires à propos des gros animaux.

J.-N. J. : Justement, que nous disent ces bestiaires sur la baleine ? Une bête diabolique et trompeuse mais en même temps positive, puisqu'elle incarne la chasteté.

M. P. : Souvent dans les bestiaires, les encyclopédies du Moyen Âge, surtout du Moyen Âge central – le XIIIe siècle est le grand siècle des encyclopédies –, les animaux sont ambivalents, avec des bons et des mauvais aspects, même si, évidemment, dans le cas de la baleine, les seconds l'emportent. Les auteurs de ces bestiaires la voient comme le plus grand de tous les poissons, comme un animal redoutable, ils ne parlent plus comme Pline de ce que nous appelons les fanons mais de « gueule énorme », avec des dents gigantesques, et ils lui dessinent des canines absolument redoutables.

J.-N. J. : Parfaitement inventées, évidemment !

M. P. : Parfaitement inventées. Ce gros poisson, c'est aussi un rusé : la baleine exhale une haleine merveilleuse qui attire tous les petits animaux marins, elle ouvre grand la gueule et elle la referme d'un coup sec, les avalant tous. Elle trompe les marins quand elle est endormie à la surface de l'eau, chauffée par les rayons du soleil, ils l'abordent croyant que c'est une île, ils y préparent leur repas, mais soudain elle se retourne, les précipite à la mer et les dévore.

J.-N. J. : Elle va même jusqu'à se couvrir de sable pour mieux les tromper et leur faire croire qu'elle est une véritable île...

M. P. : Selon les textes, elle se recouvre elle-même de sable, ou elle a des écailles qui sont de la même couleur et qui, au soleil, peuvent tromper les marins. Les auteurs de bestiaires sont également assez bavards sur la reproduction des baleines, ils se posent des questions : comment fait un animal aussi gros, qui a du mal à se retourner... De façon plus générale, ils sont souvent intrigués par la reproduction et le contact charnel entre les animaux et proposent plusieurs hypothèses : soit il y a vraiment commerce charnel entre le mâle et la femelle et on explique qu'un certain nombre de villes englouties au bord de la mer l'ont été parce que deux baleines avaient cherché à copuler ; soit, et les auteurs sont plutôt plus nombreux à le penser, le mâle envoie sa semence qui flotte un peu dans l'eau et rejoint la femelle ; soit il existe un intermédiaire, la moule, qui passe curieusement pour une amie de la baleine, qui prend en charge le sperme masculin et le conduit dans l'orifice féminin. En ce qui concerne la naissance, les auteurs ne sont pas d'accord non plus. Aujourd'hui, on pense que la gestation dure entre 10 et 14 mois selon les espèces de baleines et de cachalots.

J.-N. J. : Et que sait-on de la reproduction ?

M. P. : Aujourd'hui, on sait qu'il y a bien contact charnel et que la baleine mâle possède une protubérance qu'elle va introduire dans la baleine femelle, comme le font tous les mammifères. Au Moyen Âge, on pense que les baleines sont pudiques – c'est plutôt le bon aspect de l'animal – et qu'elles se cachent pour s'accoupler et pour accoucher, comme si l'acte de naissance était impudique.

J.-N. J. : Où se cacheraient-elles ?

M. P. : Dans des zones où l'homme n'est pas présent ni aucun autre animal, au plus profond de la mer, ce qui est faux par rapport à l'histoire naturelle telle que nous la connaissons : les baleines se reproduisent comme tous les mammifères et les femelles émigrent pour mettre bas dans des mers chaudes, vers des zones du globe qu'elles ne fréquentent pas à d'autres périodes. Jusqu'aux XVIe et XVIIe siècles, les baleines de l'Atlantique nord rejoignaient ainsi le golfe de Gascogne, où les eaux sont évidemment plus chaudes que près du Groenland ou de l'Islande.

J.-N. J. : Les mœurs chastes et la pudeur que l'on attribue aux baleines font que l'on recommande l'absorption de leur chair pour lutter contre les tentations de la luxure dans un certain nombre d'abbayes situées près des côtes de la mer du Nord, comme vous le rappelez dans un de vos écrits.

M. P. : Des baleines échouées ou capturées, on tire un très grand nombre de produits, notamment de la viande qui passe pour avoir un certain nombre de vertus, différentes de celle des bovins, ovins et caprins, et permet de développer tout ce qui a trait à la pureté et à la chasteté. Dans les couvents des côtes de la mer du Nord, elle est souvent servie, soit fraîche ce qui est rare, soit plus fréquemment salée ou séchée. Et même en période de carême, les moines peuvent la consommer car la baleine étant assimilée à un poisson, sa chair n'est pas interdite.

J.-N. J. : C'est un peu l'équivalent du bromure qu'on faisait discrètement consommer aux conscrits, paraît-il, dans certaines casernes du début du XXe siècle.

M. P. : Il s'agit en effet d'apaiser la fougue et les tentations sexuelles…

Extrait de La Pêche à la baleine *par Agnès Capri en 1951, poème de Jacques Prévert et musique de Joseph Kosma :*

À la pêche à la baleine, à la pêche à la baleine,
Disait le père d'une voix courroucée
À son fils Prosper, sous l'armoire allongé,
À la pêche à la baleine, à la pêche à la baleine,
Tu ne veux pas aller,
Et pourquoi donc ?
Et pourquoi donc que j'irais pêcher une bête
Qui ne m'a rien fait, papa

M. P. : Il y a quelque chose de surréaliste dans ce poème de Prévert et cela me fait penser aux dessins tampons en forme de poissons et d'animaux marins, que je faisais enfant avec André Breton, un ami de mon père, sur des pommes de terre avec de l'encre… Poème à la fois savoureux, délirant, ubuesque… Il fait écho à des récits et à des dessins aussi, des images de baleine totalement composites du Moyen Âge ou encore au début de l'époque moderne, qui invitent évidemment au rêve et à l'imagination.

J.-N. J. : Dès la Préhistoire, l'homme pratique la chasse à la baleine, dont parle Prévert dans ce poème, avec des procédés assez efficaces.

M. P. : Nous connaissons mal les pratiques de la Préhistoire et même les plus anciennes de l'Antiquité, mais il semble que dans certaines zones du globe, au Japon, en Indonésie, on poussait les baleines vers les rivages pour les faire échouer. Plus récemment, aux environs de l'an mil, on sait qu'en Norvège des navires forçaient les baleines à remonter les fleuves des fjords, elles souffraient du passage dans l'eau douce et du manque d'eau à certains endroits, et on en profitait pour les achever lorsqu'elles se retrouvaient coincées dans un estuaire. Mais la vraie chasse à la baleine, au sens où nous l'entendons aujourd'hui, commence au cœur du Moyen Âge, dans une zone un peu inattendue, le golfe de Gascogne, où, nous l'avons vu, les baleines viennent accoucher à certaines époques de l'année. À partir du XIIe siècle au moins, peut-être plus anciennement, un certain nombre de villes et de villages du golfe de Gascogne se spécialisent dans la chasse à la baleine, les Basques les guettant du haut de tours ou de falaises.

J.-N. J. : On parle d'ailleurs de baleines basques.

M. P. : Pour une espèce bien particulière, la baleine franche boréale dans nos classifications modernes.

J.-N. J. : Les baleines « soufflent », c'est leur cri qui permet de les repérer…

M. P. : Oui, c'est à cela qu'on les reconnaît de loin, c'est leur souffle qui provoque un jet d'eau par les évents qui sont situés sur le dessus du crâne. C'est une activité qui n'a pas besoin de conduire les marins très loin et qui est fructueuse, parce qu'on en tire un très grand nombre de produits.

J.-N. J. : Dans la baleine, comme dans le cochon, « tout est bon »…

M. P. : Dans la baleine, en effet, tout est bon : la chair, la graisse, l'huile, la peau, les fanons, les os… L'huile contenue dans la tête des cachalots par exemple, qu'on appelle aujourd'hui le spermaceti, est un produit merveilleux au Moyen Âge, auquel on attribue des propriétés thérapeutiques extraordinaires. Dans l'intestin des cachalots, des reliquats de matières qui n'ont pas été complètement évacuées forment ce qu'on appelle l'ambre gris, un produit lui aussi merveilleux, dont les vertus sont utilisées en médecine comme dans la constitution des parfums. Une fois asséché, l'ambre gris dégage une odeur très agréable et permet de fixer les parfums, on en fait à l'époque moderne des bougies, des savons. Dès le Moyen Âge donc, on tire des baleines une très grande richesse, d'où la spécialisation de certaines villes, comme Biarritz ou Saint-Jean-de-Luz, qui prennent d'ailleurs pour leurs armoiries ou leurs sceaux l'image d'une baleine ou d'une chasse à la baleine, montrant bien ainsi qu'il s'agit de leur principale activité. Probablement à cause d'une chasse trop intensive, les baleines se raréfient dans ces eaux-là à partir du XVe ou du XVIe siècle, et il faut aller les chercher ailleurs.

Le blason de la Ville de Biarritz

J.-N. J. : Au XIIIe siècle, le dominicain Vincent de Beauvais donne une description précise de l'animal.

M. P. : Il existe en effet un texte du grand encyclopédiste Vincent de Beauvais, proche de Saint Louis, auteur d'un énorme *Speculum naturale* où il parle abondamment des animaux. Son texte sur la baleine, qui est très copieux, mélange à la fois tout le merveilleux des bestiaires précédents et des informations précises sur cette chasse à la baleine.

J.-N. J. : Il raconte que la musique y est très présente – on embarque des tambours, des cymbales – parce qu'elle est supposée très agréable aux oreilles de ces cétacés.

M. P. : Elle les endort quelque peu, elle les rend moins méfiants et permet aux marins d'approcher plus facilement. Il existe aussi en Scandinavie un autre texte, le *Speculum regale,* à peu près de la même époque, du milieu du XIIIe siècle, encore plus précis que Vincent de Beauvais. C'est un texte pédagogique et bavard, lui aussi, sur les baleines, sans doute compilé par un ou plusieurs auteurs norvégiens du XIIIe siècle, dans lequel le merveilleux occupe moins de place, au profit de la géographie, de la nature, de la zoologie. Il distingue 19 espèces de baleines et explique comment on les chasse à la fois sur les côtes norvégiennes et dans le golfe de Gascogne. Et un auteur célèbre, un des plus grands penseurs de tous les temps, Albert le Grand, va compiler ce *Speculum regale* scandinave et quelques observations personnelles dans le chapitre sur la baleine de son *Traité des animaux* qu'il rédigera vers 1260. Albert le Grand affirme avoir vu dépecer des baleines sur les côtes de la Frise et de la Zélande, et précise même qu'en son temps, à Cologne, où il enseigne sur le marché, on vend toutes sortes de produits tirés des baleines. Dès le XIIIe siècle et pendant toute la fin du Moyen Âge, c'est bien une source de richesse pour certaines côtes, et pour certaines activités maritimes.

J.-N. J. : Concrètement, comment attrape-t-on alors cette baleine, du côté du Pays basque ?

M. P. : Vincent de Beauvais nous l'explique… Il faut l'approcher avec des petits bateaux qui s'appellent des baleinières, dans lesquels montent 6 à 10 hommes, les rameurs, les barreurs et surtout les harponneurs. Ces derniers ont à la main un harpon modeste – ce n'est pas le harpon moderne propulsé par un canon – et cherchent à le planter dans le dos de l'animal afin qu'une corde se déroule. Une fois qu'ils y parviennent, ils doivent s'éloigner aussi vite que possible parce que l'animal devient fou, s'agite dans tous les sens. Dans la baleinière, les chasseurs attendent ensuite que la baleine s'épuise, perde son sang, ce qui peut prendre plusieurs heures comme plusieurs jours et l'achèvent à la lance, avant de la remorquer vers le rivage.

J.-N. J. : Parce qu'elle flotte, contrairement à d'autres animaux.

M. P. : Il y a des espèces de baleines qui coulent, notamment certaines familles du rorqual, mais la baleine grise et la baleine franche flottent et peuvent être remorquées jusqu'au rivage. Cette chasse se pratique dans une zone géographique qui n'est pas très étendue mais, malheureusement, quand les baleines vont disparaître du golfe de Gascogne, il faudra aller dans des eaux beaucoup plus lointaines et beaucoup plus vastes.

J.-N. J. : C'est le cas dans *Moby Dick,* qui met en scène le même type de chasse, avec la part d'incertitude qu'elle implique…

M. P. : Melville lui-même a été mousse, puis marin, puis marin baleinier, il sait donc de quoi il parle et *Moby Dick* regorge de précisions sur ce qu'était la chasse à la baleine dans la première moitié du XIXe siècle. On sait que son livre a été inspiré par plusieurs naufrages célèbres de baleiniers, notamment celui de l'*Essex* qui s'est produit en 1820, après un affrontement avec un cachalot. Pendant longtemps, on ne chassait pas les cachalots parce qu'on en avait peur…

J.-N. J. : À cause de leurs dents…

M. P. : Oui, à cause de leurs dents, de leur gueule énorme : chez le cachalot, la tête occupe au moins un tiers du corps entier de l'animal. Surtout, les cachalots se déplacent en groupe, ils sont souvent cinquante, parfois cent… Si je me souviens bien, c'est en chassant le cachalot que ce navire a coulé avec tout son équipage. Le retentissement de ce naufrage a été plus grand que celui des précédents et a conduit le jeune, tout jeune, Melville, qui se souvenait aussi de la prudence des marins face à cet animal, à construire son roman autour de cet épisode. Comme il nous l'apprend, depuis le XVIIIe siècle, les marins baleiniers donnaient aux baleines et aux cachalots remarquables un nom propre, comme Moby Dick attribué à ce cachalot blanc absolument énorme, reconnaissable à sa mâchoire un peu oblique.

J.-N. J. : C'est ainsi que progressivement naît la pêche moderne à partir du milieu du XIXe siècle, dans une atmosphère de fascination intacte. Son évolution n'est pas sans conséquence quant à l'émergence d'une préoccupation vis-à-vis de la sauvegarde des espèces, très loin des esprits des anciens ou des gens du Moyen Âge.

M. P. : En effet, la raréfaction des animaux à tel ou tel endroit oblige à fréquenter d'autres zones souvent de plus en plus lointaines. Après les Basques dans le golfe de Gascogne, à partir du milieu du XVIe jusqu'au milieu du XVIIe siècle, les Anglais et les Néerlandais ont chassé la baleine dans l'Atlantique nord, dans l'océan

> ***C'est assez savoureux de penser que la libération de la femme du point de vue vestimentaire entraîne une moins grande consommation de fanons de baleine…***

Publicité de 1888 pour les corsets à baleines. Un animal échoué est représenté pour illustrer l'authenticité de l'objet.

©Heritage Images / Leemage

Arctique près de l'île de Spitzberg. Puis il a fallu aller encore plus loin car les baleines ont émigré vers le Canada et la partie orientale du Groenland, et la chasse à la baleine s'est transférée sur les côtes américaines.

J.-N. J. : Du côté du Maine actuel.

M. P. : C'est la Nouvelle-Angleterre qui devient, à partir de la fin du XVIIe siècle, la zone où il y a le plus de ports baleiniers, notamment le célèbre port de Nantucket et, plus tard, celui de New Bedford. De là, on part chasser la baleine le long du Groenland, dans l'océan Arctique canadien et, quand les animaux se font plus rares, vers le cap Horn, puis au-delà, dans l'océan Pacifique, d'abord l'océan Pacifique sud puis plus vers le Nord, les baleines se déplaçant beaucoup... Bref, les baleiniers furent d'abord basques, puis anglais, néerlandais, et américains. La période la plus intense pour ces ports baleiniers de Nouvelle-Angleterre, c'est la première moitié du XIXe siècle, l'époque dans laquelle se situe *Moby Dick*.

Comment un animal qui pèse 20 à 100 tonnes, parfois plus, arrive à faire des sauts de 15 ou 20 m...

J.-N. J. : Il règne une ambiance tout à fait particulière à bord de ces bateaux, une domination d'un capitaine tout-puissant qui a frappé tous les voyageurs.

M. P. : D'autant que la vie n'est pas facile à bord : on part pour de longs mois, parfois plusieurs années, l'attente est longue, les querelles sont nombreuses, les révoltes aussi. Des marins professionnels côtoient des personnes engagées pour la circonstance, qui ne fréquentent pas souvent la mer, sont indisciplinées, disparaissent à la première escale... L'équipage trompe l'ennui grâce à différentes activités, notamment en sculptant des os ou des dents de baleines, de cachalots, voire d'autres animaux marins, ou bien en faisant des croquis et des dessins, en tenant un journal de bord... Les choses changent à partir des années 1860, lorsque l'on découvre du pétrole et que l'on s'aperçoit qu'il permet de s'éclairer mieux et pour moins cher que l'huile de baleine qu'on utilisait à grande échelle jusque-là...

J.-N. J. : Et la disparition du corset vers 1907-1908, sous l'influence du grand couturier Paul Poiret est également un grand changement, même si ces baleines originelles avaient déjà été remplacées par des matières synthétiques...

M. P. : C'est assez savoureux de penser que la libération de la femme du point de vue vestimentaire entraîne une moins grande consommation de fanons de baleine...

J.-N. J. : Et correspond à une dégradation de la baleine dans la considération des chasseurs...

M. P. : Mais ce qui marque la fin du XIXe et le début du XXe siècle, c'est l'apparition de méthodes de chasse nouvelles avec un harpon lancé par un canon qui permet d'atteindre des distances plus grandes, jusqu'à 100 m, puis un harpon explosif, dont la pointe est dotée d'une poche d'acide qui se répand dans le corps de la baleine une fois qu'elle a été touchée ou d'une poudre qui explose. La mort de l'animal intervient donc de manière beaucoup plus rapide, tout aussi cruelle mais plus efficace. On tue toujours plus de baleines...

J.-N. J. : D'où l'inquiétude des écologistes, de Greenpeace et des autres. Écoutez cette interview de Christian Zuber sur la chasse aux baleineaux par les Japonais en 1973, moment où l'on commence à se préoccuper d'une éventuelle disparition de l'espèce.

Interview de Christian Zuber (sur la chasse aux baleineaux par les Japonais), diffusée dans Inter-Actualités, *le 10 décembre 1973 :*

« Comme tous les mammifères et comme devrait le faire le plus grand d'entre eux c'est-à-dire l'homme, les baleines vivent en famille. Une famille groupe entre 3 et 8, quelquefois 9 baleines, et en général il y a des petits pendant presque toute l'année. Les Japonais ont une méthode assez horrible : ils frappent d'abord les bébés baleineaux avec non pas une balle explosive mais simplement avec un harpon qui rentre dans le corps et qui est maintenu par un très long filin jusqu'à une ancre flottante qui est généralement carrée, rouge, et qui, par conséquent, peut se voir de très, très loin... Alors un baleineau c'est comme un veau ou une petite chèvre, ça ne peut pas aller très vite et lorsqu'il a ce harpon dans le corps, évidemment, il reste sur place et toutes les autres baleines se rassemblent autour de lui. Il suffit donc ensuite, après que ce marquage, si vous voulez, a été fait par ce premier bateau, que le bateau-usine s'approche – parce qu'il faut toujours une ou deux journées pour arriver jusqu'au point où a été marqué le premier baleineau – pour tuer les adultes. Alors, ils laissent évidemment le petit avec sa flèche et ils tuent les adultes les uns après les autres qui ne se sauvent pas et qui restent là sur le terrain, en pleine mer. »

M. P. : De nouvelles nations « baleinières », si l'on peut dire, utilisent ces nouvelles méthodes, comme la Russie, le Japon, l'Islande. Vers 1850, on tuait environ 1 000 baleines par an à l'échelle du monde entier, 50 000 vers 1930. L'inquiétude sur la disparition des animaux est telle que l'on crée en 1946 une commission baleinière internationale qui détermine des quotas, des zones, des calendriers, qui impose des moratoires. Mais il y a toujours des pays qui font sécession, le Japon, la Russie, l'Islande, à un moment l'Afrique du Sud, qui restent très attachés à la chasse à la baleine à la différence des Anglais ou des Américains qui ne chassent plus guère. On en est encore là, au fond...

J.-N. J. : Même si, en 1982, il y a eu un moratoire complet : en principe, on ne chasse plus du tout ni la baleine, ni le cachalot...

Un rorqual à bosse jaillissant hors de l'océan, en Alaska.

M. P. : Cela a duré quelques années, puis le Japon et la Russie ont repris leur chasse, suivis de la Norvège, de l'Islande. Dans d'autres zones, on a remplacé la chasse à la baleine par une activité un peu curieuse, évidemment moins nocive, née en Californie : le tourisme baleinier. On emmène des touristes au plus près des cétacés, pour les regarder, les photographier simplement.

J.-N. J. : Dans le golfe du Saint-Laurent, au Canada, par exemple.

M. P. : Oui, dans des zones où les baleines s'approchent des rivages. Mais malgré toute la législation internationale, un certain nombre d'espèces sont encore en grand danger de disparition. Ce n'est pas le cas du cachalot qui est relativement abondant, peut-être 2 millions d'individus à l'heure actuelle, mais c'est le cas de la baleine grise, de la baleine franche, du petit rorqual et de la baleine bleue.

J.-N. J. : Peut-être pouvons-nous terminer sur ce qui demeure de mystère, qui n'est pas le moindre charme des baleines, mystère par exemple sur leur chant, sur leur manière aussi de sauter hors de l'eau…

M. P. : On s'interroge encore sur de nombreux comportements, sur ce qu'on appelle « le chant » des baleines, qui est un moyen de communication, par exemple. On sait le capter, le décomposer par rapport aux sons que nous connaissons, mais on a du mal à en dire plus, d'autant que les chants ne sont pas les mêmes entre baleines et cachalots, entre petits rorquals et baleines bleues, et ainsi de suite. Et puis il y a le fameux mystère du saut des baleines : comment un animal qui pèse 20 à 100 tonnes, parfois plus, arrive à faire des sauts de 15 ou 20 m… On a l'impression qu'il s'agit également d'un signal, pour annoncer un danger ou quelque chose de cette nature. En revanche sur le prétendu suicide des baleines, on a des idées un peu plus cohérentes qu'autrefois, on sait que les baleines ne se suicident pas en se jetant vers le rivage.

J.-N. J. : Comment explique-t-on alors l'échouage, en groupe ?

M. P. : Par une sorte de désorientation due notamment aux activités humaines et à des ondes qui perturbent la communication entre elles et indiquent de mauvais chemins, de mauvaises orientations. Mais on n'en sait pas davantage. Cet animal énorme a su garder une partie de ses mystères, comme d'ailleurs une bonne partie de tout ce qui vient de la mer. ■

« Les animaux ont aussi leur histoire » : dans cette émission diffusée l'été dernier sur France Culture, **Michel Pastoureau** nous a raconté huit animaux : l'ours, le cochon, la baleine, le loup, le corbeau, le lion, le renard, et la licorne…

© Randy Faris / Corbis

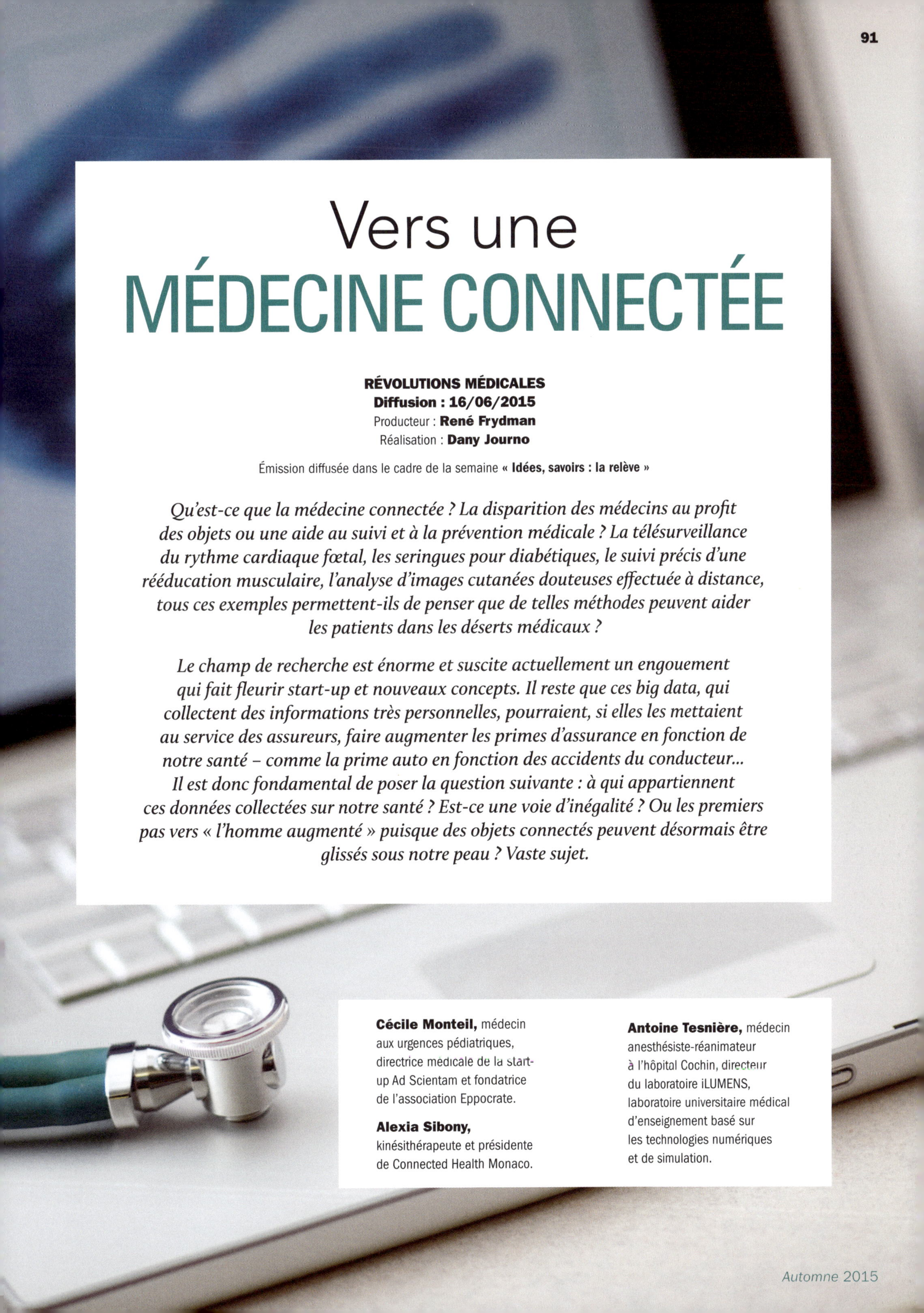

Vers une MÉDECINE CONNECTÉE

RÉVOLUTIONS MÉDICALES
Diffusion : 16/06/2015
Producteur : **René Frydman**
Réalisation : **Dany Journo**

Émission diffusée dans le cadre de la semaine **« Idées, savoirs : la relève »**

Qu'est-ce que la médecine connectée ? La disparition des médecins au profit des objets ou une aide au suivi et à la prévention médicale ? La télésurveillance du rythme cardiaque fœtal, les seringues pour diabétiques, le suivi précis d'une rééducation musculaire, l'analyse d'images cutanées douteuses effectuée à distance, tous ces exemples permettent-ils de penser que de telles méthodes peuvent aider les patients dans les déserts médicaux ?

Le champ de recherche est énorme et suscite actuellement un engouement qui fait fleurir start-up et nouveaux concepts. Il reste que ces big data, qui collectent des informations très personnelles, pourraient, si elles les mettaient au service des assureurs, faire augmenter les primes d'assurance en fonction de notre santé – comme la prime auto en fonction des accidents du conducteur... Il est donc fondamental de poser la question suivante : à qui appartiennent ces données collectées sur notre santé ? Est-ce une voie d'inégalité ? Ou les premiers pas vers « l'homme augmenté » puisque des objets connectés peuvent désormais être glissés sous notre peau ? Vaste sujet.

Cécile Monteil, médecin aux urgences pédiatriques, directrice médicale de la start-up Ad Scientam et fondatrice de l'association Eppocrate.

Alexia Sibony, kinésithérapeute et présidente de Connected Health Monaco.

Antoine Tesnière, médecin anesthésiste-réanimateur à l'hôpital Cochin, directeur du laboratoire iLUMENS, laboratoire universitaire médical d'enseignement basé sur les technologies numériques et de simulation.

René Frydman : Nous vivons une vraie frénésie, en ce qui concerne la santé connectée. Qu'est-ce qui vous a fait choisir ce chemin ?

Cécile Monteil : J'ai passé une partie de mon enfance aux États-Unis et, quand je suis rentrée en France pour terminer mes études de médecine, j'ai rapidement vu le fossé entre les gens qui travaillaient dans le domaine de la technologie et les médecins. C'était l'époque de l'apparition de Doctissimo, de mots comme « algorithme médical » qui effrayaient les médecins. De leur côté, les ingénieurs développaient des outils sans connaître les besoins des médecins et n'aboutissaient donc à rien. Comment faire communiquer ces deux mondes ? Voilà la question que je me suis posée.

R. F. : Et vous, Alexia Sibony, comment êtes-vous passée de la kiné à la santé connectée ?

Alexia Sibony : Après mes études en kinésithérapie, j'ai suivi un master en management de la santé au cours duquel j'ai approfondi mes connaissances des nouvelles technologies et de la simulation virtuelle en rééducation. Aujourd'hui, je préside le Connected Health Monaco, qui a pour objectif de créer vraiment une plateforme de médiation entre les start-up, les industriels du monde du high-tech, les professionnels de santé et les patients.

R. F. : Antoine Tesnière, vous êtes anesthésiste-réanimateur, pourquoi avez-vous créé cette plateforme nommée iLUMENS ?

Antoine Tesnière : Par cette question, liée à ma pratique médicale à l'hôpital : comment peut-on améliorer le service aux patients, la formation des professionnels de santé, médecins et paramédicaux ? Utiliser des environnements virtuels, des objets connectés, des sites web, etc., permet d'atteindre cet objectif final : mieux former, mieux diffuser l'information aux patients, et apporter de l'innovation.

R. F. : Quels sont les supports de connexion, le mobile, la tablette, les ordinateurs, des objets ?

A. T. : C'est effectivement aujourd'hui le mobile, la tablette, les smartphones, etc. Et puis, très vite, un certain nombre de capteurs intelligents, capables de transmettre un certain nombre de données issues de patients. D'où énormément de questions sur la qualité de ces données et la façon dont on peut les interpréter. Certes, ces outils facilitent la surveillance de patients à distance, apportent des données supplémentaires dans le suivi de maladies chroniques. Par exemple, à la maternité de Port-Royal à Paris, on peut aujourd'hui monitorer le rythme cardiaque d'un fœtus ou des contractions à distance chez une patiente qui est chez elle. Dans le suivi du diabète ou de certaines maladies cardiaques, un certain nombre de données sont transmises automatiquement et des systèmes d'alerte sont mis en place, permettant aux médecins hospitaliers de ne faire venir les patients qu'en cas de nécessité.

> EN FRANCE [...] J'AI RAPIDEMENT VU LE FOSSÉ ENTRE LES GENS QUI TRAVAILLAIENT DANS LE DOMAINE DE LA TECHNOLOGIE ET LES MÉDECINS.

R. F. : « Ce ne sont tout de même pas les machines qui vont faire la médecine ? », pour reprendre une question que se posent nombre de médecins aujourd'hui.

C. M. : Deux points sont très importants : premièrement, toute cette santé connectée doit passer par une phase de recherche. Je travaille pour une start-up, Ad Scientam, à la Pitié-Salpêtrière, qui établit des protocoles de recherche innovants, des essais cliniques avec des patients choisis selon une pathologie, suivis par un médecin qui les inclut vraiment dans le protocole. On est loin de la seule utilisation du smartphone pour poser des questions à des patients et récupérer des « données en vie réelle », c'est-à-dire des données issues de leur environnement. On teste tout un tas de paramètres non seulement scientifiques et médicaux mais aussi technologiques.

R. F. : Sur quelles pathologies travaillez-vous ?

C. M. : Notre recherche concerne tous types de pathologies, où le patient présente des symptômes, des effets indésirables à certains médicaments, et où la maladie a un effet sur la qualité de vie. On ne fait pas de biologie, ni de génétique, on utilise le smartphone pour poser des questions et contextualiser l'information qui vient des objets connectés. Par exemple, lors de notre première étude qui portait sur des patients atteints de la maladie de Parkinson, on s'est aperçu, contrairement à ce que beaucoup pensaient, que ces personnes, âgées pour la plupart, appréciaient l'usage de ce smartphone qui permettait de leur poser des questions de façon non intrusive et offrait aux médecins une meilleure vision de leur qualité de vie. Actuellement, on mène aussi ce genre d'expérience avec des patients cardiaques, en burn-out, ou encore souffrant de myopathies... Ces études touchent de nombreux secteurs, autant en France que dans le monde.

R. F. : En fait, vous voulez comparer différents recueils d'informations ?

C. M. : Traditionnellement, on reçoit l'information du patient lors des consultations tous les mois ou tous les trois, six mois. C'est toujours compliqué d'avoir des réponses précises à des questions du genre : « Sur les six derniers mois, combien avez-vous eu de migraines ? », « Quelle a été l'efficacité précise des médicaments ? », etc. Distribuer des agendas papiers n'est pas une solution car on sait qu'ils sont fréquemment perdus, oubliés et remplis bien souvent a posteriori ; utiliser des micro-ordinateurs de poche, des Palm Pilot, était à la fois très intrusif et très cher et ne permettait pas de généraliser les résultats ; et mettre des questionnaires en ligne n'avait pas plus d'avantages car cela supposait de recevoir les e-mails, d'avoir la connexion, l'ordinateur, de prendre le temps de répondre sur le web... Grâce au smartphone, la question peut arriver en notification n'importe où, hors connexion, et c'est beaucoup plus facile pour les patients de rentrer leurs données.

R. F. : On peut récupérer beaucoup d'informations, les cumuler à d'autres... Les Big Data font peur aujourd'hui...

A. T. : On dispose d'entrepôts qui permettent de stocker les données qui proviennent du système hospitalier et qui se révèlent très utiles pour analyser un certain nombre de pratiques, de profils et améliorer les prises en charge, les parcours de soins, les organisations, avec beaucoup de clairvoyance.

R. F. : Dans toutes ces enquêtes, il faut poser les bonnes questions, c'est cela qui fait ressortir la qualité de la recherche, et ce n'est pas toujours simple... J'ai vu qu'à Aix-en-Provence, par exemple, se développe un projet de capteurs sur les articulations pour mesurer les progrès de la rééducation.

A. S. : Oui, différents hackathons sont organisés en France. Ce sont des événements qui durent 72 heures, pendant lesquels différents professionnels, à la fois des ingénieurs informatiques, des professionnels de santé, des designers, des webmasters imaginent ensemble de nouvelles applications de santé pour améliorer la prise en charge de patients, comme la création d'une application mobile, d'un objet connecté, etc. J'ai participé à un projet particulièrement intéressant : la création d'un goniomètre, une sorte de compas d'articulation intelligent, connecté, qui permettait, via un jeu virtuel – on appelle ça aujourd'hui des *serious games* – sur le téléphone du patient, de voir en feedback le mouvement de son articulation. Cet outil pouvait être envisagé dans le cas d'une rééducation, suite à une opération du genou ou d'un coude. On est conscient aujourd'hui que l'éducation thérapeutique est un des moyens d'obtenir de meilleurs résultats.

TOUTE CETTE SANTÉ CONNECTÉE DOIT PASSER PAR UNE PHASE DE RECHERCHE.

R. F. : Cela repose sur la participation active du patient...

A. S. : Oui, et cela facilite la poursuite de la rééducation à domicile, dont on sait qu'elle est déterminante.

R. F. : Quelle est votre utilisation de la télémédecine, d'une part, entre professionnels et, d'autre part, avec vos patients ?

A. T. : C'est un champ très large, qui comprend, par exemple, la télé-expertise, où un expert donne un avis sur un dossier, et qui est donc destinée à l'échange professionnel. Il existe aussi la téléconsultation, qui permet à un patient de consulter à distance...

R. F. : Quelqu'un qui habite un désert médical se rend dans une cabine téléphonique et dialogue avec un médecin qui l'examine et lui donne des informations, c'est cela ?

A. T. : Il existe déjà des consultations complètes de ce type ou le télédiagnostic à partir d'images ou d'informations envoyées à un expert sur des lésions relativement simples... Un certain nombre de disciplines naissantes vont avoir un impact extrêmement important, parce qu'elles vont permettre de faciliter l'accès à certaines ressources ou à du matériel, du diagnostic, de la connaissance, etc. Les agences de santé sont en train d'inventorier tous les actes qu'on peut faire en télémédecine.

R. F. : Par exemple ?

A. T. : Elles évaluent, par exemple, un avis radiologique sur une radio envoyée à distance, par rapport à un avis radiologique normal, une consultation à distance par rapport à une consultation normale, etc. Tout un pan de l'économie de la santé est en train de se dessiner sous nos yeux. Petit à petit, grâce à l'évolution des technologies, on passe de l'envoi d'une image à celui d'informations qui comprennent de la vidéo, de la biologie, de l'imagerie, et, assez vite, on parviendra à une consultation vidéo en temps réel, quelque chose qui ressemblerait à Skype et rendrait possible l'interaction, évidemment sur des réseaux sécurisés. Par exemple, à l'hôpital Cochin, on utilise des systèmes intégrés qui permettent d'envoyer des dossiers médicaux avec de la biologie et de l'imagerie.

R. F. : Ce partage d'informations est peut-être une véritable révolution, car combien de fois les mêmes examens sont-ils refaits par manque de communication médicale ?

A. S. : Dans le domaine libéral, nous sommes en effet confrontés à ces problèmes de transmission de l'information entre le médecin généraliste, le kinésithérapeute, l'infirmière, le chirurgien... Ces technologies, qui vont optimiser les relations entre les professionnels de santé, la relation entre le médecin et le patient, ne sont pas encore généralisées. Certains patients connectés aimeraient que ces données soient utilisées à bon escient pour améliorer leur diagnostic médical *in fine* mais se heurtent à l'absence d'interface pour les exploiter.

C. M. : On a tendance à penser que plus la médecine devient technique, moins elle devient humaine. Moi je crois l'inverse : plus la médecine devient technique, et plus elle a besoin d'être humaine. Les technologies qui seront pertinentes seront celles qui permettront aux soignants de se recentrer sur son patient car ils gagneront en rapidité ou en efficacité grâce à elles.

A. T. : La technologie est un moyen, pas une finalité. Que le médecin dispose d'un stéthoscope ou d'un smartphone, d'un échographe portable ou autre objet connecté, la relation avec les patients doit rester au centre.

R. F. : Les médecins sont-ils réticents ou, au contraire, séduits par ces nouvelles possibilités ?

C. M. : En France, le problème actuel, c'est qu'ils ne sont pas formés à cette santé connectée. C'est donc difficile pour eux de se lancer et d'y être ouverts. C'est pour ça que j'ai créé une association qui s'appelle Eppocrate, avec un -e pour internet, pour les informer et leur montrer comment ils peuvent utiliser ces outils pour se recentrer sur leur patient. Il y a une forte demande et la majorité des médecins ont envie de se mobiliser.

R. F. : Donnez-nous quelques exemples concrets de l'utilisation médicale de ces objets connectés.

A. S. : Il existe deux catégories d'objets connectés : les technologies qui vont exploiter les données de ces objets via des applicatifs certifiés pour le médecin et celles qui vont permettre de monitorer le patient. Une start-up californienne a ainsi développé une ceinture lombaire connectée pour suivre le patient et lui impulser de petites vibrations quand il doit la rectifier. L'objectif est d'optimiser la prise en charge, d'adapter le protocole de rééducation de manière plus efficiente.

R. F. : Que peut-on proposer pour des maladies chroniques comme le diabète ? Des seringues intelligentes ?

A. T. : Un certain nombre d'outils permettent de mesurer la glycémie à distance et d'envoyer des alertes : par exemple, des pompes à insuline, reliées à des capteurs, vont adapter automatiquement le débit sur des algorithmes. Face à une forte demande des patients, la communauté médicale est désireuse de comprendre et de connaître ces objets connectés, afin de pouvoir informer les patients sur le monitorage de la glycémie, de l'hémoglobine ou de l'hypertension et sur la qualité des données recueillies.

A. S. : Google développe actuellement des lentilles connectées qui calculeront le taux nécessaire grâce à l'analyse de l'alarme.

R. F. : Il existe donc une espèce de tableau de bord sur lequel chacun peut donner des éléments de son activité physique, de son sommeil, de son alimentation ou d'autres éléments, s'il souffre d'une pathologie chronique. Il existe aussi des possibilités un peu plus poussées, qui permettent de communiquer certains éléments de diagnostic.

A. T. : C'est cela qu'il faut comprendre : il ne s'agit pas simplement d'effectuer des mesures mais de proposer une solution complète. En matière de diabète, par exemple, on peut délivrer aux patients de l'information, à travers des « jeux sérieux » ou d'autres moyens, relier entre elles les nombreuses données que l'on va récupérer, orienter les patients vers des circuits spécifiques quand un certain nombre de mesures sont anormales. C'est de la médecine préventive ou prédictive.

R. F. : Je sais qu'il existe une application pour trouver des préservatifs, des centres de dépistage. Cela permet une « information » ludique et facile d'accès, ce qui est la base de la prévention. J'ai également entendu parler d'un logiciel « Alzheimer » qui permettrait la reconnaissance faciale des proches...

A. T. : Les algorithmes de Watson permettent de reconnaître des visages plus précisément que des cerveaux humains et on imagine très facilement l'aide qu'ils peuvent apporter à des personnes qui souffrent de trous de mémoire, de la maladie d'Alzheimer ou de démences débutantes et qui ont du mal à reconnaître des visages ou à se repérer dans l'espace.

R. F. : Deux questions s'imposent face à ces avancées technologiques : qui pourrait utiliser ces données, les assureurs, les entreprises, l'État ? Pourrait-on aboutir à des modifications de comportement ?

A. T. : La technologie avance tellement vite que le législateur n'a pas le temps de réagir et c'est justement le problème en ce qui concerne la protection des données issues des objets connectés. Pour l'instant, il existe dans le monde énormément d'entrepôts de données, recueillies à partir d'objets connectés, exploitées ou inexploitées, pour lesquelles il n'y a pas de propriétaires définis... Les personnes qui les génèrent ne sont pas au courant de ce qui en est réellement fait...

R. F. : À qui appartiennent effectivement ces données ?

A. T. : Prenons l'exemple de la conduite automobile, où on a aujourd'hui la possibilité de réduire sa prime d'assurance grâce à des applications qui permettent de démontrer une bonne conduite. Les assureurs vont évidemment généraliser ce type d'outil pour évaluer des pratiques à risque.

R. F. : Et même des conduites médicales. En réponse à telle pathologie, par exemple, s'il est recommandé d'adopter une certaine attitude et que vous ne le faites pas, vous n'êtes plus couvert par le système d'assurance...

A. T. : Absolument. L'aspect positif, c'est de faire évoluer des pratiques ou des conduites vers plus de sécurité ou vers plus de santé, mais ces pratiques posent évidemment beaucoup de questions éthiques, notamment sur le caractère privé des informations que les assureurs vont gérer...

C. M. : En fait, il y a très peu de transparence sur la validité scientifique de ces données. Et il existe une grande différence entre un objet qualifié de dispositif médical – qui a obtenu un marquage CE car il a été évalué par des autorités agréées – et un objet qui n'aura pas reçu ces validations. Aujourd'hui, toutes les données recueillies grâce à des bracelets connectés sont rendues anonymes, mais elles sont ensuite parfois revendues à des tiers, par exemple à une entreprise de fitness qui a intérêt à connaître l'endroit où la population souffre davantage de surpoids.

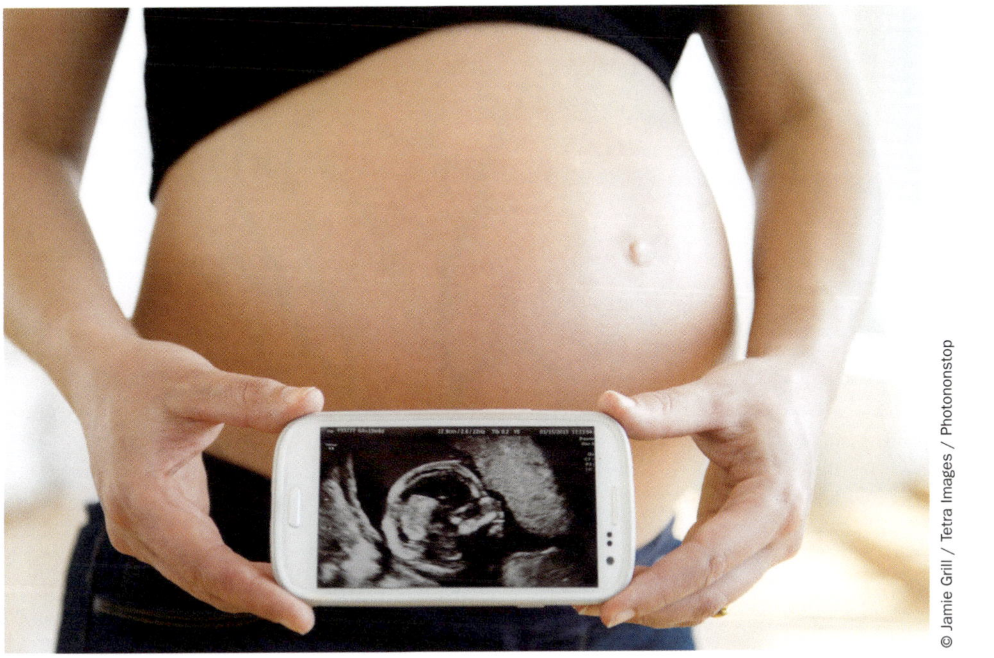

© Jamie Grill / Tetra Images / Photononstop

R. F. : Il existe aussi des objets, à la limite du médical, comme la fourchette active qui calcule la durée de votre repas, l'intervalle de temps entre vos coups de fourchette et qui se met à vibrer si vous mangez trop vite...

C. M. : Il faut poser la question de l'intérêt final de ces outils. Par exemple, prenons le tensiomètre connecté : si la tension des patients qui en ont un ne diminue pas plus que celle des autres, on peut douter de son utilité.

R. F. : Il y a également une autre interrogation, économique celle-là : ce champ de développement coûte-t-il plus d'argent qu'il ne permet d'en économiser ?

A. T. : Il y a effectivement un marché très important – autant dans le domaine de la santé régulée que dans celui du bien-être pour les patients – qui va permettre très probablement un certain nombre d'économies en améliorant la prise en charge de certains patients. Par exemple, renforcer le suivi en cas d'hypertension, bénéficier de plateformes de surveillance à distance pour mieux adapter les traitements, augmente l'efficience et la qualité de la prise en charge et diminue son coût pour la société, pour l'assurance-maladie. C'est cette diminution des coûts de la prise en charge, ainsi que l'amélioration de la détection de certaines complications, voire de certaines maladies, qui compenseront le coût important du développement de ces outils.

R. F. : Certains philosophes se penchent sur cette question, notamment Maurizio Ferraris qui alerte sur le risque d'une dictature du web. Comme toujours, l'innovation peut conduire à plus de contrainte ou vers plus de liberté et de relations humaines.

C. M. : Je serais encore plus provocante. Je pense qu'en fait toutes ces technologies doivent nous amener à ces questionnements : pourquoi soigne-t-on ; vers quelle humanité veut-on aller, une humanité où tout le monde se ressemble – ce qu'on appelle la normopathie –, ou vers une humanité transhumaniste, où nous serions tous éternels ? La santé connectée peut apporter énormément de choses, à condition d'assumer ce débat éthique.

R. F. : Pour finir, je voudrais vous demander de dessiner un rêve, dans ce domaine de la santé ?

A. T. : Le rêve, c'est qu'on sache se servir de ces outils intelligemment, qu'ils ne nous éloignent pas de nos patients, qu'ils permettent d'améliorer la pratique médicale et le lien entre la médecine de ville et l'hôpital, qu'ils renforcent le soin, le sens de notre activité quotidienne.

C. M. : Je rêve qu'on arrive à développer assez d'outils pour que chacun puisse prendre sa santé en main, et que le métier de médecin évolue et devienne beaucoup plus humain.

A. S. : Mon rêve, c'est de voir émerger en France des universités qui développent cet écosystème comme à l'étranger.

R. F. : Vous avez le sentiment que d'autres pays sont beaucoup plus impliqués que nous ?

A. S. : Globalement, oui, les États-Unis, Israël qui, face à des enjeux économiques mais aussi sécuritaires, ont été obligés de développer rapidement des technologies haut de gamme à des fins de santé.

R. F. : Mais, aux États-Unis, il existe un tel fossé entre les populations en matière de santé, qu'en termes d'usage, l'avance ne semble pas si décisive...

A. T. : En effet, une dimension importante tient à la dissémination des données recueillies grâce à ces objets connectés ou l'utilisation qui peut en être faite pour tous, et dans ce domaine, les États-Unis ont encore beaucoup de progrès à faire.

C. M. : En conclusion, je dirais : « Vive la santé connectée ! » Je pense que les patients, les professionnels de santé, les industriels doivent s'y intéresser et, tous ensemble, développer les outils de demain.

ALAIN FINKIELKRAUT

Retour sur Le religieux

« Ce n'est point le futur que j'envisage », écrit Claudel au début de son *Art poétique,* « c'est le présent même qu'un Dieu nous presse de déchiffrer. De moment à autre, un homme redresse la tête, renifle, écoute, considère, reconnaît sa position : il pense, il soupire, et tirant sa montre de la poche logée contre sa côte, regarde l'heure. “Où suis-je ?” et “Quelle heure est-il ?”, telle est de nous au monde la question inépuisable »... Cette question, dans la dernière décennie du siècle dernier, ne semblait pas poser de difficultés particulières... Un même processus fondamental était à l'œuvre, quelque chose comme une histoire universelle de l'humanité dans le sens de la démocratie libérale. Cette certitude a été fortement ébranlée par l'expansion de l'islamisme radical, et le choc des cultures à l'intérieur même des sociétés occidentales. La donne a changé, la perplexité règne.

« *Sortie de la religion* » : c'est par cette expression que Marcel Gauchet désigne la mutation historique amorcée en Europe dès l'aube des Temps modernes. Il veut dire par là, non que les gens ont subitement cessé de croire en Dieu, mais que la religion ne structure plus le vivre-ensemble. C'est le passage de l'hétéronomie à l'autonomie : après s'être pensée comme déterminée par une instance plus haute qu'elle-même, l'humanité obéit à ses propres normes.

Mais une question surgit soudain : de quelle humanité s'agit-il ? L'histoire est-elle une totalité en mouvement ou bien vivons-nous ce moment où la totalité se brise ? Quand les cathédrales se remplissent de touristes et les mosquées de fidèles, pouvons-nous encore considérer que nous sommes tous engagés dans un même processus, ou devons-nous, comme le suggère Pierre Manent, faire notre deuil de l'unification du monde ? ■

Revenir vers le religieux ou en sortir avec Marcel Gauchet et Pierre Manent

EXTRAIT DE L'ÉMISSION RÉPLIQUES DIFFUSÉE LE 06/06/2015

Alain Finkielkraut : Avec la confrontation entre le fanatisme religieux des uns et le sécularisme des autres, est-il encore légitime de parler d'une histoire universelle, habitons-nous tous le même présent ? Est-ce, autrement dit, la même heure qui sonne pour tout le monde ?

Marcel Gauchet : Nous habitons tous le même présent, c'est même la nouveauté profonde de notre situation, ce qu'on appelle « mondialisation », nous somme jetés dans la même histoire mais à partir d'histoires très différentes, et là est le nerf de nos perplexités face à cette situation. Ou bien nous privilégions l'homogénéité de ce temps universel devenu une réalité pour de bon, ou bien, à l'inverse, nous mettons l'accent sur une hétérogénéité des temporalités historiques dont procèdent les différentes cultures et, en ce cas, nous ne comprenons plus l'unité qu'il va falloir assumer de ces histoires si différentes, obligées de converger par ce mouvement irrésistible qui s'appelle mondialisation...

A. F. : Horkheimer et Adorno parlaient justement d'une « non-contemporanéité des contemporains », ne peut-on pas appliquer cette expression à notre situation ?

M. G. : Cette non-contemporanéité est plus que jamais d'actualité. C'est le concept même qu'il faut avoir en tête pour comprendre l'incompréhensible, c'est-à-dire les réactions désordonnées que provoque cette situation de confrontation. Nous ne sommes pas plus contemporains quand nous restons enfermés dans notre propre temporalité, sans mesurer l'hétérogénéité nouvelle du monde, que les non-Occidentaux – puisque derrière *mondialisation* il faut entendre *occidentalisation du monde* – ne le sont quand ils pensent pouvoir prolonger leur trajectoire dans le sens de ce qu'elle a toujours été, au lieu de faire un effort de décentrement demandé à tous, de façon différente dans les deux cas. Les Occidentaux sont aveugles sur le monde qu'ils ont créé, et beaucoup de ceux qui sont amenés à entrer dans cette histoire, dominée de fait par les Occidentaux, sont aveugles à ce que cela exige d'eux par rapport à leur propre tradition et à leur identité historique reçue. C'est la situation chaotique dans laquelle nous sommes plongés...

Pierre Manent : Nous sommes évidemment tous vivant la même seconde ou la même minute. Nous vivons le même présent sur la base d'expériences du temps très différentes, et sur la base de rapports à nos histoires respectives très différents. Nous l'avons toujours su, simplement dans la période récente, des histoires différentes étaient rassemblées par la notion de progrès. Il y avait évidemment ceux qui étaient à la pointe de l'histoire, c'est-à-dire nous-mêmes, l'Europe ou l'Occident, et puis les autres civilisations qui s'échelonnaient respectueusement derrière... Aujourd'hui, je crois que ce qui détermine, de la façon la plus troublante, notre moment présent, c'est quand même le craquement, l'affaiblissement de cette notion de progrès. La possibilité d'ordonner non seulement les civilisations et même l'histoire européenne, ou occidentale, sur la base – exclusive ou principale – de cette notion, est aujourd'hui profondément remise en cause. Je crois que c'est à cette dégradation, en quelque sorte, du statut du progrès dans notre esprit que nous devons faire face...

A. F. : Je voudrais faire référence à un livre, à mon avis injustement décrié, *Le Choc des civilisations,* de Samuel Huntington. Ce qui se produit sous nos yeux, selon l'auteur, c'est une modernisation sans occidentalisation qui peut très bien aller de pair dans certaines parties du monde avec le retour du religieux, qui s'accommode sans trop de problèmes avec la méthode telle que la préconise et l'applique la technoscience...

M. G. : La technoscience est le mode de pensée qui va avec le calcul économique, qui inclut le point de vue de l'intérêt individuel, lequel a un impact civilisationnel gigantesque sur des sociétés qui traditionnellement privilégiaient l'intérêt du groupe. Au travers de cette modernisation, c'est bel et bien à une occidentalisation que nous assistons, mais à une occidentalisation complexe qui intervient dans des contextes civilisationnels très différents. Le Japon n'est pas appelé à ressembler aux États-Unis, comme l'Europe occidentale n'est pas le modèle vers lequel se dirige la Chine... C'est là où la naïveté du concept d'occidentalisation éclate. Bien évidemment que l'appropriation de ces outils de la modernisation, de la modernité occidentale ne signifie pas l'homogénéité du monde. Au contraire, on voit bien comment cette appropriation – forcée, d'une certaine manière – des outils intellectuels et des pratiques de la modernité occidentale provoque des résurgences identitaires, et c'est là où la notion de retour du religieux révèle sa grande faiblesse... De quel religieux s'agit-il ? Avant tout d'un religieux qu'on reconstruit autour de la recherche d'une identité historique, qui permet précisément de faire face à cette modernisation forcée...

P. M. : Je dirais les choses de façon plus directement et naïvement politique. Les quatre siècles passés ont vu simplement l'Europe ou l'Occident donner la loi au monde et, pour une part très variable, refaire le monde à leur image. Or, ce qui se passe aujourd'hui, c'est que des parties du monde qui avaient été soumises à la loi de l'Occident retrouvent leur force en se saisissant de certains moyens de la civilisation occidentale. Vous avez parlé de l'expansion de l'islamisme radical, mais on pourrait parler de la Chine qui n'a jamais été une civilisation purement religieuse et où l'on ne discerne pas un retour particulier du religieux, ou de la Russie où l'on retrouve en effet une certaine reviviscence d'un religieux rattaché à la nation russe, qui peut être replacé dans une certaine tradition russe... Un des gros problèmes auxquels nous faisons face, c'est que nous avons le sentiment – à mon avis justifié – que nous avons perdu cet ascendant irrésistible sur le reste du monde, qui a aujourd'hui le nombre et la puissance pour maîtriser, exercer les moyens de la civilisation moderne, éventuellement contre nous. Je crois que cela change beaucoup nos perspectives sur le monde.

LE TEMPS DE LA GÉOGRAPHIE
Diffusion : 25/08/2015
Pauline Dalençon, journaliste à Radio France et géographe.
Patrick Poncet, géographe, chercheur à l'École polytechnique fédérale de Lausanne.

F. Culture

Maison DE LA RADIO

Pauline Dalençon : Lors de sa construction, à la fin des années 1950, la maison de la Radio était présentée comme « le Paris du XXIe siècle ». Le chantier décoiffait les Parisiens lors de la construction du bâtiment de l'époque... Maintenant, la maison de tous ceux qui écoutent et fabriquent les programmes de Radio France est l'âme de la radio du service public, à tel point qu'elle en est devenue le logo. Un drôle de bâtiment, cette maison ronde, un Colisée des temps modernes ou une forteresse : deux enceintes, une cour intérieure et le donjon en son centre, une grande tour de 22 étages. Ce projet titanesque pour l'époque est né d'une initiative toute simple : réunir les 39 bureaux de l'ORTF éparpillés dans tout Paris et sa banlieue. Il a alors fallu réunir tout le monde, comme une famille sous le même toit.

Patrick Poncet : On a souvent entendu que la forme ronde vient de la nécessité acoustique des studios d'être en forme de trapèze. Mis bout à bout, cela forme un cercle. L'architecte de la maison de la Radio est Henry Bernard, un architecte du courant fonctionnaliste, c'est-à-dire que le bâtiment a la forme de sa fonction. L'actuel très chic 16e arrondissement n'offrait pas du tout ce visage dans les années 1950, avec baraques en bois et habitations croulantes. La maison de la Radio a amené avec elle la modernisation du quartier : création de parkings, élargissement des rues et création de voies de circulation pour relier le 16e arrondissement au 15e alors isolé. La maison de la Radio, avenue du Président-Kennedy, sur les bords de Seine, peut, à première vue, se trouver isolée, à l'ouest parisien, mal desservie par le métro, mais, en fait, le plus important est que la maison ronde soit proche de la tour Eiffel, où se trouvent ses émetteurs, et au calme. Point de vibrations souterraines de métros, la construction de toute ligne est absolument interdite ! C'est pour cela que l'on favorise les lignes de bus ou le RER aérien. Elle doit aussi être facilement accessible au président de la République. Les tensions géopolitiques de l'époque, la guerre froide, se traduisent dans l'urbanisme : 14 abris antiatomiques se trouvent dans les sous-sols et la possibilité pour le chef de l'État de venir rapidement en hélicoptère. C'est d'ailleurs le général de Gaulle qui a inauguré la maison de la Radio en décembre 1963 et cette concentration radiophonique est révolutionnaire pour l'époque !

Donner à la radio un foyer, où l'on se sente bien et chez soi, ce qu'on appelle une maison...

P. D. : Le développement de la radio, puis de la télévision, s'est fait très rapidement au regard des rythmes des évolutions des sociétés. Le besoin de coprésence en un lieu unique était le symptôme de l'importance que prenaient les médias dans la société, et dont l'activité ne pouvait plus se résumer à une activité technique de diffusion. Une telle localisation au sein de la ville tenait compte du fait que la radio produisait là où les choses se passent, notamment en matière d'information et de culture. Il était, en réalité, tout à fait logique de situer les studios d'enregistrement de concert dans des salles de concert, en ville. D'où l'idée de donner à la radio un foyer, où l'on se sente bien et chez soi, ce qu'on appelle une maison...

P. P. : Et cette maison de la Radio est pleine de ressources cachées et de mystères... Ses 1 000 bureaux, 61 studios, un auditorium monumental, la nouvelle Agora ne sont que l'arbre qui cache la forêt. Le nombre de ces petits mystères est très impressionnant et ne relève pas de la légende. Un puits artésien capte l'eau 500 mètres sous le niveau de la Seine pour alimenter la pompe à géothermie et climatiser les locaux. Il y a aussi des escaliers qui vont droit dans le mur, une crypte et un monument aux morts, des salles de sport, une pierre fondatrice exposée dans le hall d'accueil, des ruches... La maison ronde, dit-on, a donné un esprit de corps à ceux qui y travaillent, une sorte de psychologie spatiale !

LA CHRONIQUE DE
Brice Couturier

LES MATINS
Diffusion : 23/06/2015

L'espionnage dans les limites de LA MORALITÉ

Le renseignement pose aux sociétés démocratiques un problème fondamental : il s'agit d'une activité secrète, menée à la demande des autorités politiques, dans des sociétés qui exigent la lumière sur les actes des gouvernants, afin de pouvoir juger de leur pertinence. C'est ce qu'on appelle, l'*accountability*, le fait de devoir rendre compte.

Dans son livre *Philosophie du renseignement. Logique et morale de l'espionnage* (Éditions de l'éclat, 2003), Isaac Ben-Israël, un universitaire israélien qui fut aussi général, rappelle la fameuse maxime de Bacon – « savoir, c'est pouvoir » –, et celle de Machiavel – « le pouvoir corrompt ». De ses prémisses, il tire la conclusion qu'« un savoir tenu secret corrompt en secret », parce qu'il confère un pouvoir qui ne fait pas l'objet d'un contrôle. « Cela signifie que quiconque possède une information confidentielle risque d'en faire un usage qui diffère de celui au nom duquel elle lui a été transmise (...) Plus un savoir s'accumule, plus la personne qui le détient peut être tentée de se servir indûment du pouvoir qu'il lui confère. »

Le problème, c'est que jamais nos États, même les plus démocratiques, n'ont disposé d'autant de moyens d'information. Les premières interceptions de conversations téléphoniques datent des années 1890, apprend-on dans le livre de Jean-Claude Cousseran, ancien chef de la DGSE, et Philippe Hayez, magistrat, *Renseigner les démocraties, renseigner en démocratie* (Odile Jacob, 2015). Soit quinze ans à peine après l'invention de cette nouvelle technique de communication. Aujourd'hui, le numérique a fait exploser le volume des informations transmises à travers la planète et les grandes oreilles des États recueillent ces données gigantesques, afin de les traiter en masse. Comme l'explique le général Keith Alexander, directeur de la National Security Agency (NSA) de 2005 à 2014 : « Pour trouver l'aiguille, vous avez besoin de la botte de foin. » Ainsi, les États sont-ils passés de la surveillance ciblée et sélective (*targeted surveillance*) à la surveillance de masse, indiscriminée, générale (*mass surveillance*). Autrement dit, dans le but légitime et louable de nous protéger, nos gouvernements ont entrepris de nous espionner, afin de travailler sur des métadonnées, ils recueillent tout ce qui passe...

Comme toujours, lorsque le pouvoir accroît ses capacités de surveillance et d'intervention, c'est avec les meilleures intentions : nous protéger contre les nouvelles menaces du terrorisme et de la cybercriminalité. Mais on constate que les énormes moyens déployés par les États pour s'informer des menaces, afin d'aider les gouvernants à prendre les décisions appropriées, ont débouché sur bien des erreurs ! Les États-Unis ont été totalement pris de court par le bombardement de leur flotte, par le Japon, à Pearl Harbor ; dans les années 1980, la CIA a été incapable de prévoir dans quelle direction Gorbatchev entraînait l'URSS ; en 1989, le National Intelligence Council et la CIA ont analysé les mouvements de troupes irakiens en direction du Koweït comme de simples « gesticulations » ; et, en 2002 et 2003, Tony Blair et George Bush ont annoncé que Saddam Hussein s'était doté *d'armes de destruction massive,* alors qu'il s'en était débarrassé depuis 1996. Sur la foi d'un opposant au régime irakien, Ahmed Chalabi, président de l'Iraqi National Congress, ces deux dirigeants ont entraîné leurs pays dans une guerre dont les suites se sont révélées désastreuses... D'où la question que j'aimerais poser (et qui est centrale dans le livre d'Isaac Ben-Israël) : à quelles conditions une information, recueillie et traitée selon les règles du secret, peut-elle être considérée comme fiable ?

LE TEMPS DE LA GÉOGRAPHIE
Diffusion : 25/08/2015

Pauline Dalençon, journaliste à Radio France et géographe.
Patrick Poncet, géographe, chercheur à l'École polytechnique fédérale de Lausanne.

F. Culture

James Bond, l'espion préféré DES GÉOGRAPHES

Pauline Dalençon : James Bond, globe-trotter depuis plus de 50 ans et bientôt 24 films est l'espion préféré du cinéma et des géographes ! Chaque film est un voyage dans des lieux extraordinaires par leur caractère unique, et chaque film s'achève dans un lieu qui est presque toujours la base du méchant… *James Bond* est une série qui pousse au maximum la conjugaison de deux principes : la singularité et la généricité des lieux.

Patrick Poncet : Cette géographie porte tellement l'intrigue qu'elle en décharge presque les autres aspects du film. La psychologie de Bond, par exemple, est très peu active dans les films. Ce qui fait le plus avancer un James Bond, ce sont ses spatialités, et en premier lieu son « automobilité », incarnée par ses belles et intelligentes voitures.

P. D. : *James Bond* est classé dans la rubrique des films d'espionnage, souvent assimilé à la guerre froide et aux tensions entre les États-Unis et la Russie, mais ce serait réducteur : la géopolitique sert plutôt de levier et de décor pour l'intrigue. La géographie est un moteur de l'action, avec des lieux mythiques qui offrent des scènes d'anthologie, comme les scènes de lutte dans l'Orient-Express ou sur le toit du téléphérique du Pain de Sucre à Rio…

La géographie est un moteur de l'action, avec des lieux mythiques qui offrent des scènes d'anthologie.

P. P. : La bonne grille de lecture géographique n'est pas la grille géopolitique, pas une rivalité entre États, pas un enjeu de souveraineté, mais c'est la mondialisation, un mouvement géohistorique qui se prolonge aujourd'hui et explique le fait que James Bond ne soit pas mort avec la chute du mur du Berlin, mais ait toujours réussi à concevoir des scénarios qui fonctionnent avec le contexte, sans en être prisonnier. Par exemple, dès 1987, dans *Tuer n'est pas jouer,* la guerre froide sert en fait à traiter de la déliquescence du pouvoir soviétique empêtré dans la guerre d'Afghanistan et, en 1989, la page est déjà tournée puisque *Permis de Tuer* a changé de sujet et parle du trafic de drogue américain… La mondialisation est une géographie qui se prête bien à ces évolutions, et permet de situer à chaque fois l'action là où les choses se passent.

P. D. : James Bond a tout de même une tendance à préférer l'action dans des palaces, des plages de rêve, sa mobilité s'incarne dans la voiture de luxe avec sa célèbre Aston Martin. Même

Sean Connery dans *Goldfinger*, 1964.

© Screen Prod / Photononstop

son breuvage préféré – vodka martini au shaker pas à la cuillère – n'est pas celui du commun des mortels !

P. P. : Ces lieux et ces moyens géographiques sont tellement archétypaux, sont si bien intégrés dans l'histoire qu'ils finissent par exister au-delà de l'histoire elle-même ; un tourisme cinématographique se développe. La petite île de Scaramanga, *L'Homme au pistolet d'Or* (1974), censée être en mer de Chine méridionale proche de Hong Kong, fait partie des attractions touristiques phares de la région de Phuket en Thaïlande, et porte le nom de « James Bond Island »... Le repaire de Blofeld, chef du Spectre, dans *Au service secret de Sa Majesté* (1969), est une base située au sommet d'un pic alpin, le Piz Gloria. Or, ce pic existe, dans la station de Mürren dans les Alpes bernoises et, au sommet de ce pic, la base en question est un restaurant tournant d'altitude, qui abrite un petit musée consacré au film et sert un « menu James Bond », au son de la célèbre musique...

P. D. : Les *James Bond* incarnent un genre cinématographique particulier, le genre géographique. Des lieux emblématiques, des environnements extraordinaires, des moyens de locomotions fantastiques... La mécanique de *James Bond* fait jouer un très grand rôle à la dimension spatiale du réel.

NOS ARCHIVES

104 LAWRENCE DURRELL, LE VOYAGEUR MÉTAPHYSIQUE

112 HÉLÈNE GORDON LAZAREFF « ELLE », C'EST ELLE…

120 MA MÈRE, PAR LOUIS MALLE

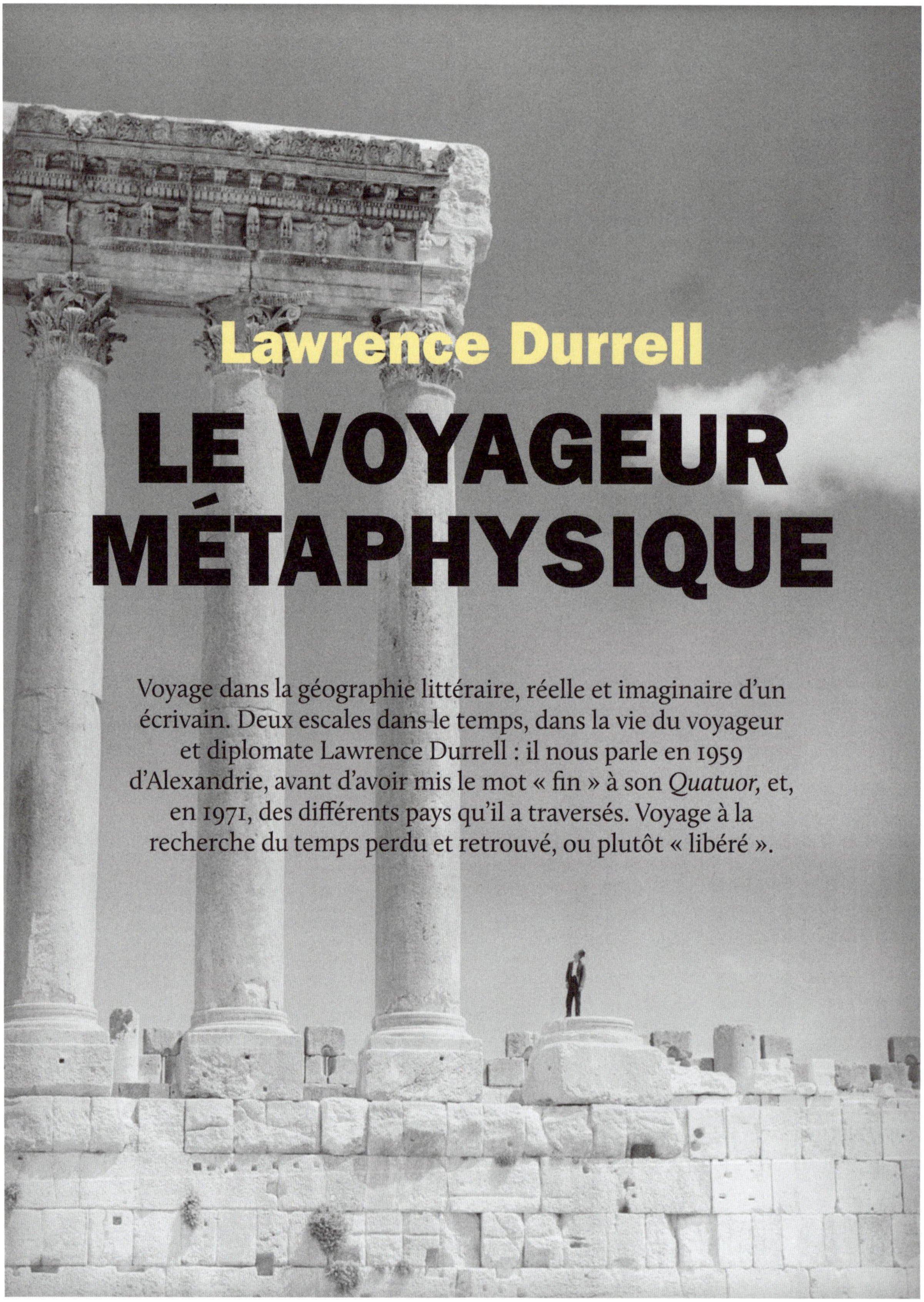

Lawrence Durrell

LE VOYAGEUR MÉTAPHYSIQUE

Voyage dans la géographie littéraire, réelle et imaginaire d'un écrivain. Deux escales dans le temps, dans la vie du voyageur et diplomate Lawrence Durrell : il nous parle en 1959 d'Alexandrie, avant d'avoir mis le mot « fin » à son *Quatuor,* et, en 1971, des différents pays qu'il a traversés. Voyage à la recherche du temps perdu et retrouvé, ou plutôt « libéré ».

ALEXANDRIE, CAPITALE DE LA MÉMOIRE

ÉTRANGER, MON AMI
Diffusion : 7/12/1959
Productrice : **Dominique Arban**

1959, Lawrence Durrell a posé ses bagages dans le Sud de la France, dans cette Camargue qui lui rappelle, dit-il, « la vie libre » qu'il avait enfant, à cheval, au pied de l'Himalaya... Son œuvre est encore inachevée, et ce qui deviendra son célèbre *Quatuor d'Alexandrie* n'est alors qu'un trio : *Cléa,* le dernier tome, paraîtra l'année suivante. L'écrivain refait escale à Alexandrie, sa ville muse.

Dominique Arban : Ce *Quatuor d'Alexandrie,* que représente-t-il pour vous ?

© Library of Congress, Washington

La corniche d'Alexandrie, à la fin des années 1930.

Lawrence Durrell : Les deux premiers volumes sont l'autobiographie d'un jeune poète anglo-irlandais comme moi, Darley, qui se trouve à Alexandrie et qui tombe amoureux de Justine. *Justine,* ce sont les aperçus de Darley, *Balthazar,* c'est une correction du texte original si l'on peut dire, et c'est le troisième volume *Mountolive* dont je suis responsable vraiment, car c'est une narration pure. Darley, qui était le narrateur du premier livre, devient objectivement un personnage. Dans le quatrième, j'espère qu'il reviendra à Alexandrie deux ou trois ans après, avec tous les changements que le temps a apportés...

D. A. : Il s'agit donc d'une histoire du souvenir, les souvenirs des mêmes circonstances chez différents individus. Et *Justine* est une des plus belles et des plus graves méditations sur l'amour que je connaisse. Mais déjà, un de vos premiers livres, *Le Carnet noir,* paru en 1938, nous faisait pénétrer dans l'univers de *Justine, Balthazar* et *Mountolive.*

L. D. : C'est peut-être une esquisse du *Quatuor,* beaucoup de thèmes sont déjà là, même si je crois que je les ai rendus plus solides dernièrement. Un écrivain peut-il ne faire qu'un thème dans sa vie ? Alberto Moravia a dit que chaque écrivain a seulement un livre en lui...

D. A. : Je crois qu'un écrivain est toujours obsédé par quelques thèmes, sinon par un seul, qui subissent différentes transformations dans leurs œuvres. Vous avez choisi de vivre – parce qu'il n'y a pas de hasard, comme cet écrivain qui a dit « le hasard nous ressemble » –, dans ce bassin méditerranéen plein d'influences orientales. Quand êtes-vous arrivé en Égypte ?

L. D. : En 1940, je crois, quand la Grèce est tombée, j'ai été chassé de Kalamata, du petit port de Navarino, et je me suis retrouvé en Crète quand les Allemands ont commencé leur attaque. Ce sont les Australiens qui m'ont sauvé. J'ai été transféré de l'ambassade d'Athènes à l'ambassade du Caire, où je suis resté deux ans avant d'être attaché de presse à Alexandrie, deux ans également.

D. A. : Vous dites d'Alexandrie qu'elle est la « capitale de la mémoire »...

L. D. : C'est là, je crois, que j'ai remarqué pour la première fois le côté mystique de la sexualité, c'est le mélange entre la sexualité et le mysticisme que j'ai trouvé là, alors que j'étais en train d'étudier, comme le pauvre Darley, Hermès Trismégiste et Plotin... Chez nous, dans le Nord, on a l'impression que tout ce côté noir, mystique, magique de la vie est une sorte de chose romanesque, loin de nous...

D. A. : Exotique...

L. D. : Exotique, romantique... Mais là-bas, en Égypte, au Moyen-Orient, tout à coup c'était comme une fenêtre qui s'ouvrait devant moi. J'ai compris soudain ce que les rites orphiques et les rites de la Grèce ancienne, antique, voulaient nous dire. À travers la sexualité, je suis entré un peu dans la compréhension du monde ancien, et c'est naturel que mes romans soient infiltrés par cet esprit. J'ai aussi rencontré des soufis, des mystiques, dont les paroles se situaient hors de la logique. Je suis très cartésien, mais là il y avait une poésie pure, comme dans les *Illuminations* de Rimbaud ou dans les *Carnets* de Gérard de Nerval. C'est là que réside le vrai Orient, le côté orphique. Alexandrie est grecque mais aussi très infiltrée d'Afrique Noire, ou de notre sainte Bible. Toutes ces influences demeurent là, dans un mélange indestructible et très vivant jusqu'à aujourd'hui...

ODYSSÉES

ENTRETIENS AVEC
Diffusion : 22/03/1971
Producteur : **Marc Alyn**

1971, Lawrence Durrell est alors un des plus célèbres écrivains contemporains, traduit en plus de 30 langues pour son *Quatuor d'Alexandrie*. Au micro d'un autre poète, Marc Alyn, il se confie. Nous le suivons aux Indes où il est né, près de Darjeeling, en Angleterre où il a écrit ses premiers poèmes, sur l'île grecque de Corfou, à Paris où il rencontre Henry Miller et écrit *Le Carnet noir,* à Athènes et Kalamata, en Crète, en Égypte, au Caire et à Alexandrie, à Rhodes, en Argentine, en Yougoslavie, à Chypre où il commence l'écriture de *Justine,* puis enfin à Sommières, dans le Sud de la France, près de sa chère Méditerranée... Itinéraires d'un écrivain.

Marc Alyn : Votre célèbre *Quatuor d'Alexandrie,* vous l'avez orchestré dans le Sud de la France, à Sommières, que vous aviez découvert vers 1957, je crois ?

L. D. : J'ai toujours été très attiré par la vie en France, l'ambiance me semblait idéale pour un écrivain. Mon projet à ce moment-là, c'était de vivre en Grèce et de passer l'hiver en France, ce que je suis arrivé à faire un an, mais la guerre a tout brisé. Maintenant j'ai inversé l'idée, je voudrais vivre en France et visiter la Grèce pendant deux mois. Il me faut le partage entre les deux influences, d'ailleurs dans le Midi de la France, on est en Grèce.

M. A. : À 45 ans, vous décidez, avec un courage exceptionnel, d'abandonner les emplois qui, jusqu'ici, vous ont permis de vivre pour consacrer tout votre temps à la littérature. Était-ce là un brusque coup de tête ou un projet mûrement réfléchi ?

L. D. : C'était un coup de tête, effectivement, et très téméraire parce que j'avais écrit pendant vingt ans sans gagner un sou, et qu'il n'y avait absolument rien qui indiquait que mes projets rapporteraient de l'argent, loin de là...

M. A. : Pensiez-vous pouvoir retourner en arrière en cas d'échec ?

L. D. : Non, c'était ça ou mourir.

M. A. : Le désespoir comme moyen d'existence...

L. D. : Non, le désespoir comme point de départ, le tremplin de tout. Vous savez, l'œuvre n'est pas importante, ce sont les décisions dans la vie qui le sont. L'œuvre, c'est un genre de suppositoire purgatif, ça nettoie le grenier, mais ces grandes décisions nettoient l'âme, c'est beaucoup plus crucial.

M. A. : Quelle vie meniez-vous pendant cette période de travail – trois romans en deux ans – qui, de l'extérieur, paraît assez fantastique ?

L. D. : À travers le journalisme, l'écriture de dépêches diplomatiques, j'ai acquis une très bonne expérience de tous les genres de littérature, mais j'ai toujours été empêché par tout ce travail, surtout par la vie sociale qu'il fallait mener. C'était une position de grande responsabilité morale. Vers 7 heures du matin j'étais debout parce que tous les services ouvraient une demi-heure après et je terminais mes journées vers 1 heure du matin. J'avais adopté un principe que T.S. Eliot m'avait d'ailleurs conseillé. Lorsqu'il travaillait dans une banque à Londres, il se levait à 7 heures et arrivait au bureau alors que des employés lavaient les pavés, afin d'avoir « toujours trois quarts d'heure tranquilles pour la poésie avant que la vie commence »... Et quand j'ai pris cette décision assez grave de tout quitter, c'était absolument obligatoire de me « balzacifier »...

M. A. : En 1957, j'imagine que vous écriviez du matin au soir pour accomplir ce travail énorme ?

L. D. : Là, c'était plus difficile, il fallait travailler par petits bouts. Mais il ne faut pas laisser passer un seul jour sans achever au moins quelques lignes, un paragraphe. Toutes mes îles grecques, je les ai écrites sur le papier de Sa Majesté, que j'avais alors. Heureusement qu'ils n'ont pas su...

C'était absolument obligatoire de me « balzacifier »

M. A. : Vous êtes un merveilleux peintre de paysages. Quel rapport voyez-vous entre les paysages égyptiens du *Quatuor* et la garrigue provençale qui vous fait face, tandis que vous écrivez à Sommières ?

L. D. : La peinture, c'est un délassement, comme nager, tandis qu'écrire, c'est plus pénible.

M. A. : Mais vous êtes aussi un peintre dans votre prose.

L. D. : Vous ne pouvez pas imaginer comme c'est difficile de fabriquer quatre livres sur le même sujet. Avec le *Quatuor,* j'ai employé toutes mes ressources poétiques pour ne pas laisser tomber le lecteur et garder la fraîcheur de la peinture, pour éviter les répétitions en utilisant des métaphores. Mais il n'en existe que trois ou quatre pour un olivier par exemple ou pour un palmier...

M. A. : Écrivez-vous les rideaux tirés ou y a-t-il un rapport entre le paysage que vous avez sous les yeux et le temps où vous écrivez ?

L. D. : À Sommières, j'écris devant un mur, dans une sorte de cagibi presque sans lumière ou plutôt éclairé par une lumière artificielle. Lorsqu'on est paresseux comme moi, on est toujours attiré par quelque chose d'extraordinaire, quelque chose qui se passe, un chien, un oiseau : on a toujours une bonne excuse d'arrêter le travail...

M. A. : Votre biographie n'est pas simple : vous êtes un Irlandais né aux Indes, qui a fait ses études en Angleterre avant de vivre pendant vingt ans dans divers pays du bassin méditerranéen, et enfin de vous établir en France... De quelle région d'Irlande vos parents étaient-ils originaires ?

L. D. : De la région de Cork, du côté de ma mère, et du côté de mon père, je ne sais pas, peut-être du Nord. Aucun des deux n'avait visité l'Angleterre avant 40 ans. Ma famille a vécu aux Indes pendant trois générations. Mon père faisait des chemins de fer à travers les Indes, et nous vivions sous la tente...

M. A. : Une vie nomade...

L. D. : Exactement. Quand je vois des nomades arriver à Sommières, je sens un peu de nostalgie pour cette vie. Huit mois par an, nous vivions tous sous une tente et pendant les mauvais mois, ma mère et les enfants trouvaient refuge dans les montagnes.

M. A. : Vous naissez donc le 12 février 1912 aux Indes, au pied de l'Himalaya. Quels souvenirs conservez-vous des paysages et des habitants ?

L. D. : J'ai des souvenirs inoubliables. J'avais 7 ans quand j'ai été envoyé à l'école à Darjeeling, à la frontière du Tibet. On se levait vers 5 h 30 le matin, face à tout ce panorama des neiges. On voyait les sommets, comme Kangchenjunga, depuis le dortoir de mon école. L'Everest était toujours entouré de nuages, mais un jour nous l'avons aperçu, brièvement, comme un genre de déesse qui se manifeste... Et malgré tous les dangers, les singes, les serpents, les tigres ; la vie là-bas, pour un petit enfant, était complètement libre...

© Corbis

Lawrence Durrell (1912-1990)

« Renaître est le plus important », disait celui qui a traversé le xxe siècle et parcouru la planète. Né au pied de l'Himalaya, se sentant « écrivain anglophone et citoyen du monde », **Lawrence Durrell** renaît avec ses premiers poèmes et *Le Carnet noir* (1938), son « premier cri de futur écrivain ». Après ses missions dans la diplomatie britannique, qui lui inspirent *Scènes de la vie diplomatique* (1958), il se consacre à l'écriture et s'ancre – « s'encre » – à Sommières, où il écrit son œuvre la plus importante, *Le Quatuor d'Alexandrie* (entre 1958 et 1960), ressuscitant la ville où il vécut, puis *La Révolte d'Aphrodite* – en deux romans, *Tunc* (1968) et *Nunquam* (1970) –, et *Le Quintette d'Avignon* (entre 1974 et 1985). Dans *Les Îles grecques* (1978), il revient sur cette terre où il puisa l'inspiration pour *L'Île de Prospero* (1945), *Cefalû* (1947), *Vénus et la mer* (1953) et *Citrons acides* (1957), la Grèce où il avait l'impression de toujours « rajeunir », et que le Sud de la France lui rappelait...

M. A. : Votre goût de l'exotisme vient-il de là ?

L. D. : C'est difficile de répondre, parce que je suis un déraciné invétéré.

M. A. : Vous avez 12 ans, je crois, lorsque votre père décide de vous envoyer poursuivre vos études en Angleterre, à Canterbury. Comment réagissez-vous à cette décision ?

L. D. : Je ne l'ai pas vue comme une aventure mais comme une punition, et je me suis demandé ce que j'avais fait pour être envoyé en prison comme ça ! J'ai été un peu injuste vis-à-vis des Anglais parce que je ne peux pas vraiment dire qu'ils m'ont tourmenté, loin de là, mais le contraste entre les deux vies était épouvantable. En Inde, la vie était libre, large, un peu comme celle de Tarzan, et en Angleterre, elle était tellement étriquée, solennelle, pompeuse… J'étais pourtant quelqu'un de jeune et énergique, mais, à tous les points de vue, cela m'a bloqué, alors naturellement j'ai rouspété. Quand j'ai écrit *Le Carnet noir*, j'y ai attaqué les Anglais…

> En Inde, la vie était libre, […] et en Angleterre, elle était tellement étriquée, solennelle, pompeuse…

M. A. : La découverte de votre vocation poétique a dû bouleverser beaucoup de choses en vous ?

L. D. : J'avais dit souvent à mon père que je voulais être écrivain, mais comme il ne connaissait pas ce genre d'animal il a cru qu'il fallait absolument aller à Oxford pour y parvenir ! J'ai fini l'école, mais au lieu d'aller à Cambridge, j'ai décidé d'être journaliste, d'écrire. Cette période a été assez mouvementée : j'ai joué du piano dans les bars pour gagner des sous, j'ai vécu trois ans à Londres, puis j'ai commencé à voyager en France. À l'âge de 19 ans, j'avais déjà terminé et vendu un roman, ce qui a beaucoup soulagé mes parents et m'a donné le courage d'aller en Grèce.

M. A. : Vous décidez donc de quitter l'Angleterre pour aller vivre à Corfou, après votre mariage à 23 ans. Pourquoi ?

L. D. : J'étais jeune, plein d'énergie, mais je n'avais pas beaucoup de sous, et en Grèce, on vivait pour absolument rien. J'avais l'idée de vivre là-bas et de ne visiter la France qu'en hiver, mais la guerre a éclaté et j'ai été engagé dans le service diplomatique. Puis les Allemands sont arrivés, nous avons été chassés en Crète puis en Égypte.

M. A. : À Corfou, où vous vous installez en 1935, vous vivez à la façon des pêcheurs tout en échangeant vos premières lettres avec Henry Miller, après la lecture du *Tropique du Cancer* – c'est le début alors de votre amitié – et en commençant le livre qui inaugure vraiment votre œuvre : *Le Carnet noir*.

L. D. : Avec Miller, on voyait la littérature comme un genre de thérapie personnelle pour se libérer de soi-même. Ce sont les tensions qui donnent la littérature.

M. A. : J'ai en effet l'impression que *Le Carnet noir* est un livre de haute tension, au sens de l'électricité… Quelle place accordez-vous à ce livre dans votre œuvre ?

L. D. : C'est la naissance de ce monsieur…

M. A. : De Lawrence Durrell ?

L. D. : Oui, c'est renaître, le problème…

M. A. : Mais par la suite, *Le Carnet noir* a changé de forme.

L. D. : Inévitablement, parce que, d'abord, j'ai vidé la charge électrique…

M. A. : Et c'est le lecteur qui est électrocuté…

L. D. : C'est pour ça qu'on a des lecteurs et des lectrices. Ils se voient dans ce miroir, ils se disent : « Je ne suis pas fou, folle, il y en a un autre qui arrive à faire une forme compréhensible, qui donne un genre de raison d'être à ses sentiments cachés, à cette psychologie tordue, difficile, à l'enfance… » Je crois qu'il faut que tout le monde traverse ce chemin étrange, ténébreux. Autrement, nous n'avons pas de raison d'être.

M. A. : Vous définissez là les rapports de l'écrivain et de ses lecteurs.

L. D. : Mais ce n'est pas seulement dans le domaine de la littérature : pourquoi les gens sont-ils tout à coup attirés par une personnalité, comme Maurice Chevalier ou Henry Miller, par exemple ? Parce qu'ils correspondent à leurs inquiétudes, ils les purgent tout simplement, en chantant ou en écrivant. C'est l'art, dans le sens le plus aristotélicien, la « catharsis »…

M. A. : Afin de continuer à vivre en Grèce, vous devenez, en 1939-1940, professeur à l'Institut d'études anglaises à Athènes, puis à Kalamata. Quel genre de pédagogue étiez-vous ?

L. D. : D'un côté, c'était épouvantable, la grammaire, et, de l'autre, amusant, la poésie. J'ai enseigné durant trois mois, avant d'être envoyé à Kalamata, dans le Sud de la Grèce.

M. A. : Quand la Seconde Guerre mondiale éclate, vous gagnez la Crète, puis Le Caire. Le passage de Crète en Égypte fut à lui seul toute une odyssée n'est-ce pas ?

L. D. : Oui, toute la Grèce était bombardée. On était sur un petit caïque, on se trouvait sur l'île de Vénus, là où Aphrodite est née, et on a failli mourir…

M. A. : À quoi ressemble l'Égypte pendant les années de guerre ?

L. D. : Le jugement que je peux porter sur l'Égypte ne sera jamais juste, parce que le pays était envahi, colonisé par nos immenses armées. En plein désert, les gens se battaient, mais quand ils prenaient congé pour le week-end, ils revenaient au Caire prendre un bain chaud, un whisky... C'était complètement artificiel, tout était ouvert, les night-clubs...

M. A. : Ce n'est pas sans un certain soulagement que vous quittez Alexandrie pour Rhodes, où vous portez le titre extraordinaire de « directeur des relations publiques pour les îles du Dodécanèse ». Quels changements cela représente-t-il ?

René Saint Paul / Rue des Archives

Avec son ami, l'écrivain Henry Miller, vers 1960.

L. D. : D'abord un grand soulagement, parce que j'ai cette théorie qu'il y a des lieux bénis et des lieux qui ne sont pas fructueux. La Grèce m'a toujours rajeuni.

M. A. : En 1943-1946, vous avez publié à Londres de nouveaux recueils de poèmes avec succès, vous écrivez pourtant une étrange histoire, *Cefalû*, une version moderne du mythe du labyrinthe, l'histoire d'une bande de touristes anglais qui est dévorée par le Minotaure...

L. D. : Un genre d'allégorie. Mais le plus important pour moi à ce moment-là, c'est le poème *Sappho*, écrit en dix mois, une pièce de théâtre qui a été jouée plus tard. *Cefalû*, je l'ai fait en un mois et demi.

M. A. : *Sappho* est une pièce ou un poème ?

L. D. : Il n'y a pas de différence, vous savez, les bonnes pièces de théâtre sont des poèmes. Souvent, on me pose ce genre de questions. Mais est-ce que *Les Moralités légendaires* de Laforgue, *Sylvie* de Nerval, sont de la poésie ou de la prose ? C'est une distinction très difficile à établir.

M. A. : Que pensez-vous des genres littéraires ?

L. D. : C'est difficile de répondre, car je ne crois pas en la littérature...

M. A. : Vous êtes un a-littérateur...

L. D. : C'est une forme de névrose agréable...

M. A. : En 1947, vous vous remariez et vous partez en Amérique du Sud. Que diable allez-vous faire en Argentine ?

L. D. : Après la guerre, l'Europe était détruite. On m'a proposé pas mal de postes, à Istanbul, Sofia, mais j'ai pensé que ça serait très utile d'aller passer un an hors d'Europe. En Argentine, j'étais chargé d'un travail plus culturel que politique.

M. A. : Vos lettres d'Argentine rendent un ton assez triste...

L. D. : Effectivement, j'ai détesté le paysage et j'étais littéralement mal fichu là-bas, mais c'est là que je me suis fait les meilleurs amis qui me restent encore.

M. A. : À votre retour en Grande-Bretagne, les nécessités matérielles vous contraignent à partir pour la Yougoslavie, cette fois, où vous resterez jusqu'en 1952. La Yougoslavie d'alors se dégage difficilement de l'emprise stalinienne, j'ai l'impression que vous n'en gardez pas un très bon souvenir ?

L. D. : Du paysage oui, des gens oui, du système non.

M. A. : De 1953 à 1956, vous retrouvez enfin la Méditerranée que vous aimez, à Chypre, où vous achetez une maison dans un village de montagne. Dans un très beau livre, de reportage et poèmes tout à la fois, *Citrons acides*, vous avez décrit l'enchantement de cette île, sur le fond orageux des convulsions politiques de l'époque.

L. D. : Je me suis installé là en tant que petit instituteur, dans une école de jeunes filles. C'était merveilleux, j'ai terminé l'écriture de *Justine*. Puis il y a eu une revendication d'indépendance assez agressive. Comme j'étais presque le seul Anglais qui parlait le grec, je me suis rapidement retrouvé coincé entre les Anglais et mes amis grecs, à travailler vingt-quatre heures sur vingt-quatre !

M. A. : Dans votre destin, Chypre ressemble à une sorte de carrefour et il se passe là-bas beaucoup de choses qui changent votre vie. C'est là, en effet, que vous vous mettez à écrire avec acharnement le premier volume du *Quatuor*, *Justine*. Cela vous pose au début beaucoup de problème car votre travail de la journée vous épuise, et vous n'écrivez guère que quelques phrases le soir : « J'ai l'impression, écrivez-vous en décembre 1953, de ressembler à ces machines à distiller l'eau, elle sort goutte-à-goutte... »

L. D. : Je ne me souviens pas, j'étais tellement épuisé. Quand j'ai vu que rien n'avait été fait pour améliorer la situation à Chypre, j'ai démissionné et je suis rentré en Angleterre.

M. A. : En Angleterre, c'est là que vous finissez *Citrons acides,* qui sera votre premier vrai succès littéraire, et vous vous retrouvez à Sommières quelques mois. Vous êtes pauvre, inspiré, libre...

L. D. : Joyeux !

En somme, John Donne et Georges Séféris dans le même homme, qu'en pensez-vous ?

L. D. : J'ai été très influencé par les bons poètes anglais. Mais, à la fois, les sources que j'ai essayé de puiser sont du côté des Grecs, pour le côté métaphysique, et aussi étrangement du côté des Français. Valéry me semble un poète grec moderne qui est très proche de Séféris dans ses préoccupations et sa façon de camper l'idée, le mot « gnomique » – je ne sais pas si ce mot grec a un équivalent en français. Le plus important dans la poésie, c'est de dire quelque chose qui, à la fois, signifie quatre autres choses, et qui est à la fois quelque chose de concret.

© Bettmann / Corbis

Durrell entouré de deux sculptures antiques chypriotes, 1958.

M. A. : En tout cas, vos poèmes ne ressemblent pas du tout à ce qui s'écrit en Angleterre depuis 1930. Il y a chez vous une transparence, une lumière que l'on chercherait en vain ailleurs. Comment expliquez-vous cette différence ?

L. D. : J'ai toujours essayé de voir les gens à travers un paysage. J'ai été tellement déraciné par les voyages que j'ai toujours senti tout de suite les endroits qui étaient fructueux pour moi et où je pourrais peut-être bâtir quelque chose de valable pour moi-même. C'est tout à fait égoïste.

M. A. : De quel poème ou de quel vers isolé êtes-vous le plus fier parmi tous ceux que vous avez écrits ?

L. D. : Peut-être un petit poème sur l'effet du paysage méditerranéen, *Deus Loci.* Pour moi, la poésie c'est aussi, comme tout ce que j'ai écrit, une forme de respiration.

M. A. : En quoi consiste, pour vous, le bonheur ?

L. D. : C'est de prendre pleinement ses responsabilités.

M. A. : Vous avez écrit beaucoup de livres dans des genres très différents : la poésie, le roman, l'essai, le conte humoristique, le récit de voyage, le théâtre... S'il vous fallait choisir – hypothèse absurde –, entre tous les genres que vous avez pratiqués, quelle forme littéraire retiendriez-vous comme la plus chère à votre cœur ?

L. D. : Le poème, évidemment, mais je crois que tous les écrivains peuvent répondre dans le même sens, le sens le plus intime, le plus difficile à arriver à camper et le plus profond. La poésie dégage beaucoup mieux l'esprit que la prose, les romans, etc. On condense des expériences, on empaquette les mots en actes, et vous avez en trois lignes ce qui pourrait servir tout un roman...

M. A. : Certains critiques rattachent votre forme d'écriture poétique à la fois à la poésie métaphysique anglaise, ancienne donc, et aux élégiaques grecs contemporains.

M. A. : Le style de vos descriptions, le choix des personnages et des événements, la lutte contre le temps qui se manifeste dans *Le Quatuor d'Alexandrie,* par exemple, sont de toute évidence d'origine poétique. L'idée d'écrire *Justine* s'est-elle imposée à vous d'un seul coup ou bien s'est-elle élaborée lentement de façon d'abord inconsciente ?

L. D. : Je l'ai élaborée pendant plusieurs années, je suppose. Je ne savais pas comment l'affronter parce qu'il fallait travailler sur plusieurs niveaux. J'ai voulu emprunter tous les moyens du roman moderne et y compris du roman noir pour les effets crus, pour attaquer les sensibilités, et camper un paysage assez riche et assez étrange pour servir d'illustration de notre civilisation. Le point de départ, le point névralgique, c'était naturellement Alexandrie, là où sont nées la science, la religion, et nos bagarres de toutes sortes. Euclide par exemple, les premiers essais sur les mathématiques à la fois abstraits et concrets, c'est là, ce n'est pas en Grèce.

M. A. : Au départ, vous appeliez ce livre *Le Livre des morts*. Quel rapport avec le texte sacré de l'Égypte ancienne ?

L. D. : À ce moment-là, j'étais très avancé dans les études comparatives de religions et j'avais peur que mon livre devienne un roman à thèse ou pompeux. Le titre venait du *Livre des morts égyptiens,* et aussi du *Livre des morts tibétains,* des livres absolument inconnus sauf de petits cercles qui, en Égypte, étaient en pleine éclosion. Sans connaître le texte original, j'en ai discuté avec des soufis, des mystiques, et j'ai voulu ajouter ce côté-là dans mon livre mais je n'ai pas osé approfondir les choses. J'ai voulu raconter tout cela de façon très simple dans un roman, comme un type qui se souvient d'une chose étrange qui s'est passée...

M. A. : Dans la préface du *Quatuor d'Alexandrie,* vous écrivez la phrase suivante qui intrigue beaucoup de lecteurs : « Pour tenter d'élaborer ma propre forme romanesque, j'ai adopté, par approximation analogique, le principe de la relativité. » Quel est le lien entre les quatre volumes du *Quatuor* et la théorie d'Einstein ?

L. D. : Ce sont les sous-produits de la relativité au sens philosophique, comme, par exemple, la relation entre observateur et choses observées : l'acte même d'intervenir dans un champ change le champ observé. L'observateur ne peut pas le voir vierge, et le sujet et l'objet sont alors alignés d'une façon étonnante. La réalité que nous connaissons, et que nous connaissons en écrivant des romans, se pose souvent en deux dimensions. Pour qu'elle s'offre à nous en quatre dimensions, cela suppose un jeu de masques, de miroirs... Je suppose qu'un musicien pourrait très facilement expliquer cela : au lieu d'écrire une pièce pour un orchestre, on la crée pour quatre orchestres, et l'on superpose les quatre pièces l'une sur l'autre...

M. A. : D'où ce titre de *Quatuor* qui est le langage de la musique...

L. D. : Oui, c'était l'intention...

M. A. : Dans le dernier volume du *Quatuor, Cléa,* le temps est « libéré » dites-vous, et non plus seulement « retrouvé » comme chez Proust. Qu'entendez-vous par là ? La mort du temps ?

L. D. : Vous savez, Proust a été très influencé par Bergson et sa notion d'intuition, qui, sur le plan scientifique, a donné une forme cyclique, une sorte de « cocon » de temps. Proust a tellement résumé toute une civilisation qu'il lui fallait essayer de trouver une façon de ne pas tuer le temps mais de le libérer, de percer ce cocon, de libérer l'œuf si vous voulez. Avec Einstein, tout est renouvelé à chaque instant, chaque instant est un miracle, il y a eu tout à coup un souffle philosophique qu'il fallait illustrer...

M. A. : Vous êtes revenus récemment au roman avec un énorme livre en deux volumes, *Tunc* et *Nunquam,* un « roman à impériale », d'après votre amusante définition. Pourquoi avoir choisi ce titre ?

L. D. : C'est une citation de Pétrone : *Aut nunc, aut nunquam,* « Ou bien à ce moment-là, ou jamais ». C'est un jeu sur la question de temps. Je raconte la vie d'un jeune inventeur qui a besoin de la société, comme vous et moi avons besoin des éditeurs.

> Je suis désespéré, mais joyeusement.

M. A. : Il me semble déceler dans ce nouveau roman en deux volumes un ton fort différent de celui du *Quatuor* et des livres qui précédaient, une sorte de verve ironique. Mais une autre chose aussi a changé, c'est le rapport avec le lecteur, que vous prenez à partie dans ce livre. Vous en faites une sorte de collaborateur de l'auteur en même temps qu'un sujet du livre.

L. D. : C'était un changement de technique, j'ai décidé d'écarter autant que possible les descriptions de paysages. Dans le *Quatuor,* par contre, c'était absolument nécessaire. Pour entraîner le lecteur à travers quatre livres, vous ne pouvez pas imaginer comme c'est difficile, il faut munir de couleurs votre toile... Ici, je me suis permis d'aller plus vite vers la fin et de me reposer beaucoup plus près d'Edgar Allan Poe, si j'ose dire.

M. A. : « *Tunc* ne feint pas de feindre. Tous les personnages sont aussi réels que vous et moi, et à la fin ils meurent gaiement comme font tous les lecteurs et tous les auteurs. » Cette phrase n'est-elle pas un exemple de cette nouvelle attitude d'esprit grinçant, une sorte de désespoir qui éclate de rire ?

L. D. : Oui, je suis désespéré, mais joyeusement. Vous vous rappelez les derniers mots de Stendhal ? « Adieu, prenez gaiement les événements. »

M. A. : Mais pourquoi êtes-vous désespéré ?

L. D. : Je crois que sans le désespoir, on ne peut pas réaliser la joie. Les deux font partie de la condition humaine. On transforme le désespoir en joie. C'est cela, la poésie, l'acte poétique.

M. A. : Si vous deviez définir en peu de mots le sens de votre vie et de votre œuvre, que diriez-vous ?

L. D. : Vous connaissez les derniers mots de Talleyrand aux jeunes diplomates avant qu'ils soient envoyés en poste ? « Et Monsieur, surtout pas trop de zèle ! »

Hélène Gordon-Lazareff, fondatrice du magazine *Elle*, dans son bureau, 1972.

Hélène Gordon Lazareff

« ELLE », C'EST ELLE…

UN HOMME, UNE ŒUVRE
Diffusion : 27/01/1968
Producteurs : **Édith Lansac** et **Henri Behar**

« Nous sommes là pour ouvrir les appétits », c'est ainsi qu'Hélène Gordon Lazareff définissait la mission de son nouveau magazine, sorti pour la première fois en kiosque le 21 novembre 1945. Le « style *Elle* » était né, miroir d'une société en pleine mutation, en matière de mœurs, de mode, de culture. En 1968, la créatrice se confie pour les 20 ans de son journal. Hélène Gordon Lazareff, une femme, une œuvre…

Hélène Gordon Lazareff, Pierre Lazareff, Maïté Célérier de Sannois, François Nourissier, Jacqueline Duhême, Marcelle Segal, Françoise Giroud, Ménie Grégoire, Benoîte Groult, Nina Dausset, Simone Hendrickx, Jean Denys.

Henri Behar : Vous êtes née en Russie, à Rostov-sur-le-Don. Que faisait votre grand-père ?

Hélène Gordon Lazareff : Il était imprimeur.

H. B. : Et votre père ?

H. G. L. : Il avait beaucoup de grandes affaires, dont deux quotidiens.

H. B. : Déjà le journalisme ?

H. G. L. : Mon père a édité à Paris, pendant 15 ans, je crois, un journal en russe qui s'appelait *La Russie illustrée.* Il y a peut-être un peu d'atavisme là-dedans, même sûrement… Quand j'ai débuté *Elle,* il était à New York et il m'écrivait toutes les semaines avec ses critiques, ses suggestions, ça le passionnait.

H. B. : Qui était Hélène Lazareff avant d'être *Elle* ?

H. G. L. : Hélène Gordon !

Édith Lansac : Françoise Giroud, à votre avis, si Hélène Lazareff n'était qu'Hélène Gordon, aurait-elle fait une carrière ?

Françoise Giroud : Incontestablement, probablement en tant que journaliste, puisque c'était son envie. C'est une femme extraordinairement douée, capable de passion pour réaliser ce qu'elle a envie de réaliser.

É. L. : Pierre Lazareff, que serait-elle devenue, si elle ne vous avait pas rencontré ?

Pierre Lazareff : Elle serait peut-être la plus grande ethnologue du monde aujourd'hui, et elle donnerait probablement des cours à Columbia sur la civilisation africaine. Ou alors, elle aurait été journaliste, parce que l'on finit par faire les choses qu'on a dans sa vie, dans sa peau, même quand on ne sait pas qu'on les a.

É. L. : Quel a été votre premier reportage ?

H. G. L. : Après mes études d'ethnographie, je suis partie en mission en Afrique avec Marcel Griaule et, en revenant, j'ai écrit tout ce que j'avais vu chez les Dogons, en six ou sept papiers. Je les ai apportés à *L'Intransigeant,* qui était situé dans l'immeuble même où nous nous trouvons aujourd'hui et qui a publié ce reportage. C'est comme ça que j'ai débuté…

H. B. : C'est comme ça que vous avez connu Pierre Lazareff ?

H. G. L. : C'est comme ça que j'ai connu Pierre, oui. Il m'a engagée à *Paris-Soir.*

P. L. : Une de mes grandes gloires, c'est de l'avoir fait débuter dans ce métier. J'ai lu cette série d'articles et j'ai trouvé ses articles tellement vivants, tellement intéressants, que j'ai demandé à voir l'auteur. Quelque temps après, je l'ai engagée à *Paris-Soir,* le journal dont je m'occupais à l'époque, pour se charger de la page des enfants.

H. G. L. : J'adore les enfants et ça me plaisait beaucoup. J'aimais, justement, le côté poétique, irréel, imaginatif de ce travail auquel je me suis totalement consacrée. Maintenant, on ne fait plus de pages pour enfants parce qu'ils ont leurs propres journaux.

P. L. : Très rapidement, elle est devenue secrétaire de rédaction, puis elle s'est occupée de *Marie-Claire,* qui débutait à ce moment-là. Ce qui l'a d'abord intéressée dans le métier de journaliste, c'est le côté technique qu'elle a appris extrêmement vite en étant secrétaire de rédaction.

É. L. : Comment a-t-elle été accueillie par les ouvriers de typographie, par les imprimeurs ?

P. L. : C'était très rare qu'une femme entre dans une imprimerie. Il y a eu tout de suite une espèce de sympathie, de respect mutuel entre elle et les ouvriers de l'imprimerie. Hélène a appris le métier de ses mains, si j'ose dire.

H. G. L. : J'allais beaucoup au marbre, où on m'appelait « la souris verte » parce que j'avais un tailleur vert ! Les « typos » disaient : « V'là la souris verte ! » J'adore toujours la technique de l'imprimerie.

F. G. : J'ai énormément appris avec Hélène, je lui dois beaucoup. J'ai travaillé avec elle depuis janvier 1946, et peut-être même décembre 1945. C'est une très bonne professionnelle qui, de surcroît, avait travaillé aux États-Unis, où elle avait appris la technique américaine, qui était très en avance sur la nôtre.

H. G. L. : J'ai fait du journalisme à New York, peu et d'une manière technique, mais ça m'a appris énormément de choses. J'ai travaillé au *New York Times,* qui est un peu la Bible pour tous les journalistes, et là, ils m'ont donné quelque chose de rare : une espèce de discipline.

Jacqueline Duhême : Hélène est sûrement une des plus grandes journalistes que j'ai connues dans ma vie, avec Diana Vreeland, la directrice du *Vogue* américain. Une grande personnalité de journaliste. Et la formation américaine dans ce métier est follement importante, parce que ça vous apprend à « nettoyer » le travail, à ne pas s'arrêter à des détails inutiles comme ont tendance à le faire beaucoup de Français.

© AGIP / Bridgeman Images

Hélène Gordon Lazareff (1909-1988)

Elle est « née journaliste », selon ses mots, celle qui imagine, fonde et dirige le magazine *Elle* : **Hélène Gordon Lazareff.** Le « petit oiseau d'acier », comme l'appelle Françoise Giroud, la « tzarine », comme on la surnomme, née en Russie au début du XXe siècle, crée un journal qui va traverser le siècle et le monde…

Le journalisme est « presque une vocation », pour elle dont le père possède des quotidiens, des imprimeries… À Paris, où sa riche famille russe s'exile en 1917, elle suit des cours d'ethnologie à la Sorbonne et revient d'une expédition auprès des Dogons du Niger, en 1935, avec un reportage et une conviction : elle sera journaliste. Lorsque la jeune femme rencontre Pierre Lazareff, directeur de la rédaction du journal *Paris-Soir,* il lui confie une rubrique pour enfants, qui s'intéresse aussi aux mères et à leurs attentes. Mariés, ils se réfugient aux États-Unis pendant la guerre où elle travaille dans la presse féminine à New York. De retour en France, elle lance le *Elle* en novembre 1945, avec l'appui de son mari, à la tête désormais de *France-Soir.* « Du sérieux dans la frivolité, et de l'ironie dans le grave », selon sa devise, *Elle* propose, dès son premier numéro, des conseils pour s'habiller et se distraire, des recettes, mais aussi des articles sur la condition de la femme et l'actualité. Engager les gens sur un coup de foudre, « de cœur et d'esprit », faire écrire les meilleures plumes – Sagan, Colette, Hemingway, Simenon, Kessel… –, faire travailler les meilleurs photographes, la journaliste sait détecter les talents et raconter un nouveau style de vie, comme avec Bardot dont *Elle* lance la carrière. C'est Hélène Gordon Lazareff qui invente les patrons pour permettre aux femmes de reproduire les modèles des grands couturiers, qui lance dans les années 1970 les « États généraux de la femme » et le prix des Lectrices qui existe encore aujourd'hui : le style *Elle* est né et s'impose, au fil des années, comme la référence dans les domaines de la mode et du style de vie féminin.

Elle qui voulait ne rien manquer de ce qui se passait dans le monde et qui pouvait intéresser les femmes, elle restera à la tête de son journal jusqu'en 1972, l'année où Pierre Lazareff disparaît et où elle, atteinte de la maladie d'Alzheimer, perd la mémoire de ses années de création… Aujourd'hui, le journal *Elle* est diffusé dans le monde à 5 millions d'exemplaires, avec 42 éditions différentes. Soixante-dix ans d'histoire et de mémoire au féminin…

F. G. : Elle a, par ailleurs, un enthousiasme, une faculté de revoir éternellement les choses avec un œil neuf, de se passionner. Elle trouve toujours d'excellentes raisons de parler d'un sujet. À l'époque, c'était probablement le premier journaliste français.

É. L. : Simone Hendrickx, vous êtes la première collaboratrice d'Hélène Lazareff au journal *Elle*, depuis 1945. Comment s'est fondé le journal ?

J'agis beaucoup plus par instinct que par logique en principe.

Simone Hendrickx : C'était très amusant, nous travaillions dans son appartement, avenue Kléber, et on faisait des maquettes, on discutait de la formule, autour d'un tout petit guéridon Louis XV ! Ensuite, nous sommes venus nous installer à *France-Soir,* dans deux tout petits bureaux, où nous avons travaillé très dur. Comme nous n'avions pas de photos couleurs pour nos premières couvertures, Hélène est partie en Amérique réaliser des ektachromes qu'elle nous envoyait.

H. G. L. : Ce que nous avons fait – je peux même dire moi –, c'est d'introduire la photo en couleurs en France.

H. B. : Benoîte Groult, dans quelles circonstances avez-vous fait sa connaissance ?

Benoîte Groult : Je l'ai rencontrée un peu comme dans un conte de fées. Elle avait lu mon roman et elle m'a téléphoné sans me connaître : « J'ai l'impression que vous avez des qualités de reporter. Voulez-vous partir après-demain faire le tour du monde pour nous ? » C'est tout de même assez drôle de la part d'un rédacteur en chef de faire confiance à quelqu'un parce qu'un livre lui plaît ! Beaucoup de choses chez elle sont comme ça, des coups d'enthousiasme, des élans...

H. G. L. : Dans l'esprit, je suis très tzigane, pas du tout conventionnelle. Je prends mon travail au sérieux mais je ne me prends pas au sérieux. Il n'y a que les gens sots qui sont affectés, or je sais que je suis intelligente, je le sens... Le choix de tous mes collaborateurs s'est fait sur un sentiment très rapide de sympathie, de compréhension mutuelle, de caractères, de tempéraments qui s'accordent. En gros, sur un petit choc électrique, un déclic, comme une ampoule qui s'allume. Il s'agit de chercher l'intelligence du cœur, l'imagination et la chaleur humaine.

É. L. : Marcelle Segal, vous travaillez avec Hélène Lazareff depuis le début de *Elle*. Quelle est l'origine du charme d'Hélène Lazareff ? Est-ce un charme parisien ?

Marcelle Segal : Elle est la plus parisienne des Parisiennes et elle a conservé absolument intact son charme slave. C'est un cocktail, je crois, assez rare, un fameux cocktail !

H. B. : Qu'est-ce que ce charme slave ?

M. S. : Quelque chose d'imprévisible, des excès, quelquefois, qui passe d'un grand enthousiasme à son contraire, et, surtout, un goût naturel de la fantaisie, de l'excès, de l'extravagance. Et malgré tout, lorsqu'on la rencontre en tête-à-tête, on est stupéfait de se trouver presque devant une rigoureuse mathématicienne, devant une femme qui raisonne comme un algébriste, dotée d'un bon sens très solide et d'un vrai réalisme...

É. L. : Ménie Grégoire, depuis combien de temps connaissez-vous Hélène Lazareff ?

Ménie Grégoire : Depuis un ou deux ans. Pour moi, c'est une femme qui se sert beaucoup plus de son inconscient et de sa sensibilité, de ses instincts que de la raison pure, et ça me touche infiniment parce que je suis certaine qu'en matière sociale, en matière humaine, la raison est d'un tout petit secours. Ceux qui peuvent, en quelque sorte, dialoguer directement avec leur inconscient, l'inconscient de l'autre et l'inconscient d'une population, avec ce qui est caché, comprennent. Ceux qui se servent des idées ne comprennent jamais rien. Hélène Lazareff est une intellectuelle qui essaie, à longueur de temps, de ne pas se servir de la partie intellectuelle qu'elle possède, de passer tout de suite à ces sources de communication directe avec le public. Je crois que c'est comme ça qu'on peut travailler sur les problèmes féminins... Je ne pense pas qu'on puisse faire ce métier si on ne donne pas priorité à ses « antennes ».

H. B. : Que se passe-t-il au moment où vous décidez de vous occuper d'un journal féminin ?

H. G. L. : Avant de revenir d'Amérique, je me suis dit que j'étais mûre pour faire un journal, que je m'en sentais capable, que je n'avais pas peur.

H. B. : Lorsque vous prépariez le premier numéro, que voulait-elle pour ce journal ?

Maïté Célérier de Sannois : Elle voulait surtout faire un journal qui se démarque un peu de tous ceux qui étaient sortis en 1945, quelque chose de tout à fait nouveau, jeune, moderne, qui représente la Française jeune de l'après-guerre et cette espèce d'expansion féminine qui commençait alors. On a recommencé, recommencé... Hélène aime changer jusqu'à la dernière minute et je crois qu'elle a raison, c'est la seule façon d'avancer.

H. G. L. : Ce que nous cherchons à faire depuis le premier numéro, et Dieu sait s'il était modeste, c'est de donner aux femmes la possibilité de s'enrichir de n'importe quelle manière, par le plaisir, par la joie de vivre, par du rouge à lèvres... Lorsque j'ai découvert le « new-look » chez Christian Dior, je suis revenue au journal absolument « révolutionnée » et il m'a semblé impossible que les femmes françaises qui n'ont pas les moyens d'aller s'habiller là-bas ne portent pas ces jupes ravissantes. Je suis allée voir le directeur d'un grand magasin de la rive droite et je lui ai dit : « Je vous suggère de faire une jupe en drap, large, au meilleur prix possible, une blouse écossaise... » Et ils l'ont fait ! C'était pour moi très important que la nouveauté puisse descendre dans la rue.

F. G. : À l'époque de la création de *Elle,* elle a participé à une campagne – elle l'a même déclenchée – pour que les femmes soient plus propres, plus nettes, mieux habillées, qu'elles s'occupent de leur maison. Lorsqu'un journal de cette nature prend de plus en plus d'ampleur, il y a un certain nombre de servitudes, auxquelles *Elle* n'a pas échappé, comme l'introduction de l'horoscope ou d'un certain nombre de choses de ce genre dont je ne peux dire qu'il est excellent de les répandre... Mais il me semble que, même à travers ces servitudes propres aux journaux féminins et assez déplaisantes, Hélène Lazareff a toujours gardé à ce journal un peu d'esprit, d'anticonformisme, assez violent parfois pour s'aliéner une bonne part de sa clientèle dans certaines régions de France.

Mon idéal, c'est de pousser toujours les femmes en avant dans tous les domaines

H. B. : Avez-vous l'impression, Hélène Lazareff, qu'entre la création du journal en 1945 et le dernier numéro, le journal a évolué vers plus de luxe et de frivolité ?

H. G. L. : Au départ, c'était un journal pauvre physiologiquement : le papier était jaune, mauvais, nous n'avions que de la trichromie, l'imprimerie n'était pas du tout modernisée. L'évolution visuelle de *Elle* s'est faite grâce à l'amélioration de la technique, mais nous proposons aussi les meilleurs auteurs qu'il y ait en France, nous rendons compte des expositions en cours, nous avons une action culturelle certaine. Quand nous traitons, par exemple, des icônes russes ou des inédits de Picasso ou de Chagall, je trouve que nous apportons quelque chose aux femmes.

M. C. S. : Il y a une chose qui me hérisse, c'est de considérer la femme adulte, bien sûr, comme une mineure, tout juste un peu plus évoluée qu'un enfant et pas du tout au même niveau intellectuel que l'homme moyen. Quand on me dit, par exemple : « Pourquoi ne faites-vous pas une rubrique sur des questions politiques à l'usage des femmes ? » ou « Pourquoi ne parlez-vous pas de spectacle de variétés, de questions économiques, à l'usage des femmes ? »... J'ai l'impression qu'une femme d'une intelligence moyenne peut parfaitement s'intéresser à la grande presse, et n'a pas besoin de retrouver dans un magazine féminin des choses mises à sa portée. Ce n'est pas un reproche que j'adresse à la presse féminine en général, mais un reproche que j'adresse aux personnes qui considèrent que la presse féminine devrait mettre certains sujets à la portée des femmes. Si une femme est intelligente et s'intéresse à la politique, elle peut lire la grande presse et les mêmes magazines que les hommes, regarder les mêmes émissions à la télévision, *Panorama, 5 colonnes à la une* et le journal télévisé. Elle n'a pas besoin que l'on mette à sa portée des questions qui sont faites pour tout le monde.

É. L. : François Nourissier, en tant que collaborateur du journal, diriez-vous que *Elle* est devenu un journal de luxe ?

François Nourissier : L'évolution technique et la concurrence font que tous les magazines deviennent de plus en plus jolis à regarder, mais *Elle* se situe toujours dans la tranche des prix très bas, et heureusement ! Plutôt que d'une évolution vers le luxe, je parlerais d'une évolution dans le style. Vers 1955, les vitrines d'un grand magasin boulevard Haussmann ont été décorées pendant plusieurs semaines d'énormes ronds qui répétaient à l'infini le style *Elle*. C'est une date symbolique, une date de réussite, *Elle* avait inventé quelque chose, imposé quelque chose à la mode, à la façon qu'auraient les femmes de 15 à 40 ans de s'habiller.

H. G. L. : Vous savez, j'agis beaucoup plus par instinct que par logique en principe. Si mon instinct est fort, si je sens violemment que c'est ça qu'il faut faire, j'ai une espèce de « télévision » dans ma tête : j'imagine, je vois, je projette. Je me mets à la place de dix personnes qui me passent par la tête à ce moment-là, j'imagine la réaction qu'elles auront face à quelque chose. Et c'est presque physiologique...

É. L. : Êtes-vous exigeante ?

H. G. L. : Pas du tout, pas assez, et il y a un peu de pagaille générale à cause de ça. Je ne sais pas faire la police et je ne la fais pas. J'ai beaucoup de collaborateurs dans mon service, mais je ne sais absolument pas commander aux hommes. Avec les filles, je peux plus prendre une décision et tenir tête, mais avec eux, je n'aime pas ça. Il y a évidemment des confrontations, des discussions, je sais insister et revenir, mais je ne donne jamais un ordre brutal. J'ai été très influencée par Saint-Exupéry que j'ai souvent vu en Amérique et j'ai retenu cette phrase du *Petit Prince* : « Je ne donne jamais d'ordres qui ne peuvent pas être obéis. » Je trouve que c'est une philosophie extraordinaire, c'est très juste et j'y pense toujours...

H. B. : Peut-on déterminer l'autorité du journal *Elle* sur ses lecteurs, bien sûr, et dans la presse, en général ?

Jean Denys : En termes de mode, je crois que c'est incontestable. Lorsque notre numéro intitulé le « style *Elle* »,

Quelques couvertures du magazine, sous l'ère Lazareff, entre 1945 et 1973.
En haut, à gauche : le premier numéro, daté du 21 novembre 1945.

La reine Elizabeth II d'Angleterre reçoit le courrier de bienvenue des lectrices du magazine en compagnie d'Hélène Lazareff et Danielle Mitterrand, en avril 1957.

qui est une espèce de réunion de tendances – et qui sort juste après les collections – a misé sur le marron, les gens ont teint leurs tissus pour les vendre.

É. L. : Nina Dausset, avez-vous l'impression, quelquefois, en vous promenant dans la rue, de rencontrer des jeunes femmes qui semblent, justement, avoir été influencées par le journal ?

Nina Dausset : Oui, dans certains quartiers plus que dans d'autres, et pour une certaine génération plus qu'une autre. Les filles plus jeunes sont, comme vous le savez, beaucoup plus folles de mode que les autres.

H. G. L. : J'en ai vraiment pris conscience il y a deux ou trois ans. J'étais chez une amie dans le Lot et il y avait une jeune femme dans la prairie, qui avait l'air de s'occuper de moutons. Elle avait des sandales dorées, des doigts de pied faits, une robe de coton, elle était bien coiffée… Je suis allée lui parler, je lui ai dit : « Mais pourquoi vous habillez-vous comme ça ? Vous êtes épatante ! » Elle ne me connaissait pas, mais elle m'a répondu : « Parce que je lis le journal *Elle* ! »

Non, je n'ai pas du tout peur. Je crois que j'ai une espèce d'« antenne », pour savoir jusqu'où aller, très loin…

F. N. : Je crois que *Elle* a profondément modifié les comportements vestimentaires – comme on le dit souvent maintenant, la France s'habille en regardant *Elle* –, mais plus généralement, a changé la vision de la vie qu'ont les femmes…

H. G. L. : Une ou deux fois, il nous est arrivé de lancer des formes ou des couleurs qui n'existaient pas sur le marché. Nous avons eu une histoire avec le rouge, alors qu'il n'y avait pas 10 cm de rouge en vente… Depuis, on fait davantage attention, on regarde si ça existe…

M. C. S. : Nous avons été, on peut le dire, à l'origine de l'histoire des bottes parce qu'il n'en existait pas. On les a fait faire et c'était un petit scandale : quand nous les portions, les gens se retournaient au début, puis au bout de plusieurs années, tout le monde a commencé à en faire. À présent, grâce au travail de tous les modélistes et stylistes dans le prêt-à-porter, nous n'inventons plus vraiment…

H. B. : Quelle est la place de votre journal dans l'économie de la presse féminine ?

H. G. L. : À l'étranger, il est considéré comme le journal français le plus connu, que ce soit en Angleterre, en Amérique, au Canada, en Allemagne… *Elle* est devenu une espèce d'événement hebdomadaire qui me surprend moi-même.

F. N. : Cela m'avait beaucoup frappé, il y a quelques années aux États-Unis : les deux journaux français que l'on connaissait, qui avaient donc une importance internationale – puisque la presse américaine est, on peut le dire, la meilleure du monde –, c'était *Elle* et *Le Monde*. On parlait beaucoup d'Hélène Lazareff, non seulement parce qu'elle s'était un peu formée aux États-Unis pendant la guerre, mais parce qu'elle avait inventé quelque chose pour l'Europe qui impressionnait les Américains.

H. B. : C'est un peu *Elle* qui a lancé le prêt-à-porter dans Paris… Vous décrétez qu'une couleur marchera et la couleur marche ! Les publicitaires se bousculent pour passer une annonce dans votre journal, vous êtes aussi une femme d'affaires ?

H. G. L. : Les annonceurs m'intéressent beaucoup parce que, dans une certaine mesure, j'ai toujours considéré la publicité comme de l'information aussi. Les annonceurs donnent le meilleur quand ils veulent montrer des robes, des produits de beauté, des meubles de maison. Évidemment que ça influe sur le marché… Les industriels s'y intéressent aussi. Le slogan pour tous les gens de la création, du textile, de la mode, de la beauté, c'est cette formule très britannique : « Le *Elle* vend ! »

N. D. : D'après Jean Reyre, le directeur de la Banque de Paris et des Pays-Bas, une personnalité du monde économique et financier, Hélène Lazareff est le plus grand homme d'affaires de Paris !

H. B. : On regrette parfois la grande époque de *Elle*, l'époque où le journal faisait scandale, en disant aux femmes françaises : « Allez donc vous laver, ce sera quand même beaucoup mieux ! » Le journal a aujourd'hui plus de 20 ans, quelle est maintenant sa ligne éditoriale ?

H. G. L. : Mon idéal, c'est de pousser toujours les femmes en avant dans tous les domaines, pas seulement dans les domaines frivoles, de leur donner le goût de choses qu'elles n'ont pas encore ou peu assimilées. C'est un journal qui doit toujours progresser, qui doit être moderne, qui ne doit rien omettre. Je crois que, s'il y a moins de scandales maintenant, ce n'est pas parce que nous publions des choses qui sont plus atténuées ou plus enveloppées, mais c'est parce que tout le monde a progressé et que, maintenant, pour faire un scandale, il faut faire vraiment beaucoup de bruit. Par exemple, cette semaine nous publions un article sur la frigidité, ce qui était impensable il y a dix ans.

H. B. : Avant de vous laisser aller à une intuition, Hélène Lazareff, avez-vous peur, ne serait-ce qu'un dixième de seconde ?

H. G. L. : Non, je n'ai pas du tout peur. Je crois que j'ai une espèce d'« antenne », pour savoir jusqu'où aller, très loin…

© Douglas Kirkland / Corbis

MA MÈRE, par Louis Malle

PARLEZ-MOI D'ELLE
Diffusion : 30/07/1994
Producteur : **Béatrice Clerc**
Réalisateur : **Judith d'Astier**

Dans ses films, Louis Malle, avec plus ou moins de vérité, avait souvent livré quelques souvenirs autobiographiques. Dans cet entretien, il fait revivre cette fois avec sincérité et émotion, sa mère, la vraie, celle qu'il avait dissimulée sous les traits de Clara dans *Le Souffle au cœur,* de Mme Vieuzac dans *Milou en mai* ou surtout de Mme Quentin, mère de Julien dans *Au revoir les enfants*... Une mère très chrétienne, très fanatique, une mère drôle, dominatrice, tyrannique, qui dit que l'amour, ça descend, mais que ça ne remonte pas...

Béatrice Clerc : Vous dites volontiers que certains de vos films sont des coffres à souvenirs que vous avez entrouverts...

Louis Malle : J'ai mis du temps. Quand j'ai fait mon premier film de fiction, *Ascenseur pour l'échafaud,* à 24 ans, à la différence de beaucoup de cinéastes, je me suis beaucoup gardé d'être trop personnel. Le cinéma était un moyen d'expression très difficile et je me suis rendu compte qu'il me faudrait pas mal de temps pour arriver à le dominer un petit peu, sans jamais prétendre le contrôler. C'est seulement à partir du *Feu follet,* mon quatrième ou cinquième film, que j'ai commencé à raconter des histoires sur moi-même...

B. C. : Avez-vous besoin d'exorciser votre passé ?

L. M. : *Le Feu follet,* c'était vraiment un exorcisme. Je venais d'avoir 30 ans, je trouvais très difficile d'être condamné à devenir sérieux, à devenir adulte, toutes ces choses qui amènent le personnage à se suicider, et qui, évidemment, me travaillaient.

B. C. : Vous êtes né en 1932, le 30 octobre, à Thumeries, au sud de Lille, dans la capitale de l'industrie sucrière française. Votre mère était une Béghin, grande bourgeoisie du Nord et votre père, ancien officier de marine, dirigeait les usines de sucre de la famille. Cette étiquette de grand-bourgeois vous a longtemps collé à la peau. C'est une chose qui vous a beaucoup agacé, pouvez-vous me dire pourquoi ?

L. M. : J'avais la réputation – c'était très romantique, en fait – de faire du cinéma par dilettantisme, par désœuvrement, avec l'argent de la famille, ce qui n'était pas vrai. Mais les choses se sont arrangées très simplement car les Béghin se sont fait déposséder de l'affaire Béghin... Je n'aime pas qu'on me catégorise, qu'on me trouve « très français », par exemple – je ne sais toujours pas ce que cela veut dire. Ce milieu social, ce milieu d'origine qu'on rappelait toujours à mes débuts, a en fait de l'importance dans les rapports avec ma mère : dans le milieu d'où je viens, les rapports des parents et des enfants sont certainement très différents de ce qu'ils sont ailleurs.

B. C. : Votre mère ressemblait-elle à Francine Racette, que vous aviez choisie pour *Au revoir les enfants* ?

L. M. : J'ai évoqué ma mère trois fois de façon ouverte : dans *Le Souffle au cœur, Au revoir les enfants* et dans *Milou.* Physiquement, c'est Paulette Dubost, la grand-mère dans *Milou,* qui ressemble le plus à ma mère. Quand j'ai fait

Le Souffle au cœur, fondé sur une combinaison de souvenirs et de fantasmes d'enfance, ma mère était encore vivante, j'ai changé complètement le personnage, je me suis inspiré d'une amie brésilienne. Le personnage de la mère dans *Le Souffle au cœur,* ce n'est pas ma mère.

B. C. : Vous avez brouillé les pistes...

L. M. : Le personnage de la mère est capital. J'avais avec ma mère une relation très, très émotionnelle, ce qui était paradoxal car elle avait sept enfants et était donc débordée. Si elle ressemble à un personnage de mes films, dans son comportement, son côté un peu fofolle qui est très charmant, joué par Francine Racette, c'est au personnage d'*Au revoir les enfants.*

B. C. : Avez-vous une photo d'elle sur vous ?

L. M. : Non, j'ai une photo d'elle sur ma table de nuit à New York, c'est plutôt aux États-Unis que j'ai envie de voir son visage. De toute façon, elle m'est restée tellement présente qu'après sa mort, pendant des années, j'ai continué à rêver d'elle, ce qui était très agréable du reste. C'est une façon pour les gens de ne pas mourir. C'était une femme très vive, une femme petite, très vive, incroyablement active, belle, avec un sourire merveilleux, un grand charme. Elle pouvait être aussi très dure, très coupante et elle avait les préjugés de son milieu...

B. C. : Il y a une scène au début dans *Au revoir les enfants,* très charmante, où Mme Quentin embrasse Julien avec du rouge à lèvres et l'imprime sur la joue du garçon, qui essaie maladroitement de se débarrasser de cette tache rouge. C'est un souvenir personnel ?

L. M. : Ce ne sont pas des choses qu'on invente, effectivement. Ma mère se mettait du rouge très vif, qui déteignait. Elle nous embrassait toujours très chaleureusement et on avait les marques des lèvres sur les joues, que l'on s'empressait de frotter... Ma mère faisait tout très vite... Souvent elle mettait très vite son rouge à lèvres, qui était un peu de travers, qui débordait. Elle avait beaucoup de repartie, beaucoup d'humour, mais aussi elle était assez inconsciente. Lorsque mon frère aîné était engagé en 1944 dans la division Leclerc et se battait en Alsace où il y avait

« Si je n'étais pas metteur en scène, j'aurais moins l'impression d'exister », disait celui qui est né au cinéma très tôt, quand, vers 15 ans, il essaie une première caméra... Palme d'or à Cannes à 24 ans pour *Le Monde du silence* (1956), Oscar du meilleur film documentaire, réalisé avec Cousteau qu'il avait suivi comme cameraman en plongée, **Louis Malle** réalise son premier long métrage l'année suivante, après ses études à l'IDHEC : *Ascenseur pour l'échafaud* (1958). Succès fulgurant, le film remporte le prix Louis-Delluc, propulse Jeanne Moreau et Maurice Ronet au rang de stars, et marque une rupture totale d'esthétique dans le cinéma français de l'époque, au son de la trompette de Miles Davis...

Cinéaste libre, lui qui est né dans la grande bourgeoisie du Nord de la France, les Béghin, il passe au crible dans ses films – plus de 30 longs métrages pendant toute sa carrière – les préjugés de son époque comme ceux de sa famille : *Les Amants* (1958), « la première nuit d'amour du cinéma français » selon les mots de François Truffaut au Festival de Venise où le film, adapté d'un roman de Louise de Vilmorin, a reçu le prix spécial du jury ; *Zazie dans le métro* (1960), adapté du roman de Raymond Queneau, anticonformiste et impertinent ; *Le Feu follet* (1963), tiré de Pierre Drieu La Rochelle, sur les 48 dernières heures d'un homme qui se suicide ; *Le Voleur* (1967), d'après l'œuvre de Georges Darien ; *Le Souffle au cœur* (1971) sur l'inceste, et qui s'inspire du personnage de sa propre mère ; *Lacombe Lucien* (1974), scénario écrit avec Patrick Modiano sur la collaboration et la Résistance, où un milicien et une juive s'aiment, et qui fera polémique en France et le décidera à s'expatrier aux États-Unis ; *La Petite* (1978) sur la prostitution des enfants ; *Fatale* (1992), œuvre sur l'adultère et ses conséquences...

S'il a voulu faire des films pour le plus grand nombre, il alterne toute sa vie entre fictions et documentaires, comme avec *Vive le Tour !* (1966) sur Le Tour de France, ou *L'Inde fantôme* et *Calcutta* (1968), œuvre qui reçoit le prix de la Fraternité 1969 et dont il dira être le plus fier. Aux États-Unis, il mène une brillante carrière, en contournant le système hollywoodien, après le succès d'*Atlantic City* (1980) et de *My Dinner with André* (1981) qui triomphe dans les milieux intellectuels américains, et du documentaire *God's Country* (1985). Quand il revient en France, c'est pour s'attaquer au thème qui l'avait fait partir, l'Occupation : *Au revoir les enfants* (1987) est son plus grand succès – Lion d'or à Venise, prix Louis-Delluc, et 7 césars dont celui du meilleur film et du meilleur réalisateur – et l'un des films auquel il dira tenir le plus. Il y confie un douloureux souvenir : lors de son enfance, un jeune juif avait été caché dans son internat puis découvert par la Gestapo et déporté. Depuis toujours, ce thème le hantait, et c'est cette histoire, comme il le disait, qui l'a amené à faire du cinéma...

« C'est plus qu'une nécessité, c'est presque un duel entre le cinéma et moi : à mesure que je fais des films, l'envie d'en refaire me tenaille davantage... » Après *Milou en mai* (1990), et *Vanya 42e rue* (1994), adaptation de l'*Oncle Vania* de Tchekhov, Malle préparait le tournage d'un film sur l'« ange bleu », Marlene Dietrich, quand il s'éteint à 63 ans, lui qui avait toujours cru mourir jeune à cause de son souffle au cœur... C'est à l'église Saint-Sulpice, au son d'une trompette qui rappelle celle de Miles Davis, que ses obsèques sont célébrées le 1er décembre 1995, près de la rue Férou et de la place qui servit de décor à l'un de ses derniers films, *Fatale.* « Le cinéma, disait-il, c'est quelque chose qui me donne l'impression d'être vivant... »

beaucoup de pertes, elle lui a écrit cette phrase : « J'espère que la guerre te mettra du plomb dans la cervelle ! »

B. C. : Comment résumer le caractère de votre mère ?

L. M. : Extrêmement tyrannique. La famille Béghin avait une sorte non pas d'arrogance mais de sens de ce qui lui était dû, beaucoup plus que du côté de mon père. Ma mère était très dominante, c'était elle qui nous élevait, qui nous engueulait et qui s'occupait de nos études. Par exemple, elle était obsédée par l'idée que je fasse Polytechnique...

B. C. : Vous êtes l'un des cinéastes français les plus littéraires. Vous avez adapté Queneau avec *Zazie dans le métro*, Drieu la Rochelle pour *Le Feu follet*, Darien pour *Le Voleur*, récemment Joséphine Hart pour *Fatale*... Vous avez travaillé avec Nimier, Modiano et, enfant, vous avez beaucoup, beaucoup lu. Est-ce que cette initiation littéraire vous est venue d'elle ?

L. M. : Non, ce sont mes frères aînés qui m'ont fait lire, qui m'ont dévoyé, en quelque sorte. Et lorsque j'ai eu ce souffle au cœur à 12 ans et que l'on m'a retiré du collège pour travailler pendant deux ans avec des professeurs particuliers, j'ai vraiment commencé à dévorer, j'ai lu beaucoup de choses que ma mère n'aurait pas approuvées. Mais il y avait dans la maison de Thumeries une très grande et très bonne bibliothèque, avec tous les classiques, et mes parents étaient de grands lecteurs. Ma mère lisait beaucoup de livres d'histoire, je me rappelle qu'elle n'aimait pas Mauriac et « toutes ses turpitudes » et qu'elle avait une passion pour Saint-Simon.

« Tu verras, l'amour ça descend, ça ne remonte pas. »

B. C. : Gide et sa morale du plaisir ont été la base de votre révolte familiale. Votre mère vous voyait-elle lire Gide ?

L. M. : Dans notre famille, chacun vivait sa vie, et ma mère a été très active. Dans les années où je vivais à Paris, elle était la moitié du temps dans le Nord et je ne voyais presque jamais mon père. C'est mon frère Bernard qui s'occupait de moi.

B. C. : Il y a un épisode très drôle dans *Le Souffle au cœur*, à propos d'un faux Degas...

L. M. : C'est une histoire vraie, en fait ; d'autant plus comique que, finalement, il s'agissait d'un Cézanne ! Tout le monde admirait notre « beau Cézanne dans le salon » et, par agacement, j'ai demandé à un ami de faire un faux que l'on l'a mis à la place. Les gens continuèrent à venir s'extasier pendant des années, alors que j'avais le vrai sous mon lit ! Mon frère Bernard a fini par simuler une crise de folie ou d'ivresse et a transpercé le tableau avec un couteau en hurlant : « Je déteste Cézanne, je déteste ce tableau ! » Le vrai comique de cette histoire, c'est qu'on s'est aperçu après que le Cézanne était un faux. On avait donc fait un faux d'un faux...

B. C. : Votre mère aimait-elle le jazz comme vous ?

L. M. : Ma mère détestait le jazz. Elle m'avait forcé à faire du piano et m'avait pris des abonnements aux concerts du Conservatoire. Face à cette dose forcée de Beethoven assez mal joué tous les dimanches, j'ai eu une réaction très, très violente : j'ai vraiment détesté la musique classique pendant des années, et je me suis plongé dans le jazz. Le jazz et le cinéma ont été ma vie entre 15 ans et 25 ans...

B. C. : Le diagnostic de votre souffle au cœur, en 1946, a-t-il changé quelque chose dans la relation à votre mère ?

L. M. : Cela nous a beaucoup rapprochés, ça a été le moment le plus intense de ma relation avec ma mère car elle s'est beaucoup occupée de moi, alors qu'auparavant, j'étais pensionnaire et, finalement, je ne la voyais pas tellement. L'été suivant, elle m'a emmené faire une cure. Cette année a été un véritable tournant d'un point de vue émotionnel, érotique, et a joué un rôle très important dans ma formation.

B. C. : En 1970, vous tentez une adaptation du livre de Bataille, *Ma mère*, livre ô combien cruel, lucide sur la relation mère-fils, et c'est un échec...

L. M. : C'était un petit peu comme ce que j'avais fait pour *Le Feu follet* : une façon de me cacher, c'est-à-dire de me servir d'un livre très fameux et très bon. Mais je me suis aperçu que les fantasmes, les souvenirs de Bataille étaient finalement tout à fait différents des miens, et je ne suis pas parvenu à achever l'écriture du scénario. À un moment donné, je me suis demandé pourquoi je ne raconterais pas des choses beaucoup plus proches de moi. J'ai commencé à prendre des notes, et en un temps remarquablement court, une semaine, je crois, j'ai écrit une sorte de traitement de 70, 80 pages de ce qui est devenu le film *Le Souffle au cœur*. C'est venu d'un seul coup, mais c'était évidemment très personnel : même si je n'avais pas osé faire du personnage de la mère un portrait de la mienne, énormément de détails et d'émotions venaient directement de mon souvenir. La chose curieuse, c'est que, déjà à l'écriture, ce film était une comédie. Une comédie sur l'inceste, c'est inhabituel, et c'est une idée bizarre dont j'ai été le premier surpris.

B. C. : J'aimerais essayer de retrouver avec vous les éléments de vérité dans *Le Souffle au cœur*. D'abord, la mère manifeste à l'égard de Laurent, son fils, une tendresse extrême...

L. M. : Je dois dire que nous sommes quatre frères et j'étais, d'une façon presque choquante, le préféré. Ma mère s'était mis dans la tête – je crois que ce n'était pas du tout exact que je ressemblais beaucoup à son père, Henri Béghin, qui était mort en 1944 et qu'elle adorait. C'est vrai que j'avais un rapport très fort avec elle mais, en même temps, je ne l'aurais jamais admis. Il m'a fallu, du reste, des années pour revisiter cette période ; j'ai fait *Le Souffle au cœur* sur une impulsion et j'étais le premier étonné d'en être capable.

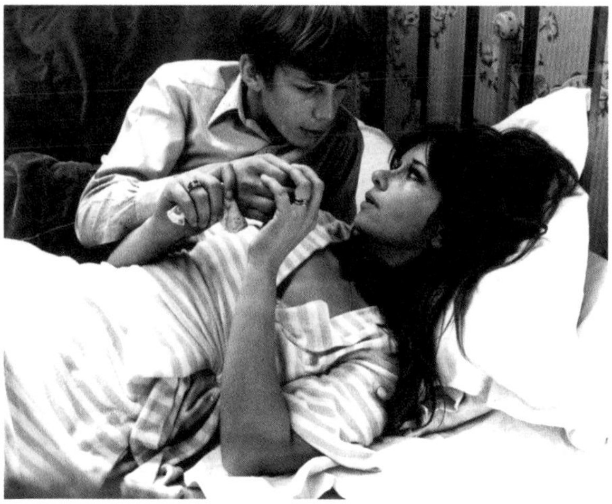

La mère Clara (Lea Massari) et le fils Laurent (Benoît Ferreux) dans *Le Souffle au cœur,* 1971.

Dans ces années-là, je peux le dire aujourd'hui, ma mère était pour moi un objet de désir, mais très refoulé.

B. C. : Dans *Le Souffle au cœur,* vous faites dire à Clara, la mère de Laurent : « Tu es mon petit mari, sale petit mari bourgeois, médisant, jaloux »...

L. M. : Le personnage du garçon était très proche de moi, mais ma mère imposait au contraire une certaine rigidité dans nos rapports, malgré une grande tendresse aussi. Dans la ville d'eaux Bourbon-Lancy, elle choisit pourtant, comme dans le film, une espèce de grande chambre et dit : « On sera très bien tous les deux, mon petit chéri, je pourrai te surveiller », te forcer à te coucher, à ne pas lire trop tard...

B. C. : Vous avez 13 ans ?

L. M. : J'ai 13 ans. Je me mets au lit, je vois ma mère se démaquiller, tourner dans la chambre, je fais semblant de dormir, j'ai les yeux à moitié fermés... Il y a tout ce jeu bizarre d'un enfant qui se met à fantasmer sur cette femme qui est sa mère mais qui est avant tout une femme...

B. C. : Est-ce que votre mère était à ce point naïve ?

L. M. : Je me le suis toujours demandé, et j'en ai souvent parlé avec d'autres membres de ma famille, et je ne peux pas imaginer que ça ne lui ait pas traversé l'esprit.

B. C. : Dans les années 1970, en pleine période de révolution sexuelle, l'inceste reste encore un tabou...Dans le film, vous en faites une espèce de transformation naturelle de l'amour maternel, et quelque chose de vertigineux, finalement.

L. M. : Derrière cette comédie, il y avait une sorte de postulat extrêmement dangereux et un peu pervers, et, de ça, j'étais tout à fait conscient : l'amour maternel débordant peut devenir sexuel par accident. Socialement, c'est très dangereux. La chose dont on parle beaucoup moins que du viol perpétré par le père – parce que c'est beaucoup plus secret et que, finalement, ça se passe d'une façon furtive –, c'est la relation sexuelle d'une mère avec son fils. Je crois que c'est très difficile pour un garçon de porter plainte contre sa mère. Pour moi, c'est inimaginable, il me semble que c'est une autre relation qui est beaucoup plus forte et qui est beaucoup moins brutale. Peut-être que je me trompe tout à fait, mais je suis prêt à défendre l'idée que ce serait la relation idéale...

B. C. : Vous auriez pu parler avec votre mère de ce sujet et dans ces termes ?

L. M. : Non, pas du tout, elle m'aurait arrêté tout de suite en me disant « Louis, tu plaisantes ! » Quand elle est venue voir *Le Souffle au cœur,* lors d'une projection privée, chez Lelouch, au Club 13, elle s'est précipitée pour me dire devant les journalistes : « Ah ! Mon cher Louis, ça m'a rappelé tellement de souvenirs ! » Un jour, elle m'a dit une chose très belle : « Tu sais, tu verras, l'amour ça descend, ça ne remonte pas. » Elle avait cette théorie que les parents aiment les enfants beaucoup plus que les enfants aiment les parents et que c'est probablement une sorte de chose naturelle pour la sauvegarde de l'espèce. Pour moi, l'amour maternel est incroyablement passionnel et je ne crois pas qu'il y ait dans les rapports de couple quelque chose d'aussi fort. Je crois que, de toutes les formes d'amour, c'est le plus extrême, le plus violent, le plus exclusif et le plus fou aussi.

B. C. : Il y a dans beaucoup de vos films, dans la plupart, la dénonciation de certaines valeurs bourgeoises qu'incarnait votre famille. Vous aviez 4 ans en 1936, vous étiez, j'imagine, à l'abri des murs confortables de la maison de Thumeries, mais j'ai du mal à ne pas imaginer que vous n'ayez pas entendu quelques notes de *L'Internationale* ou vu quelques drapeaux rouges...

L. M. : J'ai un souvenir de 36, un défilé de manifestants avec le drapeau rouge chantant *L'Internationale,* le long du mur de notre jardin, qui était mitoyen. Ces drapeaux rouges passant comme une sorte de travelling, c'est un souvenir d'enfance. Ma famille a toujours prétendu que c'était impensable, que l'on ne m'aurait jamais laissé sortir, mais je suis sûr que c'est vrai.

B. C. : Pendant la guerre, vous aviez donc 8, 10 ans. Est-ce que vous vendiez des cartes postales de Pétain comme Julien ?

L. M. : C'était l'époque où j'étais chez les jésuites, en 41-42. On nous faisait sortir plus tôt de classe, ce qui nous plaisait beaucoup, et on allait de porte en porte vendre la photo de Pétain, avec cette phrase : « Je fais don de ma personne à la France. »

B. C. : Et votre mère n'y voyait pas d'inconvénient ?

L. M. : Comme beaucoup de Français, mes parents étaient pétainistes, mais gaullistes aussi, bizarrement...

B. C. : Il y a une scène très importante dans *Au revoir les enfants,* qui est la scène du restaurant. Le petit Julien, en l'occurrence le petit Louis Malle, pose cette question interdite : « Et nous, est-ce qu'on est juifs ? »

L. M. : Provocation pure. Pendant la guerre, quand on a commencé à voir des gens qui portaient des étoiles jaunes, et en particulier un garçon dans mon immeuble qui était un peu plus âgé que moi, je me rappelle très bien que ma mère me disait : « Il faut être très gentil avec lui, parce que ce qu'on leur fait... » Elle trouvait que les Allemands étaient ignobles et, à l'époque, on ne savait pas ou on ne voulait pas savoir que Vichy était plus que complice... Du côté de mon père, alsacien, il est parfaitement possible que nous ayons une partie de la famille qui soit d'origine juive, mais cela paraissait vraiment impensable pour ma mère. Elle disait : « Moi, je n'ai rien contre les juifs, sauf Léon Blum », parce que Léon Blum était l'ennemi de la grande bourgeoisie...

B. C. : Votre mère était catholique et très pratiquante, je crois ?

L. M. : Fanatique, allant à la messe tous les jours. Quelquefois, mes frères et moi rentrions de soirée dans un triste état, et lorsque nous la croisions à 8 heures du matin dans l'escalier, elle nous saluait d'un « Ah ! Comme c'est gentil ! Vous vous êtes levés pour m'accompagner à la messe » et nous y allions... Ce sont des souvenirs très pénibles !

B. C. : Cette naïveté dont vous parliez était, en fait, feinte...

L. M. : Oui, très fausse. Je crois que ma mère avait un côté très retors, en fait. Elle écrivait des lettres admirables, très drôles, à ses sept enfants, car il y en avait toujours trois ou quatre qui étaient ailleurs, mariés, en voyage ou dans un pensionnat...

B. C. : Est-ce que vous souvenez de ce qu'a fait votre mère au moment du bac de votre frère ?

L. M. : Ma mère faisait des vœux tout le temps. Elle avait décidé qu'elle irait à Chartres à pied depuis Paris, si mon frère obtenait son baccalauréat ; par miracle, il l'a eu au troisième essai et elle y est allée. Naturellement, elle a exigé qu'il l'accompagne, ce qui était la moindre des choses ! Je les suivais en voiture et je m'occupais du ravitaillement, comme pendant le Tour de France. Je filais à mon frère des coups de rouge en douce et, à ma mère, des orangeades... Ma mère croyait à la confession, à la rémission des péchés, aux indulgences – une invention éhontée des papes de la Renaissance, je crois –, et à l'idée qu'en faisant tout ce qu'elle faisait sur la Terre, elle gagnait son Ciel. Peut-être aurait-elle préféré que je devienne musulman plutôt que je demeure horriblement incroyant, ce qui lui a profondément fait de la peine jusqu'à la fin de sa vie...

B. C. : Le personnage de la mère, dans *Milou en mai* – Mme Vieuzac –, meurt le jour de la fête des Mères et,

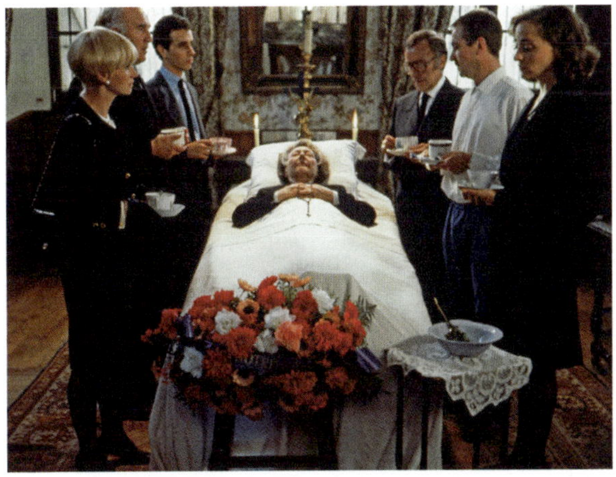

Veillée funèbre autour de Mme Vieuzac (Paulette Dubost), dans *Milou en mai,* 1990.

dans *Crackers,* le jour de son anniversaire. Qu'est-ce que ça veut dire ? Est-ce un écho à votre histoire personnelle ?

L. M. : Ma mère était née en 1900, le même jour que Luis Buñuel, et donc elle avait 82 ans. Elle était infiniment vivante, active, elle conduisait sa voiture, faisait sans arrêt des allers-retours entre le Nord et Paris, des voyages... On ne s'attendait pas du tout à ce qu'elle meurt, on avait passé Noël ensemble et j'avais l'impression qu'elle était mieux que jamais. Elle continuait à nous faire beaucoup rire, elle s'était beaucoup humanisée en prenant de l'âge et, à vrai dire, j'étais fou d'elle à ce moment-là. Cela a été très, très brutal et c'est pour ça que dans *Milou,* la femme meurt vraiment d'une façon inimaginable pour le personnage que joue Piccoli. J'ai mis beaucoup de temps à admettre et à comprendre qu'elle avait disparu, comme cette vieille dame qui réapparaît de temps en temps dans le film. C'est à peine pour moi une entorse à la réalité parce que je peux imaginer qu'un personnage, comme ce merveilleux vieux garçon que joue Piccoli, reste avec l'image de sa mère très, très présente jusqu'à sa propre mort.

B. C. : C'est-à-dire qu'il continue à l'aimer et à la craindre ?

L. M. : Il continue à l'aimer, à la craindre. Adulte, je ne craignais pas ma mère, mais je faisais attention à son jugement, je la ménageais. Sur la fin, c'était finalement très tendre, une tendresse que je n'ai jamais éprouvée pour mon père par exemple...

B. C. : Louis Malle, cette mère dont vous venez de parler, finalement est-ce vraiment votre mère ou celle dont vous avez rêvé ?

L. M. : La mère dont j'ai rêvé, c'est peut-être un peu plus celle du *Souffle au cœur,* un personnage plus audacieux, plus gai, très immoral, plus sensuel, mais la mère dont je vous ai parlé, c'est la mienne. Ma mère a été quelqu'un de très, très important dans ma vie. Je n'ose pas dire le plus important mais, peut-être, je devrais oser... ■

LES CHEMINS DE LA CRÉATION

128 WOODY ALLEN, L'ENFANT DU CINÉMA
GRANDE TRAVERSÉE – Judith Perrignon

138 ANDY WARHOL, LE PAPE DU POP ART
UNE VIE, UNE ŒUVRE – Virginie Bloch-Lainé

146 UMBERTO ECO, CONFESSIONS D'UN ROMANCIER
LE TEMPS DES ÉCRIVAINS – Christophe Ono-Dit-Biot

152 ARIANE MNOUCHKINE, LE SOLEIL DU THÉÂTRE
HORS-CHAMPS – Laure Adler

162 LE VENTRE D'ULYSSE
ON NE PARLE PAS LA BOUCHE PLEINE – Alain Kruger

En spermatozoïde sur le point d'être
lancé dans le grand bain…

Woody Allen,

L'ENFANT DU CINÉMA

GRANDE TRAVERSÉE
« WOODY ALLEN STORIES »
ÉPISODE 1 : « L'ENFANCE OU LES LIGNES DE FUITE »
Diffusion : du 13 au 17/07/2015
Productrice : **Judith Perrignon**
Réalisation : **Gaël Gillon**

Le cinéma a toujours été sa vie, lui qui passait son temps dans les salles obscures pour s'évader de la réalité... À trois ans, il voit son premier film et veut courir rejoindre les personnages. À cinquante ans, il tourne **La Rose pourpre du Caire,** *un de ses films préférés, où l'héroïne passe son temps au cinéma, embarquée un jour par un des personnages sorti de l'écran. Entre ces deux rêves, l'enfant de Brooklyn est passé du côté de Manhattan, ce qu'il désirait tant quand il était gosse... Comment Allan Königsberg s'est-il transformé en Woody Allen ? Remontons le temps, à la recherche de l'enfance d'une vocation.*

Woody Allen, cinéaste, comédien, auteur, scénariste. Son prochain film, *L'Homme irrationnel,* sort en France le 14 octobre 2015.

Letty Aronson, productrice, sœur de Woody Allen. Elle travaille avec lui sur tous ses films.

John Baxter, biographe de Woody Allen.

Richard Brody, critique de cinéma du *New Yorker.*

Extraits de sketchs de Woody Allen.

Extraits des films *Annie Hall, La Rose pourpre du Caire, Radio Days.*

Extraits de l'émission *Bouillon de culture.*

Sketch :

« Mesdames et Messieurs... Woody Allen !
– Merci... C'est ma troisième soirée ici. Depuis la dernière fois que je suis venu, il y a environ huit mois, pas mal de choses assez conséquentes se sont passées dans ma vie privée et j'ai pensé qu'on pouvait, ce soir, les passer en revue ensemble. »

Ça a commencé comme ça, ou plutôt c'est comme ça qu'il est apparu au public américain. C'était avant les films, et ça les annonçait, car c'était déjà l'histoire d'un petit roux en pantalon de velours et en chemise, pas doué pour emballer les filles, juif et en analyse. C'était les années soixante. Il faisait des stand-up, l'artiste seul sur scène enchaînait les gags dans une veine très à l'américaine. D'abord, les petites salles cultes de New York se sont gondolées de rire en l'écoutant. Bientôt, la même chose s'est produite dans d'autres grandes villes. Il eut même son nom en lettres lumineuses sur les frontons de Las Vegas. C'était les sixties, la révolution sexuelle, la psychanalyse, l'individualisme. On riait en mettant ses tripes sur la table. Le Moi, avec ses névroses, devenait roi et, lui, bientôt un personnage.

Ici – et peut-être même un peu avant, dans les rêves et les désillusions de ses aïeux – commence l'histoire des films de Woody Allen. Car son réservoir, c'est l'enfance.

Sketch :

« Mes parents ne voulaient pas de moi quand j'étais petit. Le nounours qu'ils avaient mis dans mon berceau était vivant ! Je viens d'une famille pauvre. Mon père travaillait à Coney Island. Il avait un petit stand de jeu de massacre sur la Promenade. Il s'agissait de renverser des bouteilles de lait avec une balle de base-ball. Je n'y ai pas joué une seule fois pendant toute mon enfance. Un jour, il y a eu un raz-de-marée à Coney Island. La Promenade a été totalement dévastée et il y a eu plus d'un million de dollars de dégâts avec toutes les maisons détruites et tout. Seules sont restées debout les bouteilles de lait. (RIRES) »

Va pour les bouteilles de lait, la tempête, les vagues et le vent de l'Atlantique pour dire d'où il vient. Ce n'est pas la vérité mais presque. Une tempête... Une histoire d'adultes passée au tamis de l'enfance. La tragédie adoucie par le temps. C'est comme ça qu'on écrit les histoires. Comme ça qu'on fait rire.

Seules sont restées les bouteilles de lait. C'est vrai. Aussi vrai que la comédie naît du drame... Elles n'étaient pas sur la promenade de Coney Island, ces bouteilles de lait, mais sur le marché crémier de Greenwich Street, pas loin de là, à Brooklyn. Derrière le stand, il y eut d'abord le grand-père, Isaac Königsberg. Avant cela, juif qui avait fui les pogroms de Russie à la fin du XIXe siècle, il était riche. Parti de rien, il avait fait fortune grâce aux négoces de café, comme dans un bon vieux rêve américain. Il avait même été propriétaire de nombreux cinémas de quartier. Puis une tempête lui avait effectivement tout pris : une tempête financière, le krach de 1929. Quand son petit-fils l'a connu, il recommençait à zéro, derrière son étal de Greenwich Street et dans son deux-pièces de Coney Island. Là, au bout du bout de New York, face à l'Océan, l'enfant s'échappait dès qu'il le pouvait avec ses copains...

Le marché crémier de Greenwich, c'est là aussi que ses parents se sont rencontrés. Martin rejoint son père pour l'aider, Nettea Cherie travaillait derrière la caisse de la buvette familiale et faisait les comptes. Elle était juive aussi, sa famille avait fui l'Autriche, et elle fut éblouie par le paradis et la fortune perdue des Königsberg. Est-ce de là que viendra la nostalgie maladive du fils ? Cette façon de laisser entendre qu'il s'est trompé d'époque ? De faire du cinéma une machine à remonter le temps ? En 1931, Nettea épousa Martin, fauché comme les blés. Quatre ans plus tard, le 1er décembre 1935, naissait Allan Stewart Königsberg. Prénom écossais loin des origines pour se fondre dans une société dominée par les Blancs protestants. Le patronyme, en revanche, sent la musique, les tourments et les fuites des juifs ashkénazes.

Ici – et peut-être même un peu avant, dans les rêves et les désillusions de ses aïeux – commence l'histoire des films de Woody Allen. Car son réservoir, c'est l'enfance. Bouillon de rêves et de ressentiments. Il lui fallut construire une solide voie imaginaire qui le sortirait de là. Cette même voie qu'emprunteront ses scénarios. Lesquels feront fréquemment des marches arrière, des flash-back vers l'enfance. *Annie Hall,* œuvre charnière, commence par sa mère consultant un docteur, un psy au sujet de son fils, Alvy, double cinématographique du cinéaste :

Scène du film Annie Hall *:*

« Il fait une dépression. Tout à coup, il ne peut plus rien faire !
– Pourquoi es-tu déprimé Alvy ?
– Dis-le au docteur Flicker ? C'est venu après une lecture...
– Tu as fait une lecture ?
– L'Univers est en expansion...
– L'Univers est en expansion ?
– Il faut voir que l'Univers, c'est tout. Alors, s'il est en

Woody Allen lors d'un stand-up sur la scène d'un night-club new-yorkais, 1965.

expansion, un beau jour, il va exploser et ce sera la fin de tout...
– Mais ça te regarde pas, ça ! Il en arrive à ne plus faire ses devoirs...
– Ben, à quoi bon...
– Mais qu'est-ce que l'Univers vient faire dans tes devoirs... Tu es ici à Brooklyn, qui n'est pas en expansion !
– Et Brooklyn ne sera pas en expansion pendant des milliards d'années... Alors, tu vois, ce qu'il faut, c'est en profiter, et tout son soûl pendant qu'on est là ! »

« Quelque chose a mal tourné », a réellement reconnu plus tard sa mère. Dès l'âge de cinq ans, le jeune Allan, pas encore Woody, était nerveux et mélancolique. « Elle me giflait tous les jours », dira-t-il à son tour en évoquant sa mère dans un documentaire. Ses parents ne savaient pas comment réagir face à cet enfant. Il refusait le cadre, l'école, cherchait des lignes de fuite, un autre monde et des pouvoirs pour y parvenir, des « superpouvoirs », rien que ça. Sa petite sœur, qui a aujourd'hui soixante-douze ans, Letty Aronson, se souvient très bien avoir été l'unique spectatrice des tours de magie de son frère :

« Il s'est toujours intéressé au spectacle. Il était, et est toujours, un très bon illusionniste, il fait des tours de cartes fantastiques. Quand on était jeunes, il m'emmenait le samedi dans une boutique qui n'existe probablement plus aujourd'hui, entre la 40e et 42e rue, le Circle Magic Shop. *Il s'y fournissait en accessoires pour ses tours de magie et, pendant la semaine, il s'entraînait sans cesse, et je lui faisais office de public. Il donnait des petits spectacles, il était tout gosse... »*

La magie, l'autre monde, ne pouvait être que Manhattan, qui brillait de mille feux de l'autre côté de la rivière. Le métro circulait depuis 1927. Il le prit pour la première fois avec son père, quand il avait six ans. Il fut ébloui par les enseignes lumineuses, les buildings hauts et magnifiques, la frénésie du trafic, les cinémas affichant les derniers films de Bogart, Clark Gable ou James Cagney. Son émerveillement d'alors se voit encore dans sa façon de filmer, de fantasmer Manhattan et les lieux qu'il aime :

« Pour moi, les gens qui vivaient à Manhattan passaient du Copacabana *au* Latin Quarter. *Ils descendaient écouter du jazz, puis remontaient à Harlem et s'installaient chez* Lindy's *jusqu'à quatre heures du matin. Ensuite, ils rentraient chez eux, prenaient des ascenseurs et rejoignaient leurs appartements. Pas des appartements comme le nôtre à Brooklyn, où on vivait à six dans quelques dizaines de mètres carrés. Non, des appartements immenses, souvent en duplex. Tout un monde extraordinaire qui me fascinait tellement que je ne m'en suis jamais totalement remis. »*

Les gratte-ciel lumineux de Manhattan... Et Brooklyn, qui comptait encore beaucoup de fermes, et des vaches dont le lait remplissait les bouteilles du grand-père... Martin devint serveur, puis gérant, au *Bowery Follies,* repaire du crime organisé dans le Lower East Side de Manhattan. Tout cela améliora nettement l'ordinaire à la maison. C'est là qu'il se lia à quelques gangsters qui avaient toujours quelques petits boulots à lui proposer.

Quand vint l'âge d'aller seul à l'école, le jeune Allan prenait toutes les rues possibles pour retarder le moment de passer la porte. Il n'était pas du tout le petit bigleux féru de lecture, que pourrait laisser croire Woody Allen abusant des références d'intello. Il ne portait pas de lunettes. On l'appelait « le roux » en ricanant. Il détestait les apprentissages par cœur, les livres, les récitations. Plus le cadre était serré, plus il en sortait à coups de provocation. Ses parents étaient sans cesse convoqués par le directeur, comme le rappelait sa sœur :

« Il était tout le temps difficile, un gamin super-actif et, quand il a commencé à l'école, ça a été encore plus difficile car il n'avait jamais envie d'y aller. On lui avait fait passer des tests et ils avaient recommandé de l'inscrire dans une école pour surdoués, mais comme c'était à Manhattan, que nos parents pensaient qu'il était trop jeune pour faire le trajet seul et qu'ils ne voulaient pas déménager, il n'y est pas allé… Woody est très autodidacte, il n'a jamais terminé ses études, il s'est fait renvoyer de l'École de cinéma de l'université de New York, puis il a pris des cours dans une école… Il n'a jamais admis qu'on puisse lui apprendre quoi que ce soit, il fallait qu'il se débrouille tout seul et il était très déterminé dès son plus jeune âge… »

Mais il n'était pas un de ces surdoués dans sa bulle. Il rêvait comme les autres de performances sportives et de conquérir les filles. Il se voyait bien champion de basket ou de baseball. Il lisait les bandes dessinées et les super-héros. Il passait beaucoup de temps avec sa cousine Rita, qui avait tapissé sa chambre des photos de vedettes hollywoodiennes découpées dans la revue *Modern Screen*. À sept ans, il connaissait un nombre infini de noms d'acteurs, ainsi que leur visage. Mais pour ce qui est des filles, comme du sport, il se heurtait à son corps fluet. Les autres grandissaient, prenaient des muscles et du poil, mais pas lui, en tout cas pas assez. De cela aussi, il fallait apprendre à rire.

Sketch :

« À l'époque, je m'identifiais à Superman. Je pensais que Superman et moi, on se ressemblait beaucoup. En guise de cape, je mettais la plus belle nappe de mes parents, souvenir d'un hôtel. Je me l'attachais autour du cou et la laissais pendre dans mon dos. Je prends le métro, j'arrive à la station de Brooklyn, je regarde sur le quai et j'aperçois alors Hermina Jaffe en train de se faire molester. J'adore Hermina Jaffe. C'était la gamine la plus turbulente de l'école. Elle n'avait que cinq ans, mais c'était déjà une tueuse absolue. Et elle était super-sexy (…) Donc, le train s'arrête à la station, je m'apprête à descendre, les portes s'ouvrent, je jette ma cape en arrière et, franchement, on aurait vraiment dit Superman. Je devais avoir fière allure. Et là, je vois que le type qui l'importune n'est autre que Guy de Maupassant Rabinowitz. C'était le pire gamin du quartier. Pour la réélection de Roosevelt, au début des années quarante, ses parents avaient voté Hitler ! Je m'avance aussitôt et lui dis : "Bas les pattes, Guy de…" Enfin… comme aurait fait Superman, quoi ! Il me répond : "Casse-toi, miro !" Je n'ai pas une très bonne vue et suis assez susceptible de ce côté-là. Quand je fais des tests de vision, c'est mon ophtalmo qui lit et qui me demande si c'est ça ou pas… Les portes du métro se sont refermées sur ma cape, et le train a démarré. Je suis resté pendu par le cou jusqu'à la station suivante… Je ne sais pas si vous connaissez le métro de New York, mais il est beaucoup plus sûr de voyager à l'extérieur ! (RIRES) »

Annie Hall, 1977.

Quand vient le cinéma, il règle aussi leur compte à tous ceux de la classe, où il n'avait pas beaucoup d'amis. Dans son film *Annie Hall*, son personnage Alvy Singer, alias Woody Allen, adulte, revisite son école :

Scène du film Annie Hall *:*

« Mon psy dit que j'exagère mes souvenirs d'enfance, mais j'ai eu un foyer des plus douillets, sous les montagnes russes de Coney Island, à Brooklyn… Je ne dis pas que ça n'a pas joué sur ma personnalité, je suis un peu nerveux, c'est vrai, mais je suis un hyper-imaginatif… J'ai des problèmes pour faire la différence entre fiction et réalité… J'avoue que je me suis toujours senti entouré de petits crétins, Melvyn Greenglass avec ses grosses joues…

Henrietta Farrell, alias « Miss bien sous tous rapports » et Ivan Ackermann, toujours à côté de la plaque... Même à l'époque, je savais que c'était des glands ! Dès 1942, moi, j'avais déjà découvert la femme... Je me demande souvent ce que sont devenus mes copains... J'ai peut-être perdu la trace de tous mes condisciples, mais moi, j'ai fini dans la variété ! »

Le cinéma va lui permettre de cracher à la figure de toute sa classe... D'ici là, il fallut finir l'enfance. Faire sa barmitsva à treize ans. La famille était pratiquante, surtout du côté de sa mère. La veille de la cérémonie, il avait regardé un film, *Canon City,* une histoire d'évasion d'une prison du Colorado. S'évader, tout son programme... Le jour même, à la fête qui a suivi la cérémonie, il fit comme Al Jolson, populaire acteur et chanteur du music-hall qui se grimait pour avoir l'air d'un Noir, il arriva lui aussi le visage entièrement noir, façon music-hall.

Il fallut ensuite traverser l'adolescence, séduire les filles. Il était solitaire, avec deux ou trois bons copains, comme Mickey Rose qui deviendra le coscénariste de ses premiers films. Ensemble, ils s'en allaient faire des virées à Manhattan, y passaient la journée, séchaient les cours, écumaient les dancings de Time square, les tripots et parfois les spectacles X, mais, surtout, ils allaient au cinéma. Il descendait souvent à la 42e rue. Au *Laffmore,* qui ne passait que des comédies, où il vit tous les Chaplin, Laurel et Hardy, les Marx Brothers. Au *Globe,* les westerns, dont il était pourtant moins fan que son père. Un peu plus loin, dans les grandes salles, le *Paramount,* le *Capitole* et *le Roxy,* les films pouvaient être précédés d'un spectacle. Un jour, sur la scène devant l'écran, en guise d'introduction au film, un orchestre a surgi de la fosse, c'était celui de Duke Ellington, qui jouait *Take the A train.*

Dans la salle de cinéma, comment ne pas comprendre ce qu'il ressentait alors quand venait le générique de fin. La magie... Le retour à la froide lumière du jour était violent. Et repasser de l'autre côté, à Brooklyn, c'était comme s'arracher du paradis. La magie, elle, lui avait un temps offert l'illusion de contourner le réel, et aussi de quoi remplir sa solitude. Il s'enfermait des heures dans sa chambre à préparer des tours. Il avait tout tenté, même essayé de prévoir l'issue des matches, même auditionné pour participer aux émissions pour enfants du *Clown Magic* sur NBC, mais on avait trouvé ses tours trop compliqués. Il avait pressé ses parents, sa mère traîna un agent à la maison, mais il fit un bide. Un ami de la famille suggéra alors qu'il se produise sur l'une de ses petites scènes d'un hôtel de la Bortsch Belt, lieu de villégiature des familles juives sur les hauteurs de New York... Un échec encore. Mais la magie ne le quittera jamais, elle s'invitera bien des fois dans ses films, du *Complot d'Œdipe* à *Scoop,* en passant par *Alice, Le Sortilège du scorpion de jade, Magic in the Moonlight,* ou *Radios Days* dans lequel il rêvait de s'acheter l'anneau magique de son super-héros...

Quand vient le cinéma, il règle aussi leur compte à tous ceux de la classe, où il n'avait pas beaucoup d'amis.

Woody Allen (archive INA) :

« La magie est très souvent présente dans mes films. Quand j'étais jeune, j'étais magicien. Et j'avais lu beaucoup de livres au sujet de l'hypnose, par exemple. Je peux faire des tours, avec des cartes et de l'argent... Au fond, la meilleure idée, c'est le hasard. Il faut du hasard dans la vie amoureuse et la vie, en général. C'est très important. Et la magie, c'est la même chose que le hasard. »

Le cinéma ? C'était le plus fou des rêves. Son premier film sur grand écran fut *Blanche-Neige.* Un choc. Il avait trois ans. Quand les personnages s'animèrent, sa mère dut le retenir, il courait vers l'écran, il voulait rencontrer les

WOODY ALLEN

Cinquante ans qu'il tourne, à raison d'un film par an. Réalisateur, acteur, un des plus grands comiques américains contemporains, musicien clarinettiste de jazz, auteur de nouvelles et de pièces de théâtre comme *Play it Again, Sam* adaptée au cinéma sous le titre *Tombe les filles et tais-toi* (1972), où il tiendra le rôle principal, celui d'un mordu de cinéma poursuivi par le fantôme de son idole Humphrey Bogart auquel il s'identifiait enfant... Woody Allen, né en 1935 à Brooklyn, fête cette année ses quatre-vingts ans et la sortie de son 49e film : *Un homme irrationnel.* Lui, un homme-cinéma, une vie dédiée au 7e art et une œuvre large comme le grand écran : de ses premiers films, comédies loufoques réalisées après ses premiers sketchs et stand-up – *Prends l'oseille et tire-toi !* (1969), *Bananas* (1971), *Tout ce que vous avez toujours voulu savoir sur le sexe sans jamais oser le demander* (1972) –, à ses comédies plus sophistiquées – *Annie Hall* (1977) récompensé par 4 oscars, *Manhattan* (1978), *Stardust Memories* (1980), *La Rose pourpre du Caire* (1985), *Radio Days* (1987), *Hannah et ses sœurs* (1986) –, en passant par des drames à la Bergman comme *Intérieurs* (1978), jusqu'à ses films plus récents qui font référence à des maîtres – *Ombres et Brouillard* (1992) à Federico Fellini, *Escrocs mais pas trop* (2000) à Raoul Walsh, *Accords et Désaccords* (1999) à Django Reinhardt –, sa trilogie londonienne – *Match Point* (2005), *Scoop* (2006), *Le Rêve de Cassandre* (2007) – et ses autres films tournés en dehors de New York, comme *Vicky Cristina Barcelona* (2008) et *Midnight in Paris* (2011), son plus grand succès...

sept nains, la reine, Blanche-Neige... On lui expliqua que ce n'était pas possible, que ces gens-là n'existaient pas, qu'on les avait inventés, puis dessinés. Aujourd'hui, les enfants de trois ans le savent-ils déjà ? La télévision n'existait pas encore. Les cinémas pullulaient dans le quartier. Comme des temples magiques. Plus tard, au coin de l'avenue où se tenait le *Midwood Cinema,* qui avait naguère appartenu au

Joe et sa famille dans *Radio Days,* 1987.

grand-père, il comprit. Dans la petite ruelle juste derrière, il fouilla les poubelles, y trouva quelques vieilles bobines de 35 mm, il regarda le morceau de celluloïd à la lumière, et y reconnut immédiatement le comique Phil Silvers et la bombe brésilienne d'alors, Carmen Miranda. C'était la copie endommagée d'un vieux film de 1944, *Four Jills in a Jeep.* Ce bout de film entre les mains, il comprit qu'un film, ça se fabriquait, ce n'était pas qu'un enchantement. Et quand il en fabriquerait, il aurait sa revanche, il irait au pays de Blanche-Neige, il dirait à la méchante reine comme elle est belle et lui fait envie, comme dans *Annie Hall.* Le petit Woody s'est fondu dans le dessin animé. Magie du cinéma qui répare les impossibilités de l'enfance.

Il avait compris qu'on peut faire rire avec ses échecs. Et donc, séduire.

Et il y avait cette boîte magique qu'on avait à la maison, la radio, qui diffusait une musique douce et divine, ce jazz des orchestres de Harry James, de Tommy Dorsey, ou ces airs de la Nouvelle-Orléans, musique qu'il aimera et jouera toute sa vie ; radio qui faisait aussi entendre les spectacles fastueux de Manhattan, des jeux, des voix au chevet du monde qui donnaient de terribles nouvelles, mais d'autres qui faisaient rire tout le monde. Parmi celles-là, il y avait ce Bob Hope que Woody Allen mentionne souvent dans ses films. Il avait compris qu'on peut faire rire avec ses échecs. Et donc, séduire. C'était au *Kent,* cinéma de son quartier qui programmait beaucoup de reprises, où sa mère l'emmena voir un vieux succès, *Road to Morocco (En route vers le Maroc),* avec Bob Hope et Bing Crosby. « À partir de ce moment, je sus exactement ce que je voulais faire de ma vie », a-t-il dit plus tard. Il écoutait Bob Hope à la radio, puis le regardait à la télévision. Les voix avaient changé de boîte, elles étaient passées des ondes à la lucarne, elles avaient un visage désormais, avec des nouveaux comiques, comme Sid Caesar, tout un monde qui étendait son influence et son emprise dans les foyers américains. Richard Brody, critique de cinéma du *New Yorker,* s'en souvient :

« Woody Allen en a bien sûr fait un film : Radio Days, à propos de son enfance, quand tous les médias qu'on avait, à part le cinéma, c'était la radio. Le cinéma, c'était pour sortir, et la radio pour rester chez soi en famille...
À l'époque, on ne comprenait pas que la télé pouvait être subtile aussi, on explosait dans les salles de séjour des familles et Woody Allen a écrit des choses absolument extravagantes pour ces émissions-là... »

C'est en 1952 que naît Woody Allen, dans la tête d'Allan Königsberg. Il a dix-sept ans. Il décide de devenir auteur de sketchs. Il envoie des blagues et des bons mots aux échotiers de plusieurs quotidiens new-yorkais. Et il signe d'un nouveau nom, Woody Allen. Allan, son prénom, était donc devenu Allen, son nom de famille. Königsberg, tout droit sorti des *shtetl,* avait disparu. Il faisait comme tant d'artistes qui avaient effacé leurs origines et leur patronyme imprononçable pour se fondre dans le show-business. Mais il n'oublierait jamais de mentionner qu'il est juif. Woody, il trouvait ça léger. Il aimait bien. Certains y ont vu un hommage au clarinettiste de jazz Woody Herman, mais il a démenti. De vieux amis à lui ont raconté à ses biographes que Woody, c'était le nom du chien de Nancy Kreissman, une fille de l'école dont il était éperdument amoureux, mais qu'il était trop timide pour approcher. C'est peut-être aussi tout simplement l'envers de Heywood, un prénom qu'il utilisait à l'école, quand il se cherchait désespérément un moyen d'être quelqu'un d'autre.

Sketch :

« J'étais un gosse sensible. Un peu poète aussi. Il y avait des durs dans ma classe. Il y en avait un qui s'appelait Floyd.

Genre blouson de cuir noir clouté, santiags, acné, et tout et tout… Floyd était toujours assis au fond de la classe, une vraie mentalité de légume. On est devenus amis des années plus tard, quand je lui ai extrait une écharde qu'il s'était rentrée dans la patte. Un jour, j'étais en route pour me rendre à mon cours de violon… Eh oui, j'étais ce genre-là… Et donc, je marchais dans la rue et je passe à côté de la salle de billard. Floyd et ses copains étaient en train de piquer les enjoliveurs des voitures. Quand il m'aperçoit, Floyd m'interpelle : "Hé, rouquin !" Comme j'étais aussi un gosse très audacieux, je pose mon violon… Je m'avance vers lui, et je lui dis très calmement : "Écoute bien, mon nom n'est pas 'Rouquin' ! Quand tu as besoin de moi, appelle-moi par mon vrai nom : 'MONSIEUR Heywood Allen'…" J'ai passé tout l'hiver dans une chaise roulante. (RIRES) »

Woody serait sa revanche. Il était encore au lycée quand il écrivit aux journaux, et les résultats ne se firent pas attendre. Il reconnut l'une de ses blagues dans le *New York Daily Mirror*, mais sans son nom et, évidemment, sans être payé. Il s'obstina, envoya d'autres bons mots. Il s'était créé un double quelques mois plus tôt et il existait déjà dans le journal par le pouvoir des blagues. Derrière le jeune comique Woody Allen, se cachait le très timide et déterminé Allan Königsberg qui en avait marre de se faire jeter par les filles, de se faire appeler « rouquin », de ne mesurer qu'un mètre soixante-cinq, mais qui savait aussi que Charlie Chaplin n'était pas l'empoté Charlot et Bob Hope le nul qu'il faisait croire, qu'il suffisait d'enclencher le moteur du rire pour y broyer ses échecs, et grandir dans le regard des autres. Il inonda les journaux de nouvelles blagues, s'enfermait dans sa chambre pour les écrire, comme, naguère, il s'isolait pour préparer des tours de magie. L'écriture, c'est une magie, une nouvelle naissance. Une façon de se remettre au monde, de s'y trouver une place. Et le rire, c'est la réponse de l'autre, enfin séduit. Ses blagues furent publiées dans les chroniques d'Earl Wilson, qui les reprenait à son compte ou les attribuait à d'autres.

Woody Allen et Allan Königsberg… Le processus de dédoublement est lancé. La clé de sa vie, et de ses futurs films.

Un jour, David Alber, un agent, cherchait un de ces comiques de l'ombre pour rejoindre son équipe. Wilson donna le numéro d'Allen. Le téléphone sonna dans le salon de ses parents, et le rendez-vous fut pris. Et quelques semaines plus tard, en sortant de l'école, Woody Allen prenait le métro, quittait Brooklyn par le Manhattan Bridge, sortait à l'angle de la Cinquième Avenue et de la 60e rue, passait devant le fameux *Copacabana* et rejoignait les bureaux de l'agence Alber. Et chaque jour, il fit ainsi. Il apportait une cinquantaine de blagues, qu'on mettrait dans la bouche de différents clients pour leur donner l'air futé. Il était payé 20 dollars la semaine. Allan Königsberg entra à l'université sous la pression de ses parents qui rêvaient pour lui d'un vrai travail. Il s'inscrivit en communication et cinéma, mais le doyen lui aurait dit : « Vous n'êtes pas fait pour les études supérieures. Je crois que vous devriez voir un psychiatre car vous aurez du mal à trouver un emploi. » Allan lui fit remarquer qu'il travaillait déjà dans le show-business. « Ah, si vous êtes au milieu d'autres fous, vous réussirez peut-être à ne pas vous faire remarquer », avait répondu le doyen !

Allan Königsberg abandonna la fac. Pour rassurer sa mère, il s'inscrivit à un cours de cinéma. Même fiasco. Il était allergique à tout cadre d'enseignement. Woody Allen continuait de travailler chez l'agent Alber. Il gagnait maintenant 40 dollars par semaine. Il écrivait aussi pour plusieurs animateurs de radio, et il est bientôt appelé par la télévision, nouvelle boîte magique, dont l'emprise augmente sur les foules. Il va entrer dans

Entre écran et réalité, l'idylle de Cecilia (Mia Farrow) avec l'archéologue aventurier de *La Rose pourpre du Caire*, 1985.

© Orion / Kobal / Aurimages

le propulseur de tous les succès. Woody Allen et Allan Königsberg… Le processus de dédoublement est lancé. La clé de sa vie, et de ses futurs films. Devenu vraiment célèbre, Woody Allen ira même à l'état civil pour faire de son nom de scène, son unique nom. Et son enfance deviendra *Radio Days,* le plus autobiographique de tous ses films, sorti quand Woody Allen avait cinquante ans. D'entrée, au début du film, il prévient :

Extrait du film Radio Days *:*

« Tout ça n'existe plus, il ne reste que les souvenirs. Excusez-moi si je romance le passé, mais je me le rappelle comme ça. Nous sommes à Rockaway, à l'époque de mon enfance. C'est mon quartier. À cette époque, on écoutait tout le temps la radio chez nous… »

On y retrouve la maison pleine des tantes et leurs maris, les baffes, les rabbins, l'argent qui manque, le père et ses petits boulots, les cris de la mère, Manhattan qui brille de mille feux, la plage de Coney Island où il s'évade, la naissance de la petite sœur, et la radio qui diffuse de quoi rêver et qui fonctionne même les jours de shabbat chez le voisin communiste…

« Je ne me suis jamais autant identifié avec un personnage de mes films qu'avec celui de Cecilia, dans *La Rose pourpre du Caire.* »

Extrait du film Radio Days *:*

« Mamie, ça la rend folle la radio des voisins.
– Je comprends plus rien, je croyais qu'on avait le droit de l'allumer !
– Non, non, pendant vingt-quatre heures, on ne peut plus rien faire du tout, même pas allumer un bouton. On reste assis, on jeûne et on prie afin d'expier nos péchés…
– Et pourquoi ils le font pas, eux ?
– Ils s'en fichent pas mal, ce sont des communistes !
– Va leur parler !
– Tu veux que j'aille leur parler ? Remarque, je leur mettrai bien le feu à la baraque, mais j'ai pas le droit de toucher aux allumettes aujourd'hui !
– C'est abominable, ils sont juifs, mais ils ne croient pas en Dieu ! »

C'est son enfance, et ce n'est pas elle. C'est plus léger, charmant, plus tendre que ça n'a dû l'être. Woody Allen, c'est une petite entreprise de magie, une petite industrie de falsification, de recoloration de la vie. Son biographe John Baxter sait bien comment ça marche avec lui :

« Radio Days *a été écrit pour paraître biographique, comme si c'était l'histoire vraie de la vie de Woody Allen. Il y a, bien sûr, ce personnage de petit garçon roux avec lequel il semble ne faire qu'un… S'il a transposé le cadre à Rockaway, c'est parce qu'il y a la mer, et il y a cette maison familiale au milieu des montagnes russes, tout cela est imaginaire… Mais certains détails sont réels, comme sa cousine… L'image présentée dans* Radio Days *est, en fait, une bande dessinée de l'enfance de Woody Allen, et son histoire, c'est bien sûr celle de sa vie imaginaire, la vie qu'il s'est créée… »*

Dans *Radio Days,* plusieurs fois la question est posée par les personnages qui regardent vers Manhattan : « Nous sommes pauvres mais heureux. Sont-ils plus heureux que nous ? » Les questions sont profondes, mais sans réponse. Woody Allen ne prétend pas écrire une fable sociale ou morale, il n'est pas l'adulte revenant sur ses pas pour comprendre ce qui s'est passé, et qui étaient les siens. C'est sa mémoire partielle et partiale d'enfant qui lui dicte le film. On ne le changera pas le monde, il faut s'en arranger, améliorer l'ordinaire, le contourner, le filtrer au maximum, et au bout du compte en rire.

En 1995, invité de l'émission *Bouillon de Culture* de Bernard Pivot, Woody Allen mettait en mots ce qu'il ressentait gamin, et qui a guidé toute sa vie :

« Je crois que la vie réelle n'est pas la chose la plus sensationnelle. Les gens vieillissent, la mort, la maladie, les chagrins… Mais le cinéma, c'est formidable. Au cinéma, vous ne voyez que des personnes raffinées, des héros, de belles femmes, de beaux décors. Je préférerais de loin exister au cinéma que dans la vie réelle. C'était le thème de La Rose pourpre du Caire*. Lorsque Mia Farrow devait choisir entre le rêve et la réalité, elle a fait le choix de la réalité et ça l'a complètement brisée… »*

Extrait de La Rose pourpre du Caire *:*

« Mon Dieu, vous devez adorer ce film !
– Moi ?
– Vous êtes là depuis ce matin et je vous ai déjà vue deux fois. C'est la cinquième fois que vous le voyez ! Je dois vous parler…
– Mon vieux, tu es du mauvais côté de l'écran !
– Tom, reviens ! On est au milieu de l'histoire !
– Je fais un tour, continuez… Qui êtes-vous ?
– Cecilia…
– Allons parler ailleurs…
– Mais vous êtes dans le film !
– Faux, je suis libre ! Après deux mille représentations monotones, me voici libre ! »

Dans *La Rose pourpre du Caire,* les séquences où Mia Farrow, dans la salle de cinéma, tombe amoureuse de l'acteur et, réciproquement, jusqu'à ce qu'il sorte de l'écran, ont été tournées au *Kent,* sur Coney Island Avenue,

Photo Sabrina Lantos © 2015 Gravier Productions, Inc.

Avec Joaquin Phoenix sur le plateau de son prochain film *L'Homme irrationnel,* 2015.

un vieux cinéma qui survit dans le quartier où Woody Allen a grandi, là où il a compris qu'il devait écrire des sketchs et que l'humour le sauverait... C'est là, dans la salle numéro 2, qu'il avait installé Mia Farrow (Cecilia) dans son siège, là que l'acteur la reconnaît et sort de l'écran. C'était son tribut au quartier de son enfance... Il tourne, et tourne toujours, autour du point de départ, y revient sans cesse. Il n'y a jamais d'autres enfants que lui, qui comptent dans ses films. Ce n'est qu'un ballet d'adultes dans la tourmente, dans ses consolations éternelles, la magie, le jazz, les lumières de Manhattan. Et le gamin aux commandes, qui fait du cinéma.

Archive de Bouillon de culture *:*

Bernard Pivot : « Woody Allen, quand vous étiez enfant, adolescent, vous alliez voir tant de films. Est-ce que vous auriez préféré qu'un acteur sorte de l'écran, vienne prendre le petit Woody Allen et parte avec lui, ou est-ce que vous auriez préféré qu'un acteur sorte de l'écran et vous emmène dans le film ? »

Woody Allen : « Qu'il m'emmène dans le film ! Parce que je ne me suis jamais autant identifié avec un personnage de mes films qu'avec celui de Cecilia, dans La Rose pourpre du Caire. *Quand j'étais jeune, adolescent, tout ce que je voulais, c'était un téléphone blanc, un penthouse avec un piano, je voulais qu'on m'emmène dans ces boîtes de nuit où il y a des chanteurs, des acteurs... »*

Il l'aura son penthouse avec téléphone blanc. Il l'aura vite, aussitôt après son premier film, *Prends l'oseille et tire-toi !,* histoire d'un pied nickelé de la cambriole qu'il interprète et qui s'appelait Woody Allen dans la première version du script... En 1970, à trente-cinq ans, il est donc exaucé, le petit juif de Brooklyn, dans un penthouse façon Bogart. Il a changé de nom, forcé les serrures à coups de blagues, les serrures des journaux, de la radio, de la télévision et, enfin, du cinéma. Et ainsi, progressivement, il a largué le quartier Flatbush, Brooklyn, pour Manhattan... Woody Allen est devenu un de ces personnages dont on connaît les habitudes. Il savait, lui, quand il était môme, que les grands noms du spectacle, du sport, du banditisme aussi, dînaient au *Lindy's,* c'était tout près de la 52e rue, tout près des clubs de jazz, tout près du magasin de magie, le *Circle Magic Shop* où il traînait sa petite sœur... Aujourd'hui, tout le monde sait que le lundi soir, il joue de la clarinette au *Carlyle,* la musique qui le faisait rêver gamin... L'enfant qui rêvait de cinéma est entré dans l'écran.

Les autres émissions de « Woody Allen stories » :
Épisode 2 : « Manhattan ou le cordon ombilical »
Épisode 3 : « Les femmes, son miroir »
Épisode 4 : « Tourner, sans jamais s'arrêter »
Épisode 5 : « Les rêves d'un vieil homme »

Andy Warhol sur l'escalier de secours de la Silver Factory, 47th street Factory, New York, 1965.

© Bob Adelman

Alain Cueff, historien de l'art, commissaire de la rétrospective Andy Warhol organisée au Grand Palais en 2009, et auteur de *Warhol à son image*, Flammarion, 2009.

Cécile Guilbert, essayiste, écrivain, auteur de *Warhol Spirit*, Grasset, 2008.

Michel Bulteau, poète, écrivain, auteur de *La Reine du pop* (2001) et de *Andy Warhol, le désir d'être peintre* (2009), publiés aux Éditions de la Différence. Il a fréquenté Warhol de 1976 à 1978.

Thomas Lélu, plasticien, écrivain.

Mériam Korichi, écrivain et metteur en scène, auteur d'une biographie d'Andy Warhol publiée en 2009 chez Folio Gallimard.

Avec des extraits du *Journal* d'Andy Warhol et de son livre *Ma philosophie de A à B et vice versa.*

ANDY WARHOL, LE PAPE DU POP ART

UNE VIE, UNE ŒUVRE
Diffusé le 14/04/2012
Production : **Virginie Bloch-Lainé**
Réalisation : **Pascale Rayet**

Dans les années 1950, aux États-Unis, Andrew Warhola devient Andy Warhol. Que sait-on vraiment encore aujourd'hui de cet artiste dissimulé derrière de grosses lunettes et une perruque blanche pour « ne pas avoir des problèmes de jeune » ? Le mystère Warhol se nourrit de contradictions, de provocations et de prophéties. Décryptage inédit en compagnie de plusieurs de ses proches et biographes, alors que, cet automne, le Centre Pompidou-Metz et le musée d'Art moderne de la Ville de Paris lui rendent hommage.

Virginie Bloch-Lainé : Andy Warhol a grandi dans une famille originaire d'Europe centrale, arrivée de Galicie au début du XXe siècle. Quelle était l'atmosphère dans cette famille chrétienne pratiquante ?

Alain Cueff : C'était une famille grecque qui suivait le rituel orthodoxe, avec un respect des règles religieuses assez strictes, en particulier le dimanche, jour du Seigneur dédié à la prière et au recueillement. Après le décès de son mari, la mère de Warhol a pris soin de cet enfant un peu maladif, l'a incité à dessiner et à perpétuer ce rapport à la religion, à la sainteté, dans un contexte social difficile, car la famille de Warhol comme les exilés vivaient dans une sorte de ghetto.

V. B.-L. : C'était un enfant maladif ?

A. C. : C'était un enfant fragile, sujet à des troubles nerveux – en particulier après la mort de son père –, comme la danse de Saint-Guy, autre nom de la chorée de Sydenham. La défense qu'il a adoptée par la suite, cette sorte de froideur, d'indifférence, cette façon de tenir les gens à distance, trouve son origine dans ce traumatisme vécu dans l'enfance.

Cécile Guilbert : Petit, il est toujours malade, il a des boutons, il est dépigmenté, il est malingre, chétif, tout pâlot, et il comprend très vite qu'il a un physique ingrat. Dès l'enfance, il est très complexé. Très intelligemment, il comprend qu'en vieillissant, cela s'accentuera, et il décide très tôt de porter cette perruque, un peu blanchâtre et un peu blondasse, dont la couleur variera au fil du temps. Sur le plan vestimentaire, il trouve rapidement une sorte d'uniforme : un jean, une paire de bottes, une veste en cuir, un col roulé noir. Vers la fin de sa vie, il sera très obsédé par sa peau, ses boutons, et se maquillera. Mais il a surtout compris qu'il valait mieux se vêtir de ce qui vous va, trouver un look identifiable pour surtout ne plus y penser, adopter une sorte de sobriété élégante.

V. B.-L. : Sa mère lui donnait des sucreries quand il travaillait bien...

A. C. : Comme toutes les mères poules, elle a eu tendance à en faire sa chose, à le choyer un peu trop. Dans ce milieu pauvre, c'est ça qui est aussi assez touchant, elle lui a donné le goût du luxe, d'une autre vie possible. Le cinéma qui fait ses premiers pas dans les années 1930 et 1940 le fascine, non seulement comme un nouveau mode de représentation fictionnelle mais aussi comme le miroir d'un monde auquel il n'a pas encore accès et dans lequel naturellement il a tendance à se projeter.

V. B.-L. : En 1950, Andy Warhol quitte Pittsburgh pour New York. Pour quoi faire ?

C. G. : Il vient à New York pour travailler dans des magazines en tant qu'illustrateur publicitaire, il devient un « artiste commercial », selon l'appellation qu'on leur donnait alors. Il réalisera aussi des vitrines de grands magasins. À l'époque, il a un trait très élégant, très maniéré, parfois un peu mièvre, car il était influencé par Cocteau. Peu à peu, il souhaite devenir « artiste artiste », entrer dans la cour des grands que représentent les galeries d'art, et il bâtira toute une stratégie pour y parvenir.

A. C. : Deux motivations l'amènent à travailler pour la publicité : gagner sa vie aussi bien que possible, et prendre le temps d'observer les conditions dans lesquelles on peut devenir un artiste à New York dans les années 1950. Ce que l'on peut lire dans *Popisme*, ses Mémoires des années 1960, c'est une attention constante à tous les phénomènes d'avant-garde underground de l'époque, une fréquentation assidue des théâtres, des expositions, des scènes de rock, une plongée dans la culture new-yorkaise en formation qu'il est d'autant plus en mesure de comprendre qu'il n'en fait pas encore partie professionnellement. C'est là qu'il est d'une intelligence remarquable : il trouve le moyen de se préserver, de constituer un trésor de guerre financier qui lui permet une indépendance totale, une certaine opulence, mais de regarder aussi ce qui se passe et comment ça se passe. Il l'écrit lui-même dans *Popisme*, il est aux aguets, à l'affût de la prochaine brèche dans laquelle il pourra s'engouffrer. C'est ça Warhol aussi, une façon de synthétiser les différentes manifestations culturelles dans toute leur latitude, leur dimension commerciale et populaire mais aussi celle plus élitiste, car il s'agit d'une culture underground qui se développe dans un quartier pauvre et déshérité de New York. Dès les années 1950, il réalise cette synthèse entre le bas et le haut, il crée des croisements à partir desquels il va concevoir une œuvre dans les pas de ce mouvement qui s'appellera le pop art, né d'une curieuse convergence d'intérêts de la part d'un certain nombre d'artistes au même moment...

SON COUP DE GÉNIE, SON COUP DE MAÎTRE, C'EST D'ENTRER DANS LE POP ART AVEC LA PEINTURE D'UNE BOUTEILLE DE COCA-COLA

Coca-Cola [3], 1962.

C. G. : Quand il arrive à New York, il veut approcher un certain nombre de célébrités, qui ne sont pas forcément des peintres, même s'il est très fasciné par Rauschenberg et Jasper Johns – dont il se sent proche aussi du fait de son homosexualité. Par exemple, il veut absolument rencontrer Truman Capote, alors au sommet de sa gloire. Il cherche à fréquenter Cecil Beaton qui le connaît, une espèce de commère mondaine qui a accès à la haute société. Ce qui fascine Warhol dans les années 1950, c'est le vieil argent des grandes familles. Il n'est pas encore dans le réseau social de la jet-set qui sera celui des années 1970, au moment où par un retournement de situation, Truman Capote ne brillera plus et s'accrochera aux basques d'Andy Warhol pour essayer de survivre, de surnager...

V. B.-L. : C'est une rencontre ratée. Andy Warhol écrit tous les jours des lettres à Truman Capote qui se sent harcelé et le traite par le mépris...

C. G. : Truman Capote est quelqu'un d'hyper-snob et pour lui, Warhol n'est rien à cette époque, juste un type qui, en plus, n'est pas très beau, pas très séduisant...

« Andy Warhol, à votre avis, qu'est-ce qui a fait du Coca-Cola ce qu'il est aujourd'hui ?
– C'est moi qui l'ai fait, j'en bois énormément, j'adore ça ! J'ai gardé toutes les bouteilles, les vieilles sont les plus belles. Ce que le Coca-Cola est, c'est qu'il ne coûte pas cher, des tas de gens différents peuvent boire du Coca-Cola, le Président peut en boire en regardant la télé, et moi je peux en faire autant au même moment, ou ma mère peut boire du Coca... »

V. B.-L. : Son coup de génie, son coup de maître, c'est d'entrer dans le pop art avec la peinture d'une bouteille de Coca-Cola, au début des années 1960.

C. G. : Un mouvement pop est en train de se développer qui a pris naissance dans les années 1950 en Angleterre. Il s'empare d'objets de consommation, d'une imagerie « pop », populaire, liée à la fois à ce qu'on trouve dans les publicités, les journaux, les magasins. Andy Warhol choisit la bouteille de Coca-Cola, il la reproduit sur une toile de façon manuelle, puis de façon mécanique.

A. C. : Il raconte cette célèbre anecdote dans *Popisme* : il fait venir un ami cinéaste, Emile de Antonio, il lui présente deux versions de la même bouteille de Coca-Cola, l'une avec un certain nombre de coulures, de traces qui donnent un aspect peint à ce tableau et l'autre, qu'il retiendra finalement, plus raide, plus dépouillée, sans aucune trace de manufacture. Antonio lui dit que cette version avec les traces de crayons, de coulures, c'est quelque chose qu'on a déjà vu, qui peut être assimilé à ce que Rauschenberg et Jasper Johns faisaient à la même époque. En revanche l'autre, dans sa brutalité, dans cette façon d'arriver et de se projeter vers le spectateur, de couper court à toute espèce de bruit artistique, de mettre en avant une image que tout le monde a vue des centaines de milliers de fois et de la mettre à une autre hauteur, change les conditions de la visibilité du tout au tout. On ne regarde plus les choses de la même façon... Il est ainsi capable d'identifier le produit qui est vraiment emblématique d'une société, qui a un impact sur l'imaginaire, comme il le dit aussi dans *Ma philosophie.* Rockefeller comme le clochard du coin consomment le même Coca-Cola qui a le même goût et la même apparence...

Thomas Lélu : Un des savoir-faire que Warhol a certainement acquis dans la communication, c'est de mettre en pratique des idées fortes de manière efficace. Il y a un sens de l'efficacité chez Warhol, et la sérigraphie est vraiment un outil hyper pratique pour cela.

V. B.-L. : Et la répétition, quel effet produit-elle ?

T. L. : Elle produit d'abord un effet de banalisation, et, comme en musique, la répétition rend la chose hypnotique, ce que l'on appelle la réitération évolutive chez Steve Reich ou Terry Riley par exemple. En reproduisant l'image, Warhol crée un effet hypnotique sur le sujet, qui est souvent quelque chose ou de banal ou de très dur au contraire, comme un accident de voiture. Mais c'est parfois aussi une star, qui est ainsi mise au même niveau qu'une voiture ou

« À L'AVENIR, CHACUN AURA DROIT À 15 MINUTES DE CÉLÉBRITÉ MONDIALE. »

L'auteur de cette fameuse phrase aura, lui, été célèbre mondialement près de quarante ans, jusqu'à sa mort en 1987, et plus encore, considéré toujours aujourd'hui comme un immense artiste... Andrew Warhola, né en 1928 à Pittsburgh, a tout juste 21 ans lorsqu'il arrive à New York en 1949, et il s'est déjà fixé un destin : devenir célèbre. Originaire d'une famille pauvre venue d'un village de l'actuelle Slovaquie, il va devenir un des artistes les plus chers au monde et incarner l'art américain du xxe siècle...

Diplômé des beaux-arts, dessinateur et illustrateur talentueux, il commence à New York une carrière dans la publicité. Créateur, également, de costumes de théâtre, il se choisit un look androgyne en portant une perruque platine et un nouveau nom : Andy Warhol. L'artiste se double d'un homme d'affaires et crée, en 1957, sa propre société pour gérer les commandes publicitaires. Ses premières toiles empruntent ses sujets à l'imagerie quotidienne : bandes dessinées (*Popeye,* 1961) ou étiquettes de produits de consommation courante (*Del Monte Peach Halves,* id.). Il leur donne un caractère sériel, qui devient sa spécificité d'artiste, comme ses bouteilles de Coca-Cola et les *Campbell's Soup Cans.* En 1962, il participe à l'exposition des « nouveaux réalistes » de New York, marquant la reconnaissance du pop art comme mouvement.

En tant qu'illustrateur, Warhol a déjà fait l'expérience de la sérigraphie, procédé qu'il reprend pour élaborer ainsi des séries, fondées sur des effets plastiques répétitifs, consacrées à des célébrités comme Liz Taylor, Marilyn Monroe, Jacqueline Kennedy, Elvis Presley, Mick Jagger, et il s'y inclut par l'autoportrait. Il utilise aussi la sérigraphie pour « revisiter » le mythe de la Joconde (*Mona Lisa,* 1963).

Icône des « people » de son temps et figure intempestive de la marginalité, baignant dans le milieu underground et VIP de l'époque, son studio-atelier créé dans une usine désaffectée, la « Factory », devient un des lieux « branchés » de la vie new-yorkaise. Le groupe de rock The Velvet Underground, dont il est le producteur et le mentor, s'y installe à ses débuts et Warhol y tourne plusieurs films expérimentaux. Toujours attiré par les emblèmes de la société américaine (série des *Dollar Sign,* 1981), il se joint en 1986 à Jean-Michel Basquiat pour contribuer au renouveau de la figuration expressionniste.

En 1995, le marchand d'art Irving Blum céda au MoMA de New York la série *Campbell's Soup Cans* pour 15 millions de dollars. Dans les années 1960, le collectionneur avait acheté à Andy Warhol cette série tout entière, pour un prix convenu de « 1 000 dollars payables en un an » et avait décidé de lui consacrer une exposition qui le lança véritablement. Depuis, la cote de l'artiste n'a cessé de grimper. En 2006, son portrait de Mao Zedong (1972) trouva acquéreur pour une somme de plus de 17 millions de dollars !

Peintre, sculpteur, photographe, cinéaste, créateur et directeur de magazine *(Interview),* producteur d'un groupe de rock, homme de télévision, romancier, Warhol aura été à l'avant-garde de tout, en déplaçant la scène artistique de Paris à New York, et en transformant profondément la notion d'art.

Warhol, à droite, avec son associé Gerard Malanga et des membres du Velvet Underground (John Cale à gauche, Nico au centre), New York, vers 1966.

que des fleurs… En les répétant, en les multipliant, c'est un peu comme s'il voulait les réactiver, les réveiller…

V. B.-L. : À partir des années 1960, jusqu'à la fin de sa vie en 1987, Andy Warhol fait des portraits. L'art du portrait était-il à la mode au début des années 1960 ?

T. L. : Non, et la grande contribution de Warhol, c'est d'avoir voulu représenter le monde dans ses expressions individuelles, de se rapprocher de l'énigme du visage. Le premier grand portrait, c'est celui de Marilyn Monroe. Il y en a eu d'autres avant, mais celui-là représente un moment clé car Warhol voit une grande intelligence dans ce visage plastiquement magnifique, séduisant. Warhol voit Marilyn comme ses fans n'avaient pas les moyens de la voir, comme pure apparence et comme être. Il décide de réaliser son portrait en apprenant la nouvelle de son suicide, et c'est pour moi quelque chose de très important car cela permet de faire un lien entre les portraits de Warhol et les icônes. Le portrait de Marilyn est une façon de la garder, de la prolonger, de la préserver, de la faire vivre, de la magnifier, de la projeter dans une autre dimension et aussi de la révéler. Ce portrait est presque primitif dans le sens où il y a un rapport magique et sacré à ce que Marilyn a été et à ce qu'elle va rester. L'image qui demeure de Marilyn est celle qu'en a donnée Andy Warhol car tous les artistes qui s'y sont intéressés ne sont pas parvenus à capter l'essence même de cet être mythique comme lui.

Michel Bulteau : Warhol a toujours été fasciné par la mort. Des images de crash, d'accidents d'avion, d'empoisonnements par le thon, d'émeutes raciales etc., il y en avait partout dans les journaux, mais il savait bien que s'il y avait un thème dont il fallait traiter dans l'art, c'était celui-là. Il n'allait pas nous refaire des squelettes comme les peintres de la Renaissance, il a regardé la mort présente partout dans l'actualité et il l'a traitée somptueusement. Au début, il a même peint à la main des couvertures de journaux, avant de passer à la sérigraphie.

V. B.-L. : En 1964, Andy Warhol ouvre la Factory, un atelier d'artiste mais aussi un studio de cinéma, un lieu de rencontres et de répétition puisqu'il devient le producteur du groupe de rock new-yorkais « The Velvet Underground », à partir de 1967.

« Dans les années qui suivirent ma décision d'être un solitaire, je devins de plus en plus populaire et j'eus de plus en plus d'amis. Professionnellement, je m'en tirais bien, j'avais mon propre studio et des gens qui travaillaient pour moi. Un arrangement commença à se dessiner peu à peu et ils commencèrent à vivre dans mon atelier de travail. Dans ce temps-là, tout était vague, flexible, des amis d'amis… J'avais déjà fait ma déclaration sur le pop art et j'avais

beaucoup de toiles à faire, je travaillais de 10 h à 22 h en général, puis je rentrais dormir chez moi et quand je revenais le lendemain matin, les gens que j'avais quittés la veille étaient toujours là. »

M.B : Ils avaient recouvert les sols de papier aluminium brillant, c'était un endroit où on pouvait faire des photos, des vidéos, des *shooting* de mode… Il y avait des prostituées, des clochards, des stars…

Mériam Korichi : Dans cette Factory, il y a une hybridation, une mixité. C'est un lieu de passage, un lieu de zone, de paresse, de travail, une sorte de squat artistique. Warhol s'est entouré de deux lieutenants, son assistant historique Gerard Malanga, poète que l'on dirait slameur aujourd'hui, et Billy Linich, plus connu sous le nom de Billy Name, qui est un marginal très sympathique, très toxico. Gerard Malanga va amener toute une jeunesse en train de se libérer, qu'on dirait aujourd'hui branchée, souvent fortunée, et qui va côtoyer là toute la faune freaks, des marginaux, des toxicos, des travestis, toute la faune nocturne du New York des années 1960. Il y a aussi des collectionneurs, des célébrités, toutes ces populations se croisent et se mélangent dans de grandes fêtes. Ce lieu agit comme un aimant à un moment où la jeunesse s'invente…

T. L. : La Factory est finalement une très belle représentation de lui-même : lui, c'est les autres. Moi, c'est un univers où tout le monde peut entrer et, en plus, je m'habille, je me déguise…

« Dans les années 60, tout le monde s'intéressait à tout le monde, la drogue y aidait. Tout le monde se retrouvait égal : les débutantes et les chauffeurs, les serveuses et les gouverneurs… Une de mes amies qui s'appelait Ingrid et qui venait du New Jersey a débarqué un jour avec un nouveau nom qui convenait particulièrement à sa nouvelle carrière mal définie dans le show-business, elle s'appela Ingrid Superstar… Dans les années 60, tout le monde s'intéressait à tout le monde et, dans les années 70, tout le monde s'est mis à laisser tomber tout le monde. Les années 60 étaient en pagaille, les années 70 sont très vides… »

Warhol avait très bien compris que regarder une toile, c'était la chose la plus difficile au monde

C. G. : Très vite, il a envie de faire du cinéma, la Factory devient un endroit où on tourne des films, énormément, en noir et blanc. Il fait une sorte de « contre-Hollywood » évidemment parodique, mais il ambitionne quand même un certain succès commercial. Mais cette production est trop underground, elle reste marginalisée même si elle est très importante pour les artistes new-yorkais de l'époque…

V. B.-L. : Quels sont ces films ?

C. G. : Les premiers sont relativement statiques. En 1963, par exemple, *Sleep* est un montage de séquences où l'on voit John Giorno dormant dans des positions du corps différentes. Ses premiers films sont plutôt muets, noirs et blancs. Il effectue une sorte de table rase de ce qu'a été le cinéma, il veut « apprendre aux gens à regarder, car finalement on ne regarde plus quoi que ce soit de nos jours »… Il filme *Empire* pendant huit heures, entre le crépuscule et l'aube, à l'Empire State Building, ou encore des gestes comme ceux de Henry Geldzahler fumant un cigare. Ensuite, il fait des films un peu plus scénarisés, où il met en scène toutes les superstars de la Factory, dans *Poor Little Rich Girl* avec Edie Sedgwick jusqu'à *Chelsea Girls*.

T. L. : Warhol a été le premier à élargir le cinéma underground, et on le lui a assez reproché. C'est certainement le seul peintre à avoir eu un groupe de musique légendaire comme le Velvet Underground qui a marqué l'histoire du rock'n'roll, ce qui n'a pas arrangé son image de peintre, vis-à-vis des marchands, des collectionneurs et vis-à-vis du public, qui n'y comprenaient rien. Warhol avait très bien compris que regarder une toile, c'était la chose la plus difficile au monde. Une fois qu'il avait raconté ça, il pouvait raconter ce qu'il voulait…

V. B.-L. : Le 3 juin 1968, Andy Warhol est victime d'une tentative d'assassinat : Valerie Solanas, militante féministe, lui tire trois balles dans le corps. Elle lui avait envoyé quelques mois plus tôt un manuscrit auquel il n'avait pas prêté attention. Andy Warhol s'en tire de justesse…

T. L. : J'ai connu Andy Warhol plus tardivement, au moment de la troisième Factory, pas mal de temps après la tentative de meurtre. Il se posait beaucoup de questions, il était entouré de sbires qui essayaient de lui donner des voies nouvelles, de faire des films qui marcheraient, gagneraient de l'argent. C'était un homme extrêmement sensible et toujours à l'écoute de ce qu'on pouvait dire le concernant, il fallait faire très attention de ne pas le blesser.

V. B.-L. : Il s'intéressait aussi aux autres ?

T. L. : Je pense qu'il a fait ça toute sa vie. Comme tous les gens formidables, il ne pouvait pas faire l'œuvre qu'il a faite sans s'intéresser aux autres, ça passait justement par les autres. On l'a accusé de prendre, de voler mais ce n'est pas sérieux, il redonnait surtout les choses de manière magnifique.

« Vendredi 10 novembre 1978. Adriana Jackson est venue, j'ai pris des photos d'elle et d'une femme suisse pour un portrait. Gigi a fait le maquillage, maintenant quelqu'un

maquille les visages en blanc pour que les rides ne se voient pas, ils sortent mieux au tirage et, en même temps, les gens ont l'impression que vous faites quelque chose de spécial pour eux. Les photos sortent vraiment mieux. La femme suisse n'aimait pas son nez, pourtant il était bien ; c'était difficile de prendre une photo sur laquelle elle supporte son nez. »

T. L. : À partir de cette date, Warhol va consentir à des portraits dits mondains, de commande, pour toutes les dames de la bonne société new-yorkaise soucieuses d'être assimilées à Marilyn Monroe et cela va devenir un petit business « Andy Warhol Entreprise ». Mais là encore, je crois qu'il est inutile de s'arrêter au tabou de l'argent, de la commande, de disqualifier une série d'œuvres, du fait qu'elle est inspirée par l'appât du gain...

C. G. : Ce qui est assez beau chez Warhol, c'est qu'il embellit les gens dans ses portraits. Comme il fait d'abord des polaroïds, il y a une sorte de flash qui lisse un peu les traits, et il recourt à une vraie entreprise cosmétique. Il aime tout le monde, ce qui explique aussi son noctambulisme, sa furie des mondanités, il va à la chasse au portrait dans les boîtes de nuit.

V. B.-L. : Auprès des couturiers, des chanteurs, des acteurs mais aussi des capitaines d'industrie...

C. G. : On connaît très bien les portraits des stars, des couturiers, des chanteurs de rock, des actrices mais, effectivement, il y a aussi tous ceux des industriels, des collectionneurs, des anonymes. Le traitement était égal pour tous, il s'agissait donc toujours de résoudre la contradiction entre le *low* et le *high*, entre la culture de masse et la culture plus élitiste. À l'époque, il y a une espèce de démocratie du glamour, vous pouviez entrer dans les night-clubs les plus « *exclusive* » du moment que vous aviez bonne mine, selon une sorte de démocratisation du beau par le look.

V. B.-L. : Que pensait Andy Warhol de ces femmes riches qui venaient lui demander leurs portraits ?

A. C. : Je pense qu'il les aimait beaucoup. Quand il disait qu'il aurait voulu être une machine, il dit son désir, son devoir d'aimer tout le monde. Cela signifie aussi bien évidemment qu'il voulait que tout le monde l'aime, cela trahissait une souffrance de l'existence terrestre et une vision de ce que serait le paradis, un monde où tout le monde s'aime...

C. G. : En dépit de l'utilisation d'un procédé mécanique comme la sérigraphie, il existe une dimension manuelle très importante dans ces portraits, un trait élégant et sûr. D'ailleurs, quand il déléguera plus souvent la pratique de la sérigraphie à ses assistants, le résultat ne sera pas exactement le même. On pourrait penser que Warhol liquide la peinture, et c'est pour ça qu'on l'assimile parfois à Duchamp, mais il demeure peintre, et à l'intérieur de ce métier de peintre, un excellent dessinateur.

> CE QUI SAUVE WARHOL, C'EST SON ESPRIT D'ENFANCE SANS LEQUEL IL N'AURAIT PAS PU SURVIVRE

V. B.-L. : Andy Warhol est-il le contemporain de la flambée du marché de l'art, de la spéculation sur les œuvres ?

A. C. : Dans les années 1960, l'art américain est relativement jeune. Les expressionnistes abstraits représentaient la première génération d'artistes à avoir eu du succès et à avoir attiré l'intérêt à la fois des collectionneurs et celui du département d'État qui favorisa l'exportation de ces artistes. À l'époque de Warhol, deux phénomènes convergent : d'une part, le besoin identitaire de l'Amérique, le besoin de se reconnaître dans un art sans lequel une nation ne peut pas se penser comme telle, et en ce sens, il y a un retard à récupérer par rapport à la vieille Europe ; d'autre part, une modification de l'économie elle-même, de la valeur du travail et de l'argent qui fait que les bénéfices des spéculations financières permettent d'investir dans des objets artistiques qui se multiplient. Cette dernière tendance n'a cessé de s'accentuer depuis, pour aboutir aujourd'hui à une situation que Warhol n'aurait jamais pu imaginer.

V. B.-L. : À la fin de sa vie, dans les années 1980, la cote de ses tableaux est considérable...

A. C. : Oui, bien sûr, quand je dis qu'il fait figure de débutant, je ne veux pas dire qu'il était pauvre. Il vivait dans un hôtel particulier, menait la grande vie, voyageait en Concorde... Il achetait au moins une chose par jour... Après sa mort, on a retrouvé dans son appartement ses achats qui restaient très souvent emballés soigneusement dans leur paquet d'origine. Il y a là l'expression d'un complexe d'enfant pauvre qui veut compenser, accumuler, multiplier les signes de la richesse et, en même temps, les tenir cachés, dans le salon de son hôtel particulier dans lequel personne ne venait jamais... C'est surtout après sa mort que les prix se sont envolés et qu'il est devenu l'un des artistes les plus collectionnés par des privés. Tout ceci fait de lui encore aujourd'hui un des artistes les plus chers au monde.

« Les gens laissent parfois un même problème faire leur malheur pendant des années, alors qu'ils pourraient simplement dire "Et alors ?", c'est une de mes phrases préférées. "Et alors, ma mère ne m'a pas aimé... Et alors ? Mon mari ne veut pas me baiser... Et alors ? Je réussis mais je suis toujours seul... Et alors ?" Je me demande comment j'ai pu survivre toutes ces années avant de trouver le truc... J'ai mis longtemps à l'apprendre, mais une fois qu'on l'a trouvé on ne l'oublie plus jamais. »

C. G. : Warhol recherche une certaine « désubjectivisation », même si sa sensibilité apparaît aussi dans son art. De façon très singulière, il ne porte

Liz, 1964.
Cette lithographie a été reproduite à quelque 300 exemplaires.

pas de jugement, ne condamne pas plus qu'il n'élit. Il peut dire parfois que la consommation, c'est formidable pour contredire une certaine intelligentsia, affirmer l'optimisme du pop art porté par les valeurs du capitalisme et de la consommation, mais, en fait, sa force est de ne pas vouloir prendre parti pour quoi que ce soit. D'ailleurs, il a fait aussi des déclarations très intéressantes, et qu'on ne relève jamais, assez dures contre la société de consommation en montrant qu'elle était quand même équivalente à une sorte de totalitarisme. Il est tout à fait le contraire des artistes contemporains d'aujourd'hui qui sont des sortes de propagandistes, des activistes politiques et qui se servent de l'art pour faire passer des messages...

V. B.-L. : Cette absence de jugement, cette impassibilité, lui a été reprochée, notamment par Susan Sontag...

C. G. : Pourtant, cela ne l'a pas empêché de faire des choses plus complexes. En 1986, par exemple, il reprend *La Cène* de Léonard de Vinci dans le plus grand secret et, dans les innombrables déclinaisons qu'il en propose, il se concentre parfois sur certaines parties de la scène, parfois il y ajoute des logos commerciaux ou des étiquettes de prix. On peut interpréter cette œuvre ainsi : tout message spirituel sera dorénavant court-circuité, parasité, par la marchandise, tout va devenir de la décoration culturelle, une sorte de mode, on visitera les grands magasins comme les musées. Ce type qui ne prend pas parti, qui a l'air d'être un crétin et qui instrumentalise sa crétinerie de manière stratégique, fait finalement des prophéties très justes. L'architecte Rem Koolhaas ne soutient pas aujourd'hui autre chose quand il dit que toute la planète est devenue une aire de shopping...

A. C. : Il est difficile d'imaginer qu'un artiste aussi futile en apparence ait travaillé très sérieusement à une vision philosophique du monde avec toute la conscience dont il était doué. Comment expliquer le malaise provoqué par cette contradiction majeure entre un homme qui vit sa vie de tous les jours, une vie mondaine, exubérante, marquée par l'argent, le commerce, l'échange, mais qui se retire chez lui dans son « presbytère », pour reprendre les mots de son ami John Richardson ? Et que fait-il ? Que fait-on dans un presbytère, sinon prier ?

C. G. : Ce qui sauve Warhol, c'est son esprit d'enfance sans lequel il n'aurait pas pu survivre, une forme d'innocence, d'idiotie mystique qui l'a immunisé contre la toxicité de la société. Comment sinon aurait-il pu survivre à ces décennies où tout le monde a été décimé autour de lui, par la drogue, les accidents, les suicides, cette sorte de dépression de la fin des années 1960 et la vacuité des années 1970, dont il n'était pas dupe, affirmant même que le vide était en train de s'emparer de la planète...

V. B.-L. : Annonce-t-il aussi l'individu des années 2000-2010 ?

C. G. : En 1960, il dit qu'il ne sort pas sans un appareil photo ou un enregistreur, comme nous ne sortons pas aujourd'hui sans nos prothèses électroniques, nos téléphones portables qui nous permettent d'enregistrer, de photographier, de converser. Cela l'aurait sans doute fasciné, mais d'une certaine façon, il était déjà dedans et peut-être se serait-il ennuyé. Il a annoncé la consommation du sexe virtuel, affirmant que la vidéo allait beaucoup servir à la pornographie, comme le fait que l'on pourrait se passer de son corps, donner son sperme pour faire des enfants, lancer des bombes de loin sans être prêts des postes de guerre. Il a aussi annoncé la téléréalité, en laissant tourner sa caméra dans la Factory... Mais surtout, il a prophétisé, et cela s'est accompli de façon magistrale, la dissolution de l'art dans le « tout culture ». ■

L'exposition « **Warhol Underground** » se tient au Centre Pompidou-Metz jusqu'au 23 novembre 2015. L'exposition « **Warhol : Unlimited** » a lieu au musée d'Art moderne de la Ville de Paris, du 2 octobre 2015 au 7 février 2016.

UMBERTO ECO, *Confessions d'un romancier*

LE TEMPS DES ÉCRIVAINS
Diffusion : 16/05/2015

Production : **Christophe Ono-Dit-Biot**
Réalisation : **Isabelle Yhuel**

À partir du thème du complot, élément central de son dernier roman, Umberto Eco échange sur quelques éléments récurrents de son long travail d'écrivain et sémiologue : la culture, la vérité, le réel et la fiction, l'oubli, qui tend à prendre le pas sur l'Histoire, le journalisme, l'écriture… Confessions d'un jeune romancier, à plus de 80 ans.

Christophe Ono-Dit-Biot : De votre dernier roman, *Numéro zéro,* on ne sait pas s'il nous vaccine à vie contre la paranoïa, ou s'il nous invite au contraire à en humer de temps en temps, pour notre salut, le romanesque parfum… En effet, de quoi s'agit-il dans *Numéro zéro* ? D'une bande d'incapables qui sont engagés par un homme d'affaires pour fabriquer un journal qui ne sortira jamais, et qui est simplement destiné à montrer aux ennemis dudit homme d'affaires ce qu'il pourrait révéler sur eux, si son journal venait à sortir.

Umberto Eco : Pour construire un complot, le seul problème est de mettre en contact des choses qui n'ont pas de relation et qui sont là par chance… Mon personnage Braggadocio imagine que c'était en fait un sosie de Mussolini qui a été fusillé. Et là, on commence à voir Mussolini exilé en Argentine comme tout hiérarque nazi (donc ça n'est pas invraisemblable), aidé par le Vatican qui dirigeait tous les complots réels de la politique italienne… Braggadocio emploie des éléments vrais et il les organise à la lumière de l'idée que Mussolini n'a pas été fusillé, ce qui n'est pas vrai. En tout cas, on n'a jamais démontré le contraire.

C. O.-D.-B. : Ce qui vous permet de brosser justement une vraie fresque politique.

U. E. : Ce qui me permet de visiter une phase politique de mon pays et d'autres parce que cela concerne la France, l'Espagne, la Belgique, etc.

C. O.-D.-B. : Ce thème du complot était déjà présent dans *Le Cimetière de Prague,* l'histoire du complot avec les Protocoles des Sages de Sion, ou dans *Le Pendule de Foucault* avec ce plan mondial, dans *Le Nom de la rose,* puisqu'il y avait une forme de conspiration pour cacher un texte… Qu'est-ce qui vous intéresse autant dans ce motif littéraire du complot ?

U. E. : Il y a des auteurs qui, au cours de leur vie littéraire, ne font rien d'autre que raconter des personnages qui font l'amour. Moi, je raconte des personnages qui font des complots… Peut-être que dans la vie, ces auteurs font des complots, alors que moi je raconte des complots dans mes livres, mais dans la vie, je fais l'amour ! Il y a d'abord un souci éthique, j'appartiens à cette association qui, dans le monde anglo-

Historien, sémiologue et écrivain, **Umberto Eco** est un des auteurs qui a su marier le savoir universitaire et l'art du roman. Il a conquis, dans le monde entier, un large public tout en étant apprécié des chercheurs et des savants. Il est l'un des plus grands écrivains contemporains et des plus érudits. Comme titulaire de la chaire de sémiotique et directeur de l'École supérieure des sciences humaines à l'université de Bologne, il nous a guidés à travers les vertiges de la science littéraire avec *La structure absente, introduction à la recherche sémiotique,* ou encore *Lector in fabula* qui s'intéressait au rôle du lecteur dans la réception d'un texte littéraire. En tant que romancier, il nous a fait découvrir avec *Le Nom de la rose* que, pour cacher un texte, on était prêt à tuer dans les abbayes médiévales, et plonger avec *Le Pendule de Foucault* dans les arcanes d'un plan global pour diriger le monde… Son dernier roman, *Numéro zéro,* a paru chez Grasset en 2015.

saxon, s'appelle The Skeptics Society, qui est contre toutes les fantaisies scientifiques. Les gens ont besoin qu'il y ait un complot parce que, sinon, ils se sentent eux-mêmes responsables…

C. O.-D.-B. : Karl Popper avait d'ailleurs lui-même théorisé cela…

U. E. : Oui, il a écrit cet essai fondamental sur l'aptitude au complot comme déresponsabilisation de soi-même… Au-delà de cette motivation éthique, j'ai toujours été intéressé par le faux. Le faux, c'est ma manière d'essayer de comprendre ce qu'est la vérité. C'est plus facile d'arriver à la vérité en analysant le faux que le soi-disant vrai. J'ai toujours été fasciné par le mensonge, évidemment je me suis répété… À mon âge, c'est le moment de m'arrêter, je vous promets que je n'écrirais plus de romans, donc plus d'histoires de faux complots !

C. O.-D.-B. : Vous disiez qu'au fond, le premier complot remonte à l'*Iliade* ?

U. E. : C'est Popper qui le dit, tout ce qui se passe à Troie a été décidé par les dieux au sommet de l'Olympe. Un complot a déjà décidé de tout ce qui allait se passer.

C. O.-D.-B. : Dans l'*Iliade*, on a le complot sous les yeux : les déesses tentent Pâris, Athéna dévie la lance… *Numéro zéro* peut se lire comme une farce et, en même temps, il dit des choses très graves sur le monde contemporain. Je parlais de paranoïa ambiante. C'est votre livre d'ailleurs le plus contemporain. Vous dites que ce qui vous inquiète, c'est qu'on entre dans un monde sans mémoire…

U. E. : Les jeunes gens n'ont plus de mémoire historique. Je cite toujours comme exemple une émission de quiz à la télévision italienne où l'on donne aux participants trois ou quatre dates, et où on leur demande de les mettre en relation avec certains événements. Un jour, il s'agissait de trouver la date de la dernière rencontre entre Hitler et Mussolini. Puisqu'on devrait savoir qu'ils sont morts en 1945, la seule date possible, c'était 1943 mais personne ne l'a donnée, quelqu'un a même répondu 1968 ! Lorsque j'étais à l'école élémentaire, je savais assez bien ce qui s'était passé 70 ans auparavant. On vit aujourd'hui dans un éternel présent. Si vous allez sur internet, il n'y a pas de distinction entre un événement qui se passe aujourd'hui

© MP / Leemage

Portrait du Duce Benito Mussolini (1883-1945)

et un événement du passé. J'étais toujours touché dans les années 1940 ou 1950 lorsque je voyais des bandes dessinées américaines dont l'action se passait à l'époque romaine car les personnages étaient habillés comme des gentilshommes du XVIe siècle en France ! On disait que les Amerloques n'avaient pas de culture historique…

C. O.-D.-B. : En quoi le journalisme vous semble-t-il révélateur de cet aplatissement du présent, de ce présent éternel ?

U. E. : La substance du roman *Numéro zéro*, au-delà du complot sur Mussolini qui est une invention, c'est plutôt le mauvais journalisme. Quelqu'un a suggéré de donner ce livre dans les écoles de journalisme pour montrer ce qu'il ne faut pas faire. Ça fait plus de 30 ans que j'écris sur le vice du journalisme, ce roman est un peu la traduction narrative de tout cela.

C. O.-D.-B. : Alors, il y a un passage extrêmement drôle dans votre roman, lorsque le rédacteur en chef dit que tout le monde se trompe sur l'expression « être dans l'œil du cyclone », mais qu'il faut continuer à servir au lecteur cette mauvaise expression, ce mauvais sens, parce que c'est ce qu'il attend… On a l'impression de se retrouver dans un épisode perverti de Rabelais, comme dans *Le Quart Livre* lorsque Pantagruel part à la recherche de l'oracle de la Dive Bouteille et arrive dans une île, découvre des paroles gelées, des glaçons qui fondent au contact des humains et qui libèrent des mots. Chez vous aussi, on a l'impression que les mots ont été gelés par les hommes dans un sens qui n'est pas le leur.

U. E. : C'est la dialectique entre deux paresses. La paresse du lecteur qui veut entendre répéter ce qu'il sait déjà, qui est une attitude d'enfant, qui veut toujours qu'on lui raconte la même histoire. Et la paresse du journaliste qui, au lieu de feuilleter le dictionnaire des synonymes, préfère reprendre les clichés et nager dans le poncif… Il y a vingt ans, j'ai demandé à mes étudiants en communication d'écrire une histoire en n'employant que des clichés, j'en avais donc une quantité énorme à ma disposition !

C. O.-D.-B. : Les mots perdent-ils leur sens comme certains arbres perdent mystérieusement leurs feuilles ?

U. E. : C'est un phénomène linguistique général, éternel au cours de l'histoire des langues : les mots qui ont été trop utilisés perdent leur sens et ils en prennent d'autres. C'est normal que la presse ou la télévision accélèrent ce processus évidemment, parce qu'il y a chaque jour, chaque semaine, des répétitions de clichés.

C. O.-D.-B. : Est-ce que le mot « vérité » va devenir finalement un mot qu'on ne peut plus utiliser ?

U. E. : Pour un philosophe, le mot « vérité », c'est toujours un mot qui pose problème, parce que si on savait toujours ce qu'est la vérité, il n'y aurait plus de philosophie et de réflexion... Je suis un réaliste, je crois qu'il y a une façon dont les choses se déroulent mais que nous ne sommes pas toujours capables de la connaître. La manière de le comprendre consiste souvent à passer par le mensonge, le faux, la manipulation. C'est très facile de dire que quelque chose est faux, c'est plus difficile de dire que quelque chose est vrai.

C. O.-D.-B. : Dans votre roman, il y a aussi ce personnage qui me touche beaucoup, cette jeune femme qui se trouve là un peu par hasard, qui est vraiment sincèrement une journaliste, qui a envie de faire réfléchir le lecteur et qui se voit traitée d'intellectuelle comme si c'était une insulte. Cette mise en cause des intellectuels, parfois même jusqu'au sommet du pouvoir, vous surprend-elle ?

U. E. : Non, parce que l'intellectuel que je suis connaît l'histoire des intellectuels. Depuis que le mot a été utilisé pour critiquer ceux qui défendaient le capitaine Dreyfus, la mise en cause des intellectuels est une marque de tous les réactionnaires et les conservateurs, De Göring ou Goebbels auxquels on attribue le fameux « quelqu'un parle de culture, je sors le pistolet » au vice-président américain Spiro Agnew qui parlait des intellectuels comme de « tapettes snobs » (« *effete snobs* »)... Pour quelle raison ? Parce que les intellectuels, même s'ils sont de mauvais intellectuels, et il y en a un bon pourcentage, font toujours des critiques et cassent les pieds au pouvoir...

C. O.-D.-B. : Berlusconi a dit qu'il n'avait pas lu de romans depuis 20 ans !

U. E. : Il l'a dit il y a 20 ans, donc ça fait 40 ans ! En échange, il a acheté beaucoup de maisons d'édition. C'est comme moi, j'ai épousé une Allemande et ça justifie le fait que je ne parle pas l'allemand...

C. O.-D.-B. : Mais est-ce que vous pensez qu'aujourd'hui, plus qu'à l'époque de l'affaire Dreyfus, on assiste à une nouvelle crise de la culture ?

U. E. : Non, pas particulièrement. L'histoire est faite de règlements de comptes avec la culture. Au XIXe siècle, en France, la loi Riancey empêchait de publier des feuilletons dans le roman parce que le feuilleton d'après Sue était devenu une des formes de la critique sociale... Il y a toujours eu, avant même les nazis qui brûlaient les livres, ou Staline, une menace sur la culture lorsqu'elle devenait un peu embarrassante. C'est une dialectique dont la culture sort toujours sans être détruite. On écrivait même dans les camps de concentration.

> **LE FAUX, C'EST MA MANIÈRE D'ESSAYER DE COMPRENDRE CE QU'EST LA VÉRITÉ.**

THE STARS AND STRIPES
MEDITERRANEAN
ITALY EDITION
MUSSOLINI EXECUTED
5th Enters Milan; 7th In Munich
Brazilians Take Nazi Division
Himmler Statement Hints Hitler Death
Yanks Push Into Shrine Of Nazism
Patriots Also Kill Aides, Mistress
Berlin 90 Percent In Russian Hands

© Photo Scala, Florence

Annonce de la mort de Mussolini à la une du *Stars and Stripes*, édition du lundi 30 avril 1945.

C. O.-D.-B. : Vous ne pensez pas qu'il y a une menace qui pèse sur la relation que nous avions avec notre passé, par exemple les humanités ?

U. E. : Nous sommes dans ce que Zygmunt Bauman a appelé la société liquide : plus de points de repère, plus de communauté, plus d'autorités auxquelles faire référence, une subjectivité flottante, une perte d'identité. La seule identité est donnée aujourd'hui par le fait de paraître quelque part. Tout imbécile rêve de paraître à la télévision, c'est sa seule façon de s'identifier, son seul stade du miroir.

C. O.-D.-B. : À quoi sert l'enseignement du latin et du grec ?

U. E. : Avant tout, je crois, à connaître le passé, à avoir le sens de l'Histoire. Quand quelqu'un a dit qu'en étudiant la syntaxe latine, on découvre des lois qui ne sont pas celles de notre langue, quelqu'un a répondu : « Mais alors, il suffit d'étudier la grammaire contemporaine transformationnelle de Chomsky ». Étudier d'autres langues signifie mettre en comparaison des mentalités différentes et plus la langue est lointaine, plus on apprend la pluralité des langues. Contrairement aux apparences, il y a plus de différence entre le français d'aujourd'hui et le latin qu'entre le français d'aujourd'hui et l'allemand car la mentalité et les structures syntaxiques sont profondément autres. On étudie le latin et le grec parce qu'il serait plus difficile d'étudier l'égyptien et le sumérien... Il y a aussi une autre raison : toute notre façon de penser est fondée sur la philosophie, la littérature, le droit latin, la philosophie grecque, c'est une façon de trouver ses propres racines. Ce n'est pas suffisant d'aimer sa propre sœur, il faut aimer aussi sa propre grand-mère.

C. O.-D.-B. : Vous avez publié en 2009 avec Jean-Claude Carrière un livre qui s'intitulait *N'espérez pas vous débarrasser des livres.* Qu'est-ce qui vous permet d'asséner cette vérité ?

U. E. : Ce titre exprimait même une espèce d'irritation parce qu'on est complètement obsédés par cette disparition alors qu'il suffit d'aller à la Fnac pour voir combien de livres il y a et combien de jeunes sont là à les feuilleter... Le livre est un objet parfait, qu'on ne peut pas modifier. C'est comme la fourchette, il y a beaucoup de designers danois qui ont essayé d'en changer la forme, en vain. Le livre est ergonomique, il a la forme adéquate pour être tenu dans la main, davantage qu'un iPad, nous avons la preuve scientifique qu'un livre dure 500 ans alors que nous n'en avons aucune en ce qui concerne la durée de vie d'une clé USB... Nous sommes face à deux objets, l'un qui a l'air d'être éternel, l'autre qui a l'air d'être très périssable. Pourquoi choisir l'option périssable ?

C. O.-D.-B. : En 2013, vous avez publié *Confessions d'un jeune romancier*, faut-il comprendre que vous en êtes encore à vos débuts de romancier ?

U. E. : Lorsque j'ai donné cette conférence en Amérique, je me définissais ainsi parce que j'avais publié mon premier roman vers 50 ans, j'étais donc à l'époque un romancier de 30 ans !

C. O.-D.-B. : Il faut 30 ans pour faire un bon romancier ?

U. E. : Non, Radiguet a commencé avant ! Mais moi, je suis très lent ! J'ai toujours suivi cette loi dans ma vie : il ne faut jamais vouloir devenir général si on n'a pas été sergent avant.

C. O.-D.-B. : Quel regard portez-vous sur ce premier roman qu'était *Le Nom de la rose* et qui vous a propulsé planétairement ?

U. E. : Un regard inouï, parce qu'on reste figé au premier roman du succès. Ça a été aussi l'avis de mon ami Gabriel García Márquez : après les *Cent ans de solitude*, il a écrit des choses très belles mais il est resté l'homme de ce roman-là, c'est un accident...

Mary Evans / Rue des Archives

Guillaume de Baskerville (Sean Connery), le héros du *Nom de la rose*.

C. O.-D.-B. : Pensez-vous que c'est votre roman le plus important ?

U. E. : Si on me demandait de sauver un seul de mes romans, je choisirais *Le Pendule de Foucault*.

C. O.-D.-B. : Pourquoi ?

U. E. : Parce que tous les autres livres m'ont pris 6 ans alors que *Le Pendule*, 8 années, il y avait donc plus de travail, plus de réflexion, plus de moi-même, j'oserais dire...

C. O.-D.-B. : Et si je vous repose la question, quel regard portez-vous sur *Le Nom de la rose*, pas sur le succès de ce livre mais sur le roman, sur ce texte ?

U. E. : Je m'étais amusé beaucoup à l'écrire. Le choix du Moyen Âge n'était pas un hasard, parce que c'était mon sujet depuis mes années d'université.

TOUTE NOTRE FAÇON DE PENSER EST FONDÉE SUR LA PHILOSOPHIE, LA LITTÉRATURE, LE DROIT LATIN, LA PHILOSOPHIE GRECQUE...

C. O.-D.-B. : Au cœur de ce roman, vous nous avez fait rêver avec cette immense bibliothèque, divisée en plusieurs zones : *Fons adae,* le paradis terrestre où on trouve des bibles, des commentaires de la Bible, des livres d'écriture Sainte ; *Hibernia,* où on trouve des ouvrages des auteurs du continent du Nord, mais aussi les grammairiens et les rhéteurs, et puis *Leones,* l'Afrique, les textes des musulmans, *Yspania* avec les recueils de l'Apocalypse…Mais ce qui est très étrange dans cette bibliothèque, c'est l'absence de mixité entre ces zones, de communication entre les livres, alors qu'on pense que la bibliothèque non seulement réunit la totalité des connaissances mais donne accès à des passerelles. Pourquoi avez-vous souhaité concevoir une bibliothèque qui soit, au fond, un cauchemar pour un humaniste ?

U. E. : Ma bibliothèque du *Nom de la rose* sert à cacher les livres, c'est une « bibliothèque-censure », elle sert à protéger le livre jusqu'à la névrose. Il fallait qu'on ne puisse pas s'y promener de façon facile mais que ce soit un labyrinthe, une difficulté. Évidemment, j'ai pensé à l'influence de la bibliothèque de Jorge Luis Borges…

C. O.-D.-B. : Comment est née cette idée d'une bibliothèque cauchemardesque, cette « anti-bibliothèque » ? Vous dites souvent qu'un bon roman procède d'une image matricielle.

U. E. : Oui, l'image du *Nom de la rose,* c'était la chute d'un moine en train de lire la Bible sur un lutrin. Dans l'abbaye de Subiaco que j'avais visitée à 16 ans, j'avais vu ce lutrin, et lorsque j'ai commencé à réfléchir au roman, j'y ai repensé… Pourquoi m'est venue cette idée de la bibliothèque ? Je ne m'en souviens plus exactement. Les idées me viennent quand je nage dans la mer ou dans une piscine. Dans la mer, c'est plus intéressant car souvent les idées sont meilleures, mais je ne me souviens

LISEZ ! […]
ÇA PROLONGE VOTRE VIE !

plus dans quelles mers ou piscines je nageais à l'époque !

C. O.-D.-B. : Dans la mer, les idées sont meilleures que dans la piscine ?

U. E. : Oui, parce qu'il y a du mouvement, un parcours et un panorama plus riche…

C. O.-D.-B. : Dans *Confessions d'un jeune romancier,* vous vous interrogiez sur le fait qu'on soit plus bouleversés par la mort d'Anna Karénine, un personnage de fiction, que par des civils bombardés qu'on voit dans un journal télévisé. Ne pensez-vous pas qu'aujourd'hui, l'obsession du réel a gagné sur la fiction ?

U. E. : Non, les gens se fichent du réel. Mes petits-fils, lorsqu'ils auront 20 ans, ils auront complètement oublié les égorgements en Irak, mais ils n'auront pas oublié, j'espère, la mort d'Hamlet. La littérature sert à reconstituer et à maintenir des images mythiques qui continuent à survivre, tandis que la réalité est oubliée.

© Grasset

Mensonges, complots historiques et manipulations, tels sont les ingrédients du dernier roman d'Umberto Eco, paru chez Grasset.

C. O.-D.-B. : Qu'est-ce qui fait la supériorité de la fiction sur le réel ?

U. E. : Il y a des négationnistes qui peuvent essayer de démontrer que les nazis n'ont pas tué six millions de juifs, mais aucun négationniste ne peut nier qu'Anna Karénine est morte sous un train. La vérité romanesque a cette qualité de ne pouvoir être mise en cause, tandis que toutes les autres vérités peuvent, c'est le rôle de l'histoire évidemment de s'y opposer, être mises en cause. Le critère romanesque est une espèce de preuve scientifique de la vérité.

C. O.-D.-B. : Pour terminer, j'aimerais vous poser trois questions et vous demander des réponses très courtes, des réponses de sémiologue… Comment définiriez-vous la culture ?

U. E. : La culture avec un C majuscule, c'est la connaissance de la science, de la littérature, etc. La culture avec un C minuscule, c'est un concept de l'anthropologie culturelle qui signifie un ensemble d'opinions, de croyances, d'habitudes et de rites d'une certaine communauté. Une fois, quand j'avais employé l'expression « La culture du terrorisme », je me souviens que des gens sans grande culture anthropologique m'avaient dit : « Vous croyez que le terrorisme est un fait de culture ». J'employais le mot « culture » à la Lévi-Strauss et non pas dans le sens d'une culture supérieure, mais il y a encore des gens qui n'ont pas complètement compris cette différence fondamentale.

C. O.-D.-B. : Et quelle définition vous donneriez à la littérature ?

U. E. : Disons une forme d'écriture par amour de soi-même.

C. O.-D.-B. : Est-ce que vous auriez, *« Professore »,* un conseil à donner aux jeunes gens pour affronter l'époque compliquée dans laquelle ils vivent ?

U. E. : Lisez !

C. O.-D.-B. : Pourquoi ?

U. E. : Ça prolonge votre vie ! Lorsque l'illettré, l'analphabète mourra, il aura vécu 70 ou 80 ans, il se souviendra de ses souvenirs personnels. Mais moi, lorsque je vais mourir, j'aurai été présent à l'assassinat de Jules César, à la bataille de Waterloo, à la mort d'Anna Karénine, j'aurai vécu plus longtemps… C'est un moyen de prolonger sa propre vie.

Ariane Mnouchkine, metteur en scène, née en 1939, est depuis 50 ans directrice de la troupe du Théâtre du Soleil, qu'elle a fondée en 1964 avec ses compagnons de l'ATEP (Association théâtrale des étudiants de Paris), et installée depuis les années 1970 à la Cartoucherie, ancien site à l'abandon et isolé dans le bois de Vincennes, aux portes de Paris. Dans ce lieu unique, la troupe a réussi à créer de nouveaux rapports avec le public, à se distinguer du théâtre bourgeois et faire un théâtre populaire de qualité dont rêvait Jean Vilar. Elle est devenue très vite une des troupes majeures en France, tant par le nombre d'artistes qu'elle abrite (plus de 70 personnes à l'année) que par son rayonnement national et international. Attachée à cette notion de « troupe de théâtre », Ariane Mnouchkine fonde l'éthique du groupe sur des règles élémentaires : tous reçoivent le même salaire et sont impliqués dans le fonctionnement du théâtre (entretien quotidien, accueil du public lors des représentations). C'est aujourd'hui une des dernières troupes, fonctionnant comme telle, qui existent encore en Europe. En recherche constante sur le rôle, la place du théâtre et sa capacité à représenter l'époque actuelle, Ariane Mnouchkine s'engage depuis toujours à traiter des grandes questions politiques et humaines, sous un angle universel, à la confluence des arts de l'Orient et de l'Occident. Pour elle, « tout comédien, tout artiste est un explorateur », et son Théâtre du Soleil nous fait voyager aux quatre coins de la planète avec ses créations, un vrai « Théâtre-monde »...

Ariane Mnouchkine et Duccio Bellugi Vannuccini pendant les répétitions des *Naufragés du Fol Espoir (Aurores)*, Théâtre du Soleil, Cartoucherie, 2009

LAURE ADLER

HORS-CHAMPS
Diffusé du 16 au 19/12/2014

Ariane **Mnouchkine,** le **soleil** du théâtre

Il sera question de son enfance pendant la Seconde Guerre mondiale, de ses études à Oxford et, très tôt, presque tout de suite, du théâtre qui s'impose comme un désir, une mission, un voyage. Donner de l'émotion, voilà la grande affaire, pour faire naître la compassion, certes, mais aussi mieux comprendre le monde. Vaste programme, 50 ans d'essais, de travail acharné, de courage et de rêve réalisé.

Production : **Laure Adler**, réalisation : **Anne Kobylac**

Laure Adler : Diriez-vous que votre enfance fut privilégiée ?

Ariane Mnouchkine : J'ai eu l'enfance de tous les gens qui sont nés en 1939... En même temps, mes parents étaient jeunes et beaux... Je ne me souviens pas, au fond, à part très confusément de l'énorme chagrin de mon père quand il a compris que ses parents étaient déportés et qu'il ne pourrait plus rien faire pour eux... Mon père était à l'armée et ma mère a fait la même chose qu'une grande partie des Français, elle est partie sur les routes vers un endroit qu'elle connaissait, à Bordeaux. Pour moi, les bombardements étaient plutôt des feux d'artifice qu'on allait voir sur la terrasse parce que mon père ne voulait pas descendre dans la cave. J'ai compris plus tard qu'il préférait mourir en plein air, et je crois que je serais comme lui... J'avais peur des sirènes, mais pas ce qu'elles annonçaient. Les traumatismes se sont abattus sur la partie adulte de ma famille, pas sur moi.

L. A. : Aviez-vous l'impression d'être libre de devenir qui vous vouliez ?

A. M. : Quand j'ai pensé très sérieusement au théâtre, mon père a commencé à s'inquiéter, mais ça n'a jamais été un conflit. Il essayait seulement de faire briller d'autres mondes...

L. A. : Mais lui venait d'un monde artistique...

A. M. : Absolument, mais les artistes ont peur de ce monde pour leurs enfants ! Il était producteur, du temps des petits producteurs qui risquaient vraiment leur chemise, et il voulait pour moi quelque chose d'un petit peu plus sûr. Quand il a compris que j'allais être une « bohémienne », comme il disait, ça l'a inquiété, mais, malgré tout, il m'a énormément soutenue, il m'a entretenue pendant les deux, trois premières années du Théâtre du Soleil, tout en rouspétant.

L. A. : Pourquoi êtes-vous partie pour Oxford ?

A. M. : Ça, c'est un des plus beaux cadeaux qu'il m'ait faits, il m'a dit : « Tu dois parler anglais. » Ma mère était anglaise, mais, pendant la guerre, on ne parlait pas anglais et je maîtrisais donc la langue comme tous ceux qui l'apprennent à l'école. Il m'a payé cette année à Oxford qui a été absolument déterminante pour ma vie. C'est là que j'ai compris que je ferai du théâtre, je ne savais pas si j'allais jouer – comme je jouais un peu en Angleterre –, faire de la mise en scène, être accessoiriste. Au fond, ça m'importait peu, mais je savais que je serai dans le théâtre. Pendant une répétition de *Coriolan* de Shakespeare, cela a été le coup de foudre : « Ça y est, j'ai trouvé ma vie ! Ce sera le

théâtre, ce moment de répétition où tout est possible, où on est autre, où on peut créer un monde... »
Il y avait deux troupes universitaires, l'une un peu classique et l'autre un peu expérimentale, et je me suis inscrite aux deux. Ken Loach était là, il allait quitter l'université et, comme c'est la tradition, il jouait dans sa propre mise en scène, où j'avais également un petit rôle ; c'était un acteur délicieux. Cette vie théâtrale, estudiantine est, je crois, toujours très dense dans les universités anglaises, et le théâtre amateur très présent et de très bonne qualité... Je regrette énormément qu'ici il n'y ait pas le même intérêt culturel, pédagogique, sociétal même, pour le théâtre amateur.

L. A. : Et vous aviez déjà vu des pièces de théâtre, j'imagine ?

A. M. : Oui, j'allais au théâtre, et je pense, sans que je me le formule à l'époque, qu'un spectacle a été déterminant. Quelques années auparavant, j'avais vu *Arlequin serviteur de deux maîtres* de Strehler au festival de Menton, avec Morretti... J'étais partie voir ce spectacle, seule, et en rentrant, j'ai ressenti un tel épanouissement de ce que je ressentais, de bonheur au fond, qu'un monde s'est ouvert à moi. Voulez-vous savoir ce que c'est le théâtre ? C'est *Arlequin serviteur de deux maîtres,* la flamme même du théâtre...

L. A. : Est-ce que la notion de maître, ça existe pour vous ?

A. M. : Je pense que, pour beaucoup de gens, Strehler était un maître, en tout cas un des grands génies du théâtre. Un maître, c'est celui qui veut, au fond, qu'à un moment son élève le quitte. C'est quelqu'un qui supporte la séparation, qui doit même la provoquer à un certain moment, contrairement à un chef de troupe... Moi, je ne veux pas qu'ils partent, je voudrais garder les forces de la troupe, comme Strehler et, en cela, peut-être n'était-il pas tout à fait un maître...

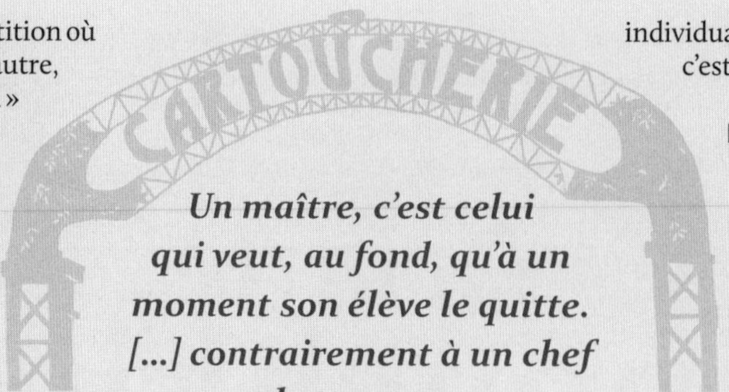

Un maître, c'est celui qui veut, au fond, qu'à un moment son élève le quitte. [...] contrairement à un chef de troupe...

L. A. : Vous auriez voulu garder tout le monde depuis la naissance du Théâtre du Soleil ?

A. M. : Heureusement, ça ne s'est pas fait, sinon nous aurions tous 75 ans ! Heureusement, dans la douleur, des gens sont partis, d'autres sont venus. Il y a donc aujourd'hui au Soleil des gens de mon âge et aussi d'à peine 20 ans, et c'est très précieux... Mais ce n'est que plus tard, une fois le chagrin passé, que de nouveau je suis fière de voir ce que certains comédiens font ailleurs. Au début, je ne suis pas contente, je n'ai jamais envie qu'ils s'en aillent et je pense que Strehler était un peu comme moi... Je n'ai jamais défini un nombre de comédiens, c'était le spectacle qui décidait, qui guidait...

L. A. : Vous parlez de « révélation » à Oxford, de « coup de foudre », de « vocation »...

A. M. : Je parle souvent avec des jeunes qui ne savent pas encore ce qu'ils vont faire, et je me rends compte que j'ai eu une chance extraordinaire. Et, en même temps, il y a aussi des vocations tardives, des traversées du désert, même quand on est jeune, des moments de vide, et surtout la menace d'une sorte de résignation qu'on essaie de vous inculquer. Je trouve qu'on ne parle pas à la jeunesse de sa responsabilité dans le monde, de toute la part qui lui revient, de tout ce qu'elle a à faire, et trop de ce qu'elle a à subir, de cette terrible « fin de l'histoire », il n'y a pas un concept plus désespérant et plus faux... Le venin du désenchantement qu'on leur inocule et, donc, l'égoïsme individualiste le plus triste, sombre, c'est terrible et mensonger.

L. A. : Vous faites partie d'une génération justement en qui on croyait, vous incarniez l'avenir...

A. M. : Absolument ! Non seulement on croyait en nous, mais on nous attendait, on nous espérait, on ne nous disait pas : « Vous êtes en trop. » Il y en a cent gosses tous les soirs chez nous, des lycéens, même des collégiens, amenés par leurs professeurs, bien préparés. Ils sont très turbulents quand ils arrivent dans le hall et, après trois heures et demie de Shakespeare, ils viennent me voir avec des yeux brillants et me posent des questions extraordinaires, totalement pertinentes... Comment voulez-vous que je n'aie pas foi dans ces jeunes-là ? Simplement, ce que je voudrais, c'est qu'on ne leur jette pas un baquet d'eau froide glacée tous les matins sur la tête, en leur disant : « Arrête de rêver, tu seras chômeur ! » Nous devons continuer, recommencer à éduquer nos enfants au courage et à la confiance. On a souvent raison quand on fait confiance, pas toujours mais souvent.

L. A. : Est-ce que, pour vous, le théâtre est une sorte de bulle dans cet univers de défiance ? Quand ces jeunes lycéens viennent voir *Macbeth,* qu'attendez-vous qu'ils trouvent ?

A. M. : L'émotion... J'attends qu'ils soient émus non seulement par l'histoire que raconte Shakespeare, qu'ils soient effrayés non seulement par les deux personnages de méchants, mais qu'ils soient aussi émus par la beauté de l'acte théâtral, et qu'ils sachent que cela leur appartient, qu'au fond ils ont en eux cette beauté, même si ça va s'exprimer dans leur vie différemment... L'essence même du théâtre, c'est la poésie, la poésie faite chair, même quand il s'y raconte des choses abominables.

L. A. : Est-ce que c'est pour tout le monde, le théâtre ?

A. M. : Oui, absolument…

L. A. : Oui, mais tout le monde n'y va pas ?

A. M. : Non, tout le monde n'y vient pas, mais je fais de mon mieux… Tout de même, par les enfants, par les lycéens, on touche tous les milieux et je sais qu'ils parlent à leurs parents de ce qu'ils ont vu. Quand j'ouvre la porte du théâtre le soir, j'ai la même émotion de voir arriver les spectateurs, ceux qui viennent pour la première fois et cherchent les toilettes, ceux qui me disent un mot gentil car ils reviennent, ceux qui me disent : « Vous savez, c'est ma mère qui m'avait amenée, et aujourd'hui, je vous amène ma fille. » Nous fêtons nos 50 ans et c'est rare, une troupe qui dure 50 ans. Je crois que c'est probablement unique… Nous sommes arrivés à la Cartoucherie en 1970, il y a des gens qui sont venus nous voir quand ils avaient 12 ans et qui emmènent maintenant leurs enfants et leurs petits-enfants… Bien sûr, il y a des jours où l'on se demande ce qu'on a fait pour que le monde devienne comme ça, où ça a commencé, où l'on s'est trompé. Mais continuons, faisons mieux, cherchons… La grande question de l'éducation, c'est la langue, la lecture, l'expression d'une pensée, c'est ça qu'il faut reprendre et c'est ça que hurlent les professeurs… L'histoire est enseignée d'une manière vomitive, sans être, sans chair, sans personnage, c'est très grave et ce n'est évidemment pas un problème de tablettes… Les adolescents qui ne maîtrisent pas la langue sont privés de l'égalité d'expression… Parce que le mot « égalité » signifie aussi « égalité de moyens d'expression », « égalité de moyens de réception », « égalité de moyens de compréhension », et cette égalité est battue en brèche dès la maternelle. Certains enfants mettent plus de temps à lire, à écrire. Ils n'ont pas la méthode non plus pour devenir des lecteurs fluides, sereins et capables de recevoir, s'ils le veulent bien sûr, le trésor de la culture humaine. Ce bien commun est confisqué, en fait, et ce à tous les niveaux.

L. A. : Pensez-vous justement que le théâtre peut apporter à ces élèves

Gérard Hardy et Ariane Mnouchkine dans une école d'Avignon lors des premières « Journées de théâtre pour les jeunes spectateurs » initiées par Jean Vilar en juillet 1969.

cette chair, cette passion, ces émotions, cette notion de collectif, de combat, de résistance ?

A. M. : C'est cela le travail, c'est cela à quoi servent d'abord des acteurs et un metteur en scène qui les regarde et qui les oriente : ce qui est complètement obscur pour tout le monde au début des répétitions doit devenir clair pour ceux qui font le théâtre et pour le public. Au début, on ne sait rien. On sait qu'on va monter un texte, mais tout est à faire, il y a une salle de répétition vide, une page vierge et tout le monde prie pour que le théâtre veuille bien redescendre avec nous… Moi, je ne sais pas si je vais trouver le théâtre quand je commence un spectacle, c'est-à-dire une espèce de vie, de vérité et, en même temps, de poésie. Lors d'une répétition, il peut y avoir plein de choses, des batailles, des désirs d'improvisation, des tentatives, des choses, des tas de mots dits, mais pas de théâtre, et tout le monde le sent. C'est comme un arc électrique, qui se crée seulement quand on rapproche deux pôles électriques. Quelquefois, il y a les pôles et il n'y a rien…

L. A. : Quand vous commencez un travail, vous dites ne rien savoir. Vous avez pourtant déjà des tas d'idées en tête, non ?

A. M. : Oui, mais justement, je suis inquiète de ces idées, je les évacue très vite. Parfois, j'en essaie une pour ne plus avoir à y penser et, neuf fois sur dix, cela reste une idée… Il n'y a pas que moi, les acteurs aussi ont des idées, une idée à la minute…

L. A. : Et vous les écoutez ?

A. M. : Je ne les écoute pas, ils les font… En répétition, tout le monde est égal, même le tout nouvel arrivé, tout le monde peut proposer… Il ne faut pas de censure, il faut écouter, il faut essayer pratiquement. Même dans la proposition la plus maladroite, s'il y a eu un dilemme, une tension, un drame qui est parfois caché, les acteurs, les actrices, déjà très avancés, le trouveront.

L. A. : Une fois que vous commencez les répétitions et que vous êtes à égalité avec vos acteurs, est-ce que la distribution est déjà faite ?

A. M. : Ce n'est pas décidé d'avance, sinon je me priverais, je les priverais de tout un chemin d'expérience libre qui est le plus beau moment des répétitions, de tout ce qu'apporte un jeune dans un rôle de vieux ou l'inverse, qui enrichit l'acteur ou l'actrice qui finalement aura le rôle, qui le nourrit de tout ce que les autres ont découvert... Et puis, cela retarde le moment de la charge psychologique énorme où le comédien se dit : « Ça y est, c'est moi Macbeth ! » Il vit toujours un moment de terreur, avant qu'il ne retrouve sa liberté...

L. A. : Et à quel moment s'élabore la dramaturgie ? Est-ce qu'elle s'opère en amont ?

A. M. : Oui, un petit peu, je sais ce que je ne veux pas...

L. A. : Qu'est-ce que vous ne voulez pas, justement ? Le surlignage, l'ornementation...

A. M. : Oui, la description... Nous nous enorgueillissons d'être arrivés le plus proche du texte, et que la dramaturgie soit bien sûr nouvelle, mais il faut que ce soit la pièce, pas une idée d'un metteur en scène sur une pièce... Shakespeare, par exemple, c'est déjà l'Himalaya et je n'ai pas besoin de rajouter une montagne sur l'Himalaya... Ce que je veux, au fond, c'est que dans la salle le petit collégien le plus ignare et le lettré, le cultivé, soient pris par le spectacle, pris par l'histoire, pris par la vérité de Shakespeare, émus, enchantés, bouleversés, terrifiés, et qu'ils comprennent. Pour être ému, il faut comprendre...

L. A. : Et c'est très compliqué, *Macbeth* ?

A. M. : Moi, je pense que ce n'est pas si compliqué que ça. Je crois qu'on a une vision, comme vous dites, d'innombrables idées des metteurs en scène, y compris au cinéma, qui ont tripatouillé la pièce dans tous les sens, sous prétexte qu'elle était soi-disant amputée... Il y a, en effet, quelques manques dans la pièce, mais sa construction est implacable. Elle est construite comme un roman policier, elle est cohérente, compréhensible, géniale, haletante parce que c'est une des pièces les plus rapides, car Shakespeare connaît l'art du scénario, l'art des ellipses – il connaît tout, de toute façon. Il n'y a qu'à suivre, lui faire confiance et ne pas oublier ce qu'il dit... Parfois, on ne trouve pas une scène, parce qu'on a oublié un détail qu'il fait dire à un personnage, trois scènes auparavant ou trois scènes après, un détail... D'ailleurs, je ne pense pas qu'on puisse parler de « mise en scène » à l'époque...

L. A. : C'était du théâtre forain, où tout le monde restait debout, mangeait, sortait...

A. M. : C'était délicieux, merveilleux, mais des gens se plaignent de la pauvreté de réalisation, de ces simulacres de duel, avec des vieilles épées rouillées... C'est le vers, le verbe qui compte... Depuis 400 ans, des metteurs en scène s'efforcent de donner une lecture la plus cohérente, la plus fidèle des pièces de Shakespeare. C'est un tel génie qu'il est inépuisable...

L. A. : Dans vos mises en scène, vous avez une manière très particulière de prendre le temps en charge. Vous opérez une espèce de suspension du temps, quel que soit le répertoire. Est-ce votre définition du théâtre ?

A. M. : Le théâtre utilise le temps et l'espace, d'une façon très différente du cinéma. Il y a l'espace d'abord. Très

La troupe du Théâtre du Soleil lors du salut de la dernière représentation de *Macbeth* à la Cartoucherie, le 1er mars 2015.

souvent, je dis à un acteur en stage : « Tu es entré et je me suis ennuyée au bout de trois pas, pourquoi ? » Parce qu'il a fait seulement trois pas et je n'ai vu que cela… Si j'avais vu que ces trois pas, c'était un cm ou un km, là, je ne me serais pas ennuyée… Il ne peut pas ne pas y avoir de transformation au théâtre, et lors des répétitions, je dois apercevoir à quel niveau les comédiens ont à faire cette transformation. Pourquoi, lorsqu'un acteur fait trois pas, je m'ennuie immédiatement et je pense à ma facture de gaz, ou pourquoi je suis immédiatement avec lui, sur le champ de bataille, sous la lune, etc ? C'est extrêmement difficile de le savoir, cela devrait presque être le rôle des critiques que de le percevoir et de le formuler. Puis, il y a le temps, qui, au théâtre, est multiple : il y a le vrai temps du spectacle et il y a les raccourcissements, les élongations de temps, qui dépendent de la qualité du jeu mais aussi, chez nous, énormément de la musique, puisque nous avons la chance de travailler avec Jean-Jacques Lemêtre qui, parfois, est le temps lui-même, la mémoire et le destin… Il existe encore un autre temps, le temps donné aux acteurs pour que tout ça se fasse, que ça vienne, s'enracine et que l'arbre s'ouvre vraiment, sans décider d'avance, sans formater le spectacle, sans penser à toutes les contraintes qui sont parfois mutilantes, comme le nombre possible d'acteurs. Il y a trop rarement une grande troupe sur un plateau, et pas assez de sang-mêlé entre des acteurs confirmés et des jeunes encore verts, encore un petit peu « maladroits ». C'est un reproche qu'on nous fait souvent, mais où vont-ils apprendre s'ils ne montent pas sur un plateau ? Une grande partie du théâtre s'apprend sur le tas, mais il faut que ce soit un bon tas… La réceptivité, l'amour du jeu, l'amour de l'autre, cela s'apprend beaucoup sur le plateau.

L. A. : Alors, on parlait du temps, tel que vous arrivez à le créer, la temporalité du moment du spectacle, mais il y a aussi autre chose…

A. M. : Quand ils jouent le soir, les acteurs ne vivent pas la journée de la même manière et, même moi qui ne joue pas, je ne me réveille pas du tout de la même façon les jours de relâche et de représentation. C'est comme lorsqu'on s'apprête à partir pour un grand voyage, il y a cette espèce de fièvre ou de poids, parfois pendant toute la journée… Pourquoi ? Parce qu'on sait bien que c'est un moment très particulier, une représentation. Le spectateur va aussi faire l'effort de

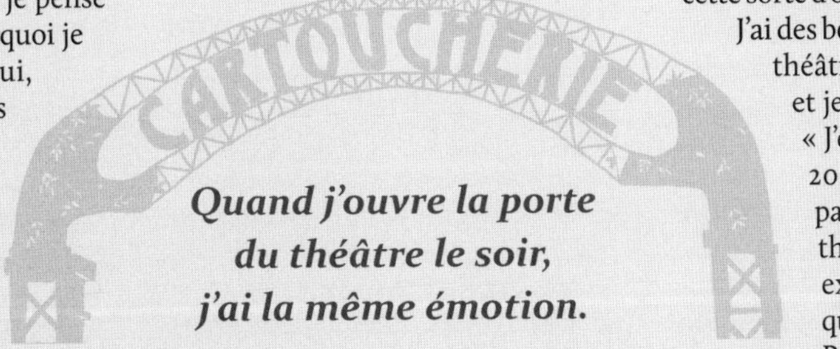

Quand j'ouvre la porte du théâtre le soir, j'ai la même émotion.

sortir de son travail, il arrive souvent fatigué, nerveux, parisien c'est-à-dire de mauvaise humeur, et c'est pendant l'heure qu'il passe dans le hall – et l'équipe qui fait le bar, qui les accueille, le sait – qu'il va commencer à reprendre confiance, à se dire : « Je suis là pour mon plaisir, je vais voir quelque chose qui devrait être beau, j'ai choisi d'être là. Détends-toi, calme-toi, on ne te veut pas de mal, on n'est pas en train de te jeter, on n'est pas en train de te refuser ». C'est très important.

L. A. : Lâcher prise…

A. M. : Oui, enlever son masque… Pendant que les acteurs enfilent leur masque, le public enlève le sien. C'est un moment qui est très fragile, une représentation théâtrale – j'en suis terriblement consciente –, ça peut s'interrompre à tout moment. Un acteur fait une erreur, a un oubli ; c'est une suite de petits incidents, une représentation, c'est un moment suspendu, absolument… À partir du moment où j'annonce l'ouverture du théâtre, il y a cinq cents personnes qui réclament de l'attention, de l'affection, et en donnent énormément. C'est pour ça que je suis là, tous les jours, d'abord parce que j'ai envie de voir le public arriver, j'ai envie de les recevoir, et je m'en trouve récompensée mille fois. C'est un moment d'utopie absolue, c'est-à-dire un moment de projection, comment le monde pourrait être. C'est extrêmement érotique, ce qui lie le public et les acteurs, c'est un moment de désir, de sensualité, de caresses par les yeux… Je pense que le théâtre – qui est un peu abîmé par un système –, c'est un rapport d'offrande. À l'origine, il était offert aux dieux devant des êtres humains, puis le public est devenu, au fond, le dieu… Mais cette présence, cette sorte d'offrande, existe toujours. J'ai des bouffées d'amour pour ce théâtre qui nous tient unis, et je dis à mes comédiens : « J'espère que dans 100 ou 200 ans, on n'expliquera pas aux gens ce qu'était le théâtre comme on nous explique aujourd'hui ce qu'étaient les druides… » Parce qu'au fond, on est des druides, on réunit une assemblée pour partager un banquet merveilleux, un banquet de l'esprit et des sens, le théâtre…

L. A. : Il n'y a pas beaucoup de théâtres qui sont dans des bois comme le vôtre, et il y a une sorte d'accomplissement de nous-mêmes qui s'opère ici. La Cartoucherie est-elle la transcription d'une utopie qui perdure ?

A. M. : La Cartoucherie, c'est un lieu qu'on a sauvé, qui était voué à la destruction si le Théâtre du Soleil ne l'avait pas squatté. Mais, même dans un théâtre au plein cœur de la ville, il pourrait y avoir cette idée qu'on ne pousse pas le public dehors dès qu'il est sorti de la représentation. C'est à l'intérieur du théâtre qu'il faut créer la maison. Après tout, c'est une maison du peuple, un théâtre, c'est leur théâtre. Pendant quatre heures, parfois cinq, parfois huit quand on fait des doubles, le public doit pouvoir se dire : « Pourquoi n'est-ce pas comme ça partout ? Pourquoi sommes-nous si dressés les uns contre les autres ? Pourquoi ne nous répondons-nous pas, pourquoi ne nous regardons-nous pas ? » Beaucoup de gens ont compris à quel point les théâtres sont des lieux de rassemblement, où on devrait pouvoir avoir ce moment de pensée joyeuse, où on peut projeter justement un avenir possible entre les êtres humains...

L. A. : Le théâtre a-t-il une mission ?

A. M. : Quand on reçoit de l'argent public, on a une mission : c'est de faire que ces fonds publics aillent au plus grand nombre, qu'ils soient redonnés au public par des œuvres accessibles et – je vais avoir un langage un peu désuet – éducatrices et jouissives.

L. A. : Mais qu'est-ce qu'une œuvre ?

A. M. : Ce qui mérite au moins ce nom d'« œuvre », c'est un ouvrage. Un ouvrage fait par des gens qui connaissent ou, en tout cas, ont appris leur métier en le faisant. C'est quelque chose qui se tient et qui produit son effet, c'est-à-dire un effet d'émotions esthétiques, d'émotions tout court et de compréhension.

L. A. : Et la commande d'un texte, comment se passe-t-elle ?

A. M. : Moi, je n'utiliserais pas ce terme de commande. Avec Hélène Cixous, il ne s'agit pas de cela... Elle sait que je vais lui parler de dix idées en six mois, elle se tient toujours prête et, à un moment, cela se cristallise sur quelque chose et elle démarre... Elle aussi a un amour du théâtre et de la troupe, elle est extrêmement positive et bienveillante et attentive à nos évolutions, à nos travaux, à nos crises...

L. A. : Et comment s'imposent les thèmes qui vont devenir ensuite des pièces de théâtre ?

A. M. : Je ne sais pas, ils viennent. Quand ils me brûlent, je les propose, et, heureusement, la plupart du temps cette « brûlance » enflamme les acteurs. Pas toujours, j'ai dû une ou deux fois remballer mes idées, mais heureusement peu fréquemment...

L. A. : Et il y a tout un pan qui est inspiré par ce que nous vivons...

A. M. : Oui, bien sûr, mais il faut aussi pouvoir trouver de l'universel dans ce que nous vivons. Qu'est-ce qui, dans tout ce bruit, ce vacarme de l'actualité, est vraiment fracas ? Ce qui fracasse vraiment une société, on met un peu plus de temps à le découvrir et c'est ce que nous devons traiter. Parfois, il y a des choses plus insidieuses qui ne font pas tant de bruit et qui sont fracassantes.

L. A. : Le théâtre peut être aussi une possibilité de redécouvrir la mémoire d'un peuple...

A. M. : *L'Histoire terrible mais inachevée de Norodom Sihanouk, roi du Cambodge* est la première pièce qu'Hélène Cixous a faite pour nous. Il y a un livre qui a été très important pour nous : *Sideshow,* de William Shawcross. Grâce à lui, nous avons compris qu'on ne pourrait pas raconter l'histoire du Cambodge sans avoir Sihanouk, qu'il représentait le Cambodge, avec ses graves erreurs et ses forces, et qu'il fallait faire le spectacle avec lui... Nous avons fait un voyage, Hélène et moi, dans les camps et nous avons fait la connaissance d'un homme extraordinaire, le père Ceyrac, probablement le seul saint que j'ai rencontré dans ma vie. Lorsque Sihanouk lui-même est venu voir le spectacle, ça a été un moment assez vertigineux. Je pense, au fond, que c'est une des rares fois où le spectacle a eu un poids politique réel. François Mitterrand a annoncé qu'il viendrait voir la première partie un dimanche et, à l'entracte, il a fait annuler ses rendez-vous et il a vu la seconde partie, ce qui nous a fait très plaisir... Il était avec Robert Badinter, il s'est assis dans le hall avec les spectateurs, et il nous a beaucoup questionnées, Hélène et moi. Il ne cachait pas qu'il ne connaissait pas bien le dossier et, en une heure, Hélène lui a parlé des personnages, de la tragédie du Cambodge, y compris d'ailleurs du rôle peu reluisant de la France, au moment où les membres de l'ambassade de France installée à Bangkok n'allaient jamais dans les camps... Je sais qu'il a ensuite beaucoup infléchi la politique de la France vis-à-vis des réfugiés du Cambodge... C'est la seule fois où j'ai eu la preuve qu'un spectacle peut avoir un petit poids, être un grain de sable...

L. A. : La pièce a été ensuite jouée au Cambodge...

A. M. : De nombreuses années après, une étudiante d'Hélène, une Américaine devenue spécialiste de la culture khmère, nous a fait part de son désir de faire monter un extrait de *Sihanouk* au Cambodge avec une organisation humanitaire. Je lui ai répondu : « Il ne faut pas que tu montes un extrait mais la pièce entière, et on va essayer de t'aider. » C'est Georges Bigot lui-même, qui jouait Sihanouk, et Delphine Cottu qui l'ont montée avec des jeunes orphelins khmers, en langue khmère, et qui ont fait un spectacle merveilleux... Je pense qu'un spectacle pèse très rarement sur les politiques, sur ceux qui nous gouvernent ou tentent de le faire, mais par contre, je suis certaine qu'il pèse énormément politiquement sur chacun d'entre nous. Je pense que la pièce a beaucoup résonné chez les spectateurs, dans leur attitude vis-à-vis des réfugiés cambodgiens ou du Sud-Est asiatique. Je cite toujours la lettre d'un professeur qui, après avoir vu *Iphigénie,* m'a écrit : « Je connaissais très bien la pièce, je savais qu'Iphigénie avait été sacrifiée, mais j'ai honte de vous le dire, je ne savais pas qu'elle avait souffert. » Dans la chair et dans les émotions, le théâtre concrétise les souffrances, les joies, ce que rarement un journal peut faire. Il faut beaucoup de talent pour qu'un rapport sur un attentat nous fasse comprendre la souffrance réelle qu'il a fait subir à nos semblables. Les souffrances des autres dans leur chair, c'est la littérature qui le fait comprendre, c'est le théâtre, c'est la poésie... Lorsqu'on regarde une photo qui choque, il y a un instinct peut être salvateur qui est de l'oublier. Elle est certainement encore plus utile si elle inspire, justement, une création. Un attentat, ce n'est pas juste un geste rageur, et fou, et bête, c'est une myriade de malheurs, y compris à l'autre bout de la Terre, et ça, c'est l'art qui nous avertit... Le seul rapport de l'incident est loin d'être suffisant pour l'ancrer vraiment dans nos consciences, il faut travailler dessus...

L. A. : Votre théâtre, en effet, n'est jamais la restitution d'une réalité, y

Avec Georges Bigot et Maurice Durozier pendant les répétitions de *L'Histoire terrible mais inachevée de Norodom Sihanouk, roi du Cambodge,* de Hélène Cixous (1985).

compris quand vous faites du théâtre « engagé »…

A. M. : Cela ne suffit pas, la restitution de la réalité. Il faut la beauté de l'acte théâtral pour la rendre lisible… Je pense, par exemple, à la toute première scène du *Caravansérail* : on avait rencontré beaucoup de réfugiés dont certains nous avaient raconté le passage d'une petite rivière glaciale, très dangereuse, parce que le passage se fait la nuit, que le courant est très fort et que, de l'autre côté, il y a des miradors d'où des soldats turcs sont prêts à tirer… Il nous fallait montrer ce que c'était dans l'imaginaire des gens, c'est donc devenu un immense fleuve qui avançait vers le public, car, quand on la passe en pleine nuit, en plein hiver, avec trois enfants, à ce moment-là, la petite rivière est le Styx. Ce n'est pas de l'exagération, c'est la réalité : une sombre étendue d'eau courante qui court très fort dans le noir quasi absolu, par -5 degrés ou même jusqu'à -30 degrés parfois, et après un périple où on a été humilié par les passeurs, où on est resté sans pouvoir faire pipi pendant quarante-huit heures, enfermé dans un camion… C'est l'art des acteurs de le vivre, de le croire. Ils ne peuvent pas avoir cette petitesse d'âme de réduire à la largeur exacte de la rivière le sentiment de ceux qui la traversent. Ils savent qu'à ce moment-là cette petite rivière est aussi féroce qu'un torrent gigantesque. Il ne peut pas y avoir de compassion sans imagination, il faut savoir imaginer ce que l'autre subit, mais cela ne suffit pas pour incarner quelqu'un, il faut aussi l'art du théâtre. Le spectateur doit sentir cette part d'identification et se dire que cette femme, c'est lui, c'est lui qu'on enferme, et, en même temps, cette lucidité, la présence de cette petite chose qui fait qu'il est au théâtre et qu'il s'agit d'un récit… Il doit être dans une émotion qui le relie à cette histoire et, en même temps, conserver la distance, ou plutôt la liberté, pour pouvoir relier cela à une actualité, à des expulsions, par exemple… S'il y a l'art visible, presque techniquement, du théâtre, si la façon de faire, la fabrication, l'artisanat du théâtre ne sont pas cachés, – ça, c'est Brecht, ses suiveurs ont été plus loin en rejetant presque l'émotion, mais, moi, je pense qu'au contraire l'émotion est un véhicule très important de la compréhension –, alors il y a deux plaisirs à la fois : ce plaisir de sortir de soi-même et d'être avec l'autre, de recevoir l'autre, et le plaisir esthétique, presque intellectuel, de voir comment tout ça est fait… Vous ressentez l'émotion et vous devez voir en même temps comment cette émotion vous est donnée. Et, curieusement, l'un n'annule pas l'autre. Au contraire, je crois que ça la multiplie. Par exemple, dans *L'Indiade,* Catherine Schaub jouait une ourse et, quand elle entrait, il y avait une terreur, j'étais ravie qu'il y ait cette ambiguïté, même chez des adultes, je trouvais ça merveilleux… « Est-ce vrai ? Est-ce de l'art ? Du théâtre ? » Il faut qu'il y ait toujours une pointe d'interrogation, la suggestion doit être très bien réussie, mais l'illusion ne doit jamais être totale.

L. A. : Vous avez commencé très tôt avec Shakespeare dans votre itinéraire, et avec le monde de l'illusion, avec Puck. Ce n'était pas rien d'essayer de le concrétiser…

A. M. : Lorsque nous avons monté *Le Songe,* nous étions très jeunes. René Patrignani a été, je pense, un des plus grands Puck qui aient jamais existé. Il a travaillé comme un fou, pendant trois mois de répétitions, il s'est mis des semelles de plomb, qui pesaient chacune 500 g... Lorsque je l'ai appris, il m'a dit : « Tu vas voir, quand je vais les enlever, je vais voler. » Et c'est exactement ce qui s'est passé. Un jour, il les a enlevées et il faisait des bonds, c'était extraordinaire... L'histoire des semelles de plomb de René, c'est aussi un hommage à l'effort, au courage des acteurs. Être acteur, c'est s'oublier soi-même pour trouver l'autre, c'est mettre son corps à la disposition d'un autre corps imaginaire, c'est faire entrer en soi un personnage. Les acteurs sont des invocateurs. Les acteurs comme moi-même avons choisi et choisissons à tout instant ce que nous faisons. Il n'y a rien de subi, mais il faut être très exigeant vis-à-vis de soi-même. Souvent, durant les stages, je dis : « Attention, tu es rentré sur ce plateau sacré, brûlant, redoutable, comme si tu rentrais dans une brasserie ! Non, tu rentres sur un endroit que tu dois ensorceler. La sorcière, c'est toi ! » C'est beaucoup de travail, d'échecs, de chutes, de bobos, parfois beaucoup de chagrin quand on n'y arrive pas pendant longtemps, ou qu'on n'y arrive pas du tout et que finalement un autre réussit. C'est un rapport de rythme, de respiration, d'instinct qui fait que quelqu'un rentre sur le plateau et ne marche tout à fait pareil que sur le plancher des vaches...

Les changements de décors, c'est magnifique à voir si c'est bien fait, [...] on l'invite à voir pendant quelques secondes les entrailles de la machine théâtrale...

L. A. : Les acteurs du Théâtre du Soleil sont extrêmement variés...

A. M. : Tout le monde est là : 24 nationalités, d'âges différents, autant de femmes que d'hommes. Je pense qu'il y a même un peu plus de femmes que d'hommes en ce moment, et c'est essentiel. Évidemment, le salaire est égal pour tout le monde... Il y a une variété formidable de cultures, d'origines, de musiques, d'accents. Il y a des leaders, il y a des gens qui sont en avance, des « poissons-pilotes » comme Duccio Bellugi, Juliana Carneiro da Cunha... Quand je sens qu'un acteur ou une actrice est bloqué et que je n'arrive pas à trouver la formule magique, je leur demande de montrer, parce que je sais combien ils cherchent, ils travaillent, ils ouvrent la porte de l'émotion, et puisqu'ils ne vont pas faire ce rôle-là, ils ont une liberté, une audace qui leur fait oser des choses.

L. A. : Cela signifie que tous les comédiens connaissent tous les rôles ?

A. M. : Il faut savoir travailler avec le texte à la main. C'est important parce que c'est une mine, on peut y retourner alors que, quand le texte est su trop tôt, il y a un moment de mécanisation presque inévitable, et moi je n'aime pas ça. Avec *Tartuffe*, je me souviens, c'était difficile parce que le texte est tellement connu... Alors, je déchirais le texte en petits morceaux et je leur donnais sous la forme de textos. Je leur disais : « Voilà le dernier texto de Molière ! » Pour chasser toutes les autres visions, tous ces siècles d'autres mises en scènes, certaines formidables, qui se sont déposés sur la pièce, il faut tout balayer et la reprendre comme au premier jour où Molière l'a lue à ses acteurs.

L. A. : Comment avoir de l'impatience, justement, par rapport au répertoire le plus classique ?

A. M. : Il faut surtout beaucoup de patience, de l'humilité et de l'attente. Il faut savoir attendre quelqu'un, et savoir qu'un metteur en scène n'a pas effectivement de formules magiques qui, tout d'un coup, libèrent un acteur. Il faut essayer encore, réessayer, envoyer un poisson-pilote, recommencer, retourner au texte anglais...

L. A. : Molière, vous ne pouvez pas le traduire comme Macbeth... Quoique Molière, vous l'ayez peut-être traduit à votre façon aussi, vous l'ayez déplié d'une manière très particulière...

A. M. : Je me suis posé cette question : comment faire pour que les gens soient touchés par *Tartuffe*, qu'ils comprennent l'atrocité de cette pièce ? Et on a situé notre *Tartuffe* dans un pays où ces mariages forcés sont encore coutumiers. Ce n'était

Les spectacles et les films du Théâtre du Soleil

Les spectacles :

Macbeth, 2014
Les Naufragés du Fol Espoir, 2010
Les Éphémères, 2006
Le Dernier Caravansérail, 2003
Tambours sur la digue, 1999
Et soudain des nuits d'éveil, 1997
Le Tartuffe, 1995
La Ville parjure ou le réveil des Érinyes, 1994
Les Atrides, 1990-1992
L'Indiade ou l'Inde de leurs rêves, 1987
L'Histoire terrible mais inachevée de Norodom Sihanouk, roi du Cambodge, 1985
Les Shakespeare, 1981-1984
Mephisto, 1979
L'Âge d'or, 1975
1793, 1972
1789, 1970
Les Clowns, 1969
Le Songe d'une nuit d'été, 1968
La Cuisine, 1967
Le Capitaine Fracasse, 1966
Les Petits Bourgeois, 1964
Genghis Khan, 1961

Les films :

Les Éphémères, 2009
Un soleil à Kaboul... ou plutôt deux !, 2007
Le Dernier Caravansérail, 2006
Tambours sur la digue, 2002
D'après La Ville parjure ou le réveil des Érinyes, 1999
Au soleil même la nuit, 1997
La Nuit miraculeuse, 1989
Molière, 1978
1789, 1974

pas politiquement correct à l'époque de mettre *Tartuffe* au Moyen-Orient, mais, du coup, *Tartuffe* faisait peur, l'utilisation du concept de Dieu pour prendre le pouvoir était effrayante, et la folie d'Orgon vraiment apparente.

L. A. : Vous revendiquez la notion de patrimoine au théâtre qui, par définition, est un spectacle vivant, mais il y a toutes les preuves de l'existence de ce travail par la captation…

A. M. : Le théâtre, c'est l'art du présent, donc il vieillit, et c'est le danger des captations. C'est toujours ça qui m'inquiète un peu et, en même temps, c'est une trace. Aux spectateurs de juger de sa qualité… Le cinéma permet de redonner ce qu'au fond le public fait avec son œil, il fait des panoramiques, des travellings avant, des gros plans. C'est ça qu'on devrait retrouver et, ça, il n'y a que le cinéma qui peut le retrouver, pas une captation… En ce sens-là, je revendique le film du *Caravansérail* et celui du *Fol Espoir* comme de vrais films.

L. A. : Comment faites-vous pour définir une multiplicité d'espaces sur un plateau unique ? Et pourquoi y a-t-il souvent cette impression de cavalcade dans vos pièces ?

A. M. : Parce qu'il faut aller vite ! Tout part quand même d'un espace vide mais pas stérile qui appelle l'imagination des acteurs et l'imagination du public… Alors, pourquoi ça cavale ? Je déteste les noirs au théâtre. Les gens n'ont pas payé pour voir du noir et je trouve que les changements de décors, c'est magnifique à voir si c'est bien fait, c'est une petite respiration pour le public, on l'invite à voir pendant quelques secondes les entrailles de la machine théâtrale… Évidemment, ces choses-là doivent être faites en courant, parce que la rapidité attise l'attention et parce que c'est une politesse que d'être rapide !

L. A. : Quelle est l'importance du masque ? Comment l'avez-vous découvert ? Pourquoi l'utilisez-vous dans certaines pièces et pas dans d'autres ?

A. M. : Le masque est toujours en lisière, même quand il n'est pas là : un acteur est masqué, il met le masque corporel, et même transparent, du personnage. Du point de vue de la formation, c'est un outil magnifique, parce qu'on ne peut pas être réaliste ou psychologique sous un masque. Tant que le masque ne vous impose pas son corps, son rythme, ses réactions, on n'est rien et on souffre beaucoup… Pour certains, ça prend un petit peu de temps, pour d'autres beaucoup, et certains n'y arrivent jamais…

© Michèle Laurent

Ariane Mnouchkine dans le hall d'accueil du Théâtre du Soleil pendant les représentations de *Macbeth*, en mai 2014.

L. A. : Impossible de ne pas parler des marionnettes non plus !

A. M. : Les marionnettes, elles, ce sont nos maîtres… Il faut toujours se souvenir que les acteurs de Kabuki allaient voir les marionnettes pour s'inspirer de la gestuelle, échapper au réalisme, trouver la transformation et la musicalité du mouvement, exactement comme les marionnettes essayent d'être les plus humaines possible, mais elles ne le sont pas tout à fait puisqu'elles ne sont pas tout à fait humaines…

L. A. : Comment rentre-t-on chez vous ?

A. M. : Par les fenêtres ! J'ai une théorie selon laquelle les gens qui veulent vraiment entrer au Soleil finissent par entrer, en nous aidant, en étant au bar… Le problème, ce n'est pas tellement de rentrer, c'est de rester… On reste si on est indispensable, précieux, aimé… Nous avons 50 ans, et il y a des gens qui sont là depuis plus de 38 ans…

L. A. : Vous vous interrogez sur l'avenir ?

A. M. : Oui, nous sommes très protégés les uns par les autres, mais nous sommes tout de même secoués par le monde, les nouvelles du monde rentrent… Comment résister, comment continuer le plus possible à nager à contre-courant, sans se faire noyer ? Et puis, j'ai 75 ans, il faut savoir comment le Théâtre du Soleil va exister, se transformer…

L. A. : Et le rêve que vous n'avez pas réalisé encore ?

A. M. : Il existe, ce rêve. Le rêve, c'était le Théâtre du Soleil. Il existe, en train de se faire, il n'est pas parfait, il n'est pas fini, il est en mouvement, il est ballotté, secoué. Parfois il flotte sereinement, parfois il est sur une mer démontée, parfois on croit qu'il va couler, mais non, c'est un navire, c'est un voyage… ■

Le Théâtre du Soleil accueille cet automne :
Chute d'une nation (texte et mise en scène de Yann Reuzeau), jusqu'au 11 octobre.
De L'ambition (texte et mise en scène de Yann Reuzeau), jusqu'au 16 octobre.
Bouc de là ! (création de La Baraque Liberté, mise en scène de Caroline Panzera), du 30 octobre au 13 décembre 2015.
La Ronde de nuit (création collective par le Théâtre Aftaab en Voyage, mise en scène de Hélène Cinque), du 30 octobre au 13 décembre 2015.

LE VENTRE D'ULYSSE

ON NE PARLE PAS LA BOUCHE PLEINE
Diffusion : 17/05/2015

Production : **Alain Kruger**
Réalisation : **Delphine Lemer**

*Voyage sur les traces du divin Ulysse, l'homme aux mille ruses et à l'appétit homérique, en compagnie de l'écrivain Daniel Mendelsohn. Du banquet de l'Olympe, au festin de Poséidon en Éthiopie, à son fils le Cyclope Polyphème, ivre de vin et de rage, la nourriture est au centre de l'*Odyssée*. Et n'oublions pas qu'Ulysse est sauvé par un ventre, celui du cheval de Troie...*

À gauche : **Page de titre d'une édition de l'*Odyssée*, illustrée par François-Louis Schmied, publiée à Paris en 1930-1933.**

Né à Long Island en 1960, **Daniel Mendelsohn** a fait des études de lettres classiques à l'université de Virginie et à Princeton. Helléniste distingué, enseignant à Bard College, c'est aussi un critique littéraire célèbre, qui écrit notamment pour la *New York Review of Books* et la *New York Times Book Review.* Son ouvrage *Les Disparus* (Flammarion, 2007) a été couronné par le prix Médicis étranger. Il est également l'auteur de *L'Étreinte fugitive* (Flammarion, 2009) et *Si beau, si fragile* (Flammarion, 2011). Son prochain roman, *Une Odyssée, un père, un fils et une épopée,* est en préparation.

Alain Kruger : Dans *Les Disparus,* il y avait déjà une histoire d'Odyssée, et votre prochain livre, *Une Odyssée, un père, un fils et une épopée,* nous plonge dans ce monde hellénique que vous aimez tant et qui fait de vous un intellectuel américain, helléniste et francophile, qui s'intéresse aussi au ventre d'Ulysse…

Daniel Mendelsohn : Ce ventre est très important dans l'histoire de la poésie…

A. K. : Qu'est-ce qui différencie l'*Iliade* et l'*Odyssée* du point de vue du ventre ?

D. M. : L'*Iliade,* c'est une épopée sur la mort, c'est un modèle pour toutes les tragédies, alors que l'*Odyssée,* c'est la mère de toutes les comédies qui n'ont jamais été écrites. La comédie doit être une histoire sur la nourriture, car il faut manger pour vivre et survivre, et comme on le sait, l'*Odyssée,* c'est le conte d'un homme qui veut survivre. L'événement le plus important dans l'*Iliade,* c'est la mort, la mort d'Hector, la mort de Patrocle, l'*Iliade* ne se soucie pas de la nourriture. Il y a bien sûr les festins, il y a cette question tout à fait homérique de l'hospitalité, mais les processus du corps font davantage partie de l'*Odyssée.* Ulysse doit survivre : obtenir de la nourriture est un souci constant, qui n'apparaît jamais dans l'*Iliade.*

A. K. : L'histoire du cheval de Troie, racontée dans l'*Odyssée,* est une histoire de ventre, puisque les compagnons d'Ulysse sont à l'intérieur du cheval…

D. M. : Oui, et c'est Ulysse lui-même qui a cette idée, qui invente la ruse du cheval de Troie. Dès la fin de la guerre, il est déjà question de ventre. Dans l'*Odyssée,* le personnage d'Ulysse parle beaucoup de son « *gaster* » – la racine grecque du mot « gastronomie » –, il dit toujours qu'il lui faut « obéir à son ventre ». Le lecteur est toujours conscient de la présence de ce ventre, et de la nécessité de manger, de survivre, et aussi métaphoriquement, symboliquement, de ces autres ventres dont l'exemple le plus grand est celui du cheval de Troie.

A. K. : Tout commence par un banquet sur l'Olympe où les dieux discutent du sort de cet humain, et tout se termine aussi par un banquet après qu'Ulysse a massacré tous les prétendants…

D. M. : Au début de l'épopée, Neptune (Poséidon) s'en est allé pour un festin avec les Éthiopiens, et c'est à cause de cela que les autres dieux peuvent enfin aider Ulysse à rentrer chez lui. En effet, c'est Neptune qui s'est fâché contre lui, Ulysse ayant blessé gravement son fils, le Cyclope, qu'il a aveuglé d'un coup de pieu…

Extrait du film Ulysse, *de Mario Camerini, avec Kirk Douglas et Silvana Mangano :*

« Non, aucun de vous ici ne vaut mon père !
– Nous sommes des hommes comme lui, n'avons-nous pas aussi sa force d'âme et aussi un cœur noble ?
– Vous n'êtes tous ici que des affamés insatiables. Ne pensez-vous pas à ce que vous dévorez chaque jour ? Presque la totalité de nos richesses, sans que vous soyez une seule fois repus… Cessez de dilapider les réserves

d'Ulysse, allez ailleurs ! Et cessez de souiller cette salle avec vos orgies... »

A. K. : C'est Laërte qui invective les prétendants...

D. M. : La question morale de l'*Odyssée,* c'est l'hospitalité, la manière de bien traiter les autres êtres humains, et c'est aussi une question de nourriture, le fait de ne pas manger les biens d'un autre... Les prétendants engloutissent les réserves du palais royal d'Ulysse, mangent les bestiaux, boivent tous les vins des caves.

A. K. : Avant de dévorer la reine et son fils...

D. M. : Oui, et c'est ça qui offense les dieux, qui se soucient beaucoup des questions d'hospitalité. Dès le début du poème, il est donc question de nourriture.

A. K. : Poséidon est invité lui aussi à un festin, en Éthiopie, et il n'y a pas de festin sans vin...

Extrait du film Ulysse, *de Mario Camerini :*

« Ce mouton est-il rôti ?
– Je n'aime pas cet endroit Ulysse, souviens-toi des empreintes...
– En voilà assez, regarde ce fromage comme il est gros !
– Donne-moi la lance, tiens-le bien...
– Faisons un peu de vin, c'est meilleur que le lait !
– Bien sûr ! Mais il n'y a pas de festin sans vin !
– Emportons tout ce que nous pouvons. Crois-moi Ulysse, partons d'ici le plus vite possible !
– Songe avant tout à ton estomac, soigne-le... »

A. K. : « Songe avant tout à ton estomac » : il est bien question de se soucier de son ventre, comme vous le disiez.

D. M. : L'*Odyssée* raconte l'histoire, disons, du premier touriste au monde. Ulysse voyage parce qu'il veut rentrer chez lui, mais aussi parce qu'il s'intéresse à d'autres cultures, civilisations, qu'il rencontre. Et ce qui différencie ces diverses civilisations dans le poème, ce sont l'agriculture, la viticulture, l'élevage. Le Cyclope, lui, représente un manque presque total de tous les signes de civilisation : il ne maîtrise pas l'agriculture, il ne sait faire que des fromages,

Le Cyclope Polyphème dans le film de Mario Camerini, 1955.

et c'est à cause de cela qu'Ulysse peut le vaincre, car le Cyclope ne reconnaît pas, n'a jamais vu de vin de sa vie !

A. K. : Comment voyez-vous ce Cyclope Polyphème qui découvre donc le vin ? Un vin un peu particulier, qu'on mettait d'ailleurs dans un cratère et que l'on mélangeait avec de l'eau pour le rendre buvable, très dense, une sorte de cognac, une espèce de résiné très épais... Polyphème est un cannibale, et le premier interdit alimentaire, c'est le cannibalisme...

D. M. : C'est intéressant car le père du Cyclope Polyphème est Poséidon, qui est aussi le grand-père, le fondateur de la race des Phéaciens qui représentent l'autre bout de l'arche de la civilisation, la partie la plus civilisée. Poséidon est responsable à la fois de Nausicaa et de Polyphème. On marque toujours la différence entre les civilisations par le degré de culture, dans le sens le plus profond du terme...

Extrait du film Ulysse, *de Mario Camerini :*

« Mais comme ils sont coriaces ces Grecs et que leur chair est fade...
– Non, non, Ulysse ne t'approche pas !
– Je désire que tu me goûtes ceci, comme ça, nous serons mangeables !
– Qu'est-ce que c'est ?
– Du vin !
– Du vin ? On dirait du sang...
– C'en est ! N'est-ce pas le sang de la vie ?
– Pourquoi me l'offres-tu ?
– Je veux te plaire et te séduire, peut-être est-ce pour te rappeler les lois de l'hospitalité et que tu nous laisses sortir...
– On verra après, donne-m'en un peu pour voir ! ... Il est bon, oui ! »

D. M. : L'*Odyssée* est elle-même comme une sorte de ventre, avec plein de bonnes choses dedans, et elle n'est pas filmable ! À mon avis, il faut sélectionner un épisode. Avec ce film, ils ont essayé de tout faire et c'est un désastre...

A. K. : Il y a aussi le film de Godard, *Le Mépris,* qui se déroule sur l'île « aux chèvres », Capri, une île qui existe dans l'*Odyssée,* n'est-ce pas ?

D. M. : On a souvent identifié des lieux réels à partir des indications données dans l'*Odyssée.* J'ai fait une croisière avec mon père – c'est l'histoire que j'ai décrite dans mon nouveau livre – qui suivait les pas d'Ulysse, et on est allés à Malte voir les caves de Calypso, mais on ne sait jamais vraiment...

A. K. : Le voyage d'Ulysse est celui du premier touriste, mais c'est aussi l'éternel retour, l'impossible retour. Godard dans *Le Mépris* donne sa version : en fait, sa vie à Ithaque l'ennuie beaucoup, il ne veut pas du tout retourner voir Pénélope son épouse, donc il fait des petits détours pas désagréables, chez Circé, chez les sirènes... Il y a aussi le film des frères Coen, *O'Brother,* dans lequel les sirènes enivrent George Clooney et ses compagnons... Homère, c'est aussi le poète de l'ivresse ?

D. M. : Oui, mais les sirènes représentent l'un des rares dangers à ne pas être liés à la nourriture. C'est le danger de la musique, du chant, qui représente l'oubli. Un jour, j'ai lu un article sur l'*Odyssée* dont l'auteur soutenait l'idée que le poème récité par les sirènes, c'est l'*Iliade,* c'est-à-dire le passé. Ce chant représente le danger de se perdre, dans la gloire du passé. Dans le film des frères Coen, j'adore cette scène : les sirènes font disparaître un des trois hommes, je crois, ou en transforment un en grenouille...

A. K. : Comme Circé transforme les compagnons d'Ulysse en pourceaux...

D. M. : Oui, ils mélangent les deux scènes de l'*Odyssée,* celle de Circé et celle des sirènes...

A. K. : En permanence revient cette idée de goûter, une texture, un sentiment, un poème...

D. M. : Ce qui est représenté dans la scène des sirènes, c'est le fait de goûter un plaisir interdit, celui d'un chant qui pousse ceux qui l'entendent à se jeter à la mer... C'est typiquement « ulyssien » : l'homme aux mille tours veut goûter ce plaisir interdit sans perdre la vie. Et il invente une façon d'y parvenir, il demande à ses compagnons de le lier au mât. Le chant, comme la nourriture, représente le plaisir dans l'Odyssée, on doit savoir quand il faut y résister et quand il est permis d'y goûter...

A. K. : Mais Ulysse ne résiste pas tant au plaisir, charnel dans tous les sens du terme d'ailleurs.

D. M. : À mon avis, non... Beaucoup de classicistes pensent que le signe d'Ulysse, qui veut tout goûter, tout expérimenter, c'est sa capacité à résister quand il le veut. Dans le quatrième chant, Hélène de Troie, la fille de Zeus, sait imiter les voix des femmes des soldats grecs. Les hommes dans le ventre du cheval entendent les voix, comme le chant des sirènes : c'est une autre scène de tentation, une occasion de trahir. Un homme est sur le point de s'écrier : « Ô ma femme, ô ma femme, viens ici... » Et c'est Ulysse qui sauve la situation. Néanmoins, le plus important pour lui, c'est de se faire nourrir.

Odysseus (Ulysse) ressert du vin rouge au Cyclope afin de l'enivrer et lui échapper.

Ce choix me semble être le plus touchant de toute la littérature : Ulysse choisit la mort.

Extrait du film Ulysse, *de Mario Camerini :*

« Bonjour mes amis, on a eu le temps de se reposer ? On vous a donné des flacons de vin, les avez-vous reçus ?
– Nous sommes fatigués de manger et de boire, et de vivre sans but dans cette île étrange. Nous avons une maison, une famille qui nous attendent à Ithaque.
– Je sais, oui, je sais, Euryloque, je suis de cet avis. Aussi, je crois que vous devriez commencer à peindre d'une autre couleur le bateau... »

D. M. : Les Phéaciens représentent les plus civilisés, mais même eux ne sont pas parfaits. Ce n'est pas la civilisation qui est bonne pour Ulysse. Le bon choix est en Ithaque. Les Phéaciens n'ont que des plaisirs, des festins, des jeux, ce sont de grands chanteurs, danseurs. Entre la douleur, la souffrance, que représente le Cyclope, et le délire, le plaisir incessant, que représentent les Phéaciens, ou encore les prétendants, qui ne font que manger et boire, il doit exister quelque chose, et c'est ce juste milieu qu'il faut atteindre...

A. K. : Dans la fameuse scène du Cyclope, Ulysse dit à Polyphème : « Mon nom est personne »...

D. M. : Le mot grec utilisé a deux sens, comme en français le mot « personne », qui peut désigner « une personne », ou « personne »... Selon la syntaxe, *Utis* veut dire « personne », *nobody,* ou se transforme en *métis. Utis,* c'est presque le nom d'Ulysse en grec – *Odysseus* –, mais *métis,* c'est exactement le mot en grec pour désigner « personne », qui est le nom qu'il assume dans cette scène, et aussi le mot pour la « ruse ». Au moment où il triomphe sur Polyphème, Ulysse dit : « Métis, tu as tué, ou blessé »... À la fois, il n'est personne et il représente la ruse elle-même, incarnée.

A. K. : Quand on lui propose l'immortalité, Ulysse choisit l'humanité. Il choisit d'être un homme, et être un homme, c'est boire et manger, alors que les dieux ne font que « respirer » les parfums des mets...

D. M. : Je dis souvent à mes étudiants que ce choix me semble être le plus touchant de toute la littérature : Ulysse choisit la mort. Il sait qu'il rentre auprès de sa femme, il refuse l'offre de la déesse qui lui a promis de le transformer en dieu, et il va mourir. Le texte commence par traiter du corps humain, et se finit ainsi. L'*Odyssée* est absolument obsédée par le corps, la chair, le fait de nourrir son corps, mais tous ces processus ont une fin...

A. K. : La faim conduit à la fin...

D. M. : C'est beau, incroyablement touchant. Il choisit la mort, l'autre côté de la nourriture.

À VOIX NUE

ÉRIC CANTONA
L'ERMITE CONTRARIÉ

« Le vrai courage,
c'est de se retrouver
face à soi-même »

© Nicolas Guérin / Contour by Getty Images

ÉRIC CANTONA L'ERMITE CONTRARIÉ

À VOIX NUE
Diffusion du 28/09 au 2/10/2015

Production : **Jean-Michel Djian**
Réalisation : **Luc-Jean Reynaud**

À 48 ans, il continue de jouer, se faire plaisir, donner de la voix. Mais aujourd'hui, c'est le cinéma, la photo, la peinture qui le tiennent. L'art au sens le plus énigmatique du terme, quand il faut creuser le mystère, affronter le monde et ses contradictions, l'Art quand il faut voir grand. Le foot ? Il est là mais en fond de décor, juste parce qu'il est impossible pour le commun des mortels d'oublier ce génie du ballon écorché et indomptable que les supporters anglais ont, en 2001, élu « Joueur du siècle », rien que ça !

Jean-Michel Djian : Peut-on dire aujourd'hui, Éric Cantona, que cette fièvre rebelle qui gît en vous caractérise encore votre personnage, votre humanité ?

Éric Cantona : Je ne sais pas trop. Déjà, le mot « rebelle » a perdu de son sens. Mais la vraie liberté, je vais vous dire, serait d'être ermite, voilà... Parce qu'être rebelle, être en rébellion contre quelque chose, c'est vouloir créer un autre monde. Je trouve que la vraie liberté, le vrai courage, c'est justement de ne pas être en rébellion contre quoi que ce soit, c'est de se retirer. Se retirer, pas se foutre en l'air... Se retirer, vivre en totale harmonie avec la nature, sentir l'énergie de la nature.

J.-M. D. : Et celle des hommes ?

É. C. : Les rapports que j'essaie d'avoir avec les hommes sont des rapports très charnels. Je cherche une vraie relation avec les gens, une vraie relation avec les lieux. Ça, c'est ma vie de tous les jours. Mais le vrai courage, je pense sincèrement qu'il est de se retrouver face à soi-même. *(Silence)* Parce que la nature nous propose tout. Le monde d'aujourd'hui ne me fait pas rêver. Et je ne crois pas qu'il fasse rêver grand monde d'ailleurs. Donc, la vraie rébellion, pour moi, ce n'est pas se rebeller contre un monde, c'est se rebeller contre soi-même et avoir le courage de vivre en dehors du monde. Sans vouloir changer. Un conteur, un jour, disait ceci : c'est un type qui est dans un village, qui raconte une histoire, mais personne ne l'écoute ; une histoire qui voudrait changer le monde. Et puis, on repasse la semaine d'après : il n'y a toujours personne pour l'écouter, mais il continue de parler. On repasse des années après, il n'y a toujours personne pour l'entendre, et il continue de parler et de dire qu'il veut changer le monde. Et puis, un jour, des années après, il y a un mec qui arrive avec son enfant, et le petit lui dit : « Mais ce mec-là, il parle comme ça, il est fou, il n'y a personne qui l'écoute et il continue de parler. » Alors, le type en question va le voir et il lui dit : « Vous savez, moi, je viens avec mon enfant qui me dit que personne ne vous écoute. Et moi, je passais déjà il y a des années et c'était déjà pareil. » Et le mec lui dit : « Je continue de parler pour ne pas que le monde me change. » Et je trouve ça très fort.

J.-M. D. : Cette tentation de l'extrême solitude, Éric Cantona, c'est quelque chose qui vous traverse encore l'esprit à 48 ans ?

É. C. : Oui. Ma grand-mère, qui était une conteuse extraordinaire, nous a toujours parlé d'un oncle en Ardèche qui vivait en ermite et, au fond, je l'ai connu à travers les mots de ma grand-mère. Et ma mère, elle, vit de la même manière ou presque. Elle sort très peu, mais elle parle aux animaux, aux fleurs, à la nature, quoi ! J'ai connu des gens qui, en effet, tenaient, comme elle, des discours qui pouvaient paraître incohérents. En réalité, ils n'ont rien d'incohérent, ils correspondent seulement à un monde. On les appelle parfois les « fous du village ». C'est là-dedans que je trouve mon bonheur.

J.-M. D. : Pour vous, les fous sont des poètes ?

É. C. : Je ne sais pas. J'ai lu et relu plusieurs fois *Van Gogh le suicidé de la société* d'Antonin Artaud. Et ça me parle... Je me méfie beaucoup, en tous les cas, des infos qu'on reçoit, je me méfie beaucoup de tout, en fait : de comment on a écrit l'Histoire, de comment on a décidé de nous la raconter. L'Histoire, elle est racontée par les vainqueurs. Donc, je me méfie beaucoup d'elle.

J.-M. D. : Revenons un petit peu en arrière, quand même, du côté des Caillols, à Marseille, lorsque vous étiez enfant. Qu'est-ce qui vous reste de souvenirs de cette bourgade qui vous a vu naître en 1966 et qui est devenue, en moins de dix ans, une cité HLM, une banlieue urbaine ?

É. C. : Je l'ai pas connue, la bourgade à proprement parler, je l'ai connue à travers les photos de quand j'étais bébé, les photos qui sont prises dans les champs à perte de vue. Et puis, petit à petit, on a construit. Mais le souvenir que j'en ai, ce sont mes grands-parents, arrivant aux Caillols en 1955-1956. Ils ont vécu dans une grotte. Une vraie grotte. On a des photos. Mon père né en 1940, avait alors 15 ans. Ils ont vécu là-dedans avec le froid de 1956, on voit les stalactites sur les photos, avec le poêle à bois pour essayer de se chauffer, et ils ont construit comme ça. Enfin... ils ont commencé à construire cette grotte, à rénover et, à partir de cette grotte, ils ont commencé à faire une maison. Ma grand-mère allait chercher en bas très, très loin les sacs de ciment, et les montait, et mon grand-père construisait. Moi je les ai vues, ces photos, ce n'est donc pas une légende.

J.-M. D. : Elle existe toujours cette « grotte » ?

É. C. : Elle existe toujours, c'est la chambrette de la maison de mes grands-parents, et ils avaient fait un toit-terrasse en prévision de le surélever pour y loger mes parents. Et nous, on a grandi là-dedans, dans une maison qui a mis dix ans à se construire. Nous, les enfants, on a toujours participé à cette construction le mercredi, lorsqu'il n'y avait pas école. Avant d'aller jouer, il fallait qu'on porte le sable, qui était déposé en bas... Et c'est la grand-mère qui veillait ! On remontait les seaux et là, on les installait sur une poulie pour les remonter sur le toit-terrasse. Et tant qu'on n'avait pas, mes frères et moi, monté 10 seaux de sable, on n'avait pas le droit d'aller jouer. En même temps, nous forgions une vraie communauté. En réalité, je me suis construit en même temps que la maison. Et je me dis, des fois, et aujourd'hui surtout : est-ce que j'aurais aujourd'hui le courage de faire ce qu'ils ont fait ? Je ne crois pas.

LE MONDE D'AUJOURD'HUI NE ME FAIT PAS RÊVER

Le golfe de Marseille vu de l'Estaque, peint par Paul Cézanne vers 1883-1885.

J.-M. D. : D'où vient la force de cette génération ?

É. C. : Quand on n'a pas l'argent pour payer qui que ce soit, on fait tout. Et se dire que ça va durer des années… Mais, en fait, je vous raconte ça pour vous dire que c'était juste extraordinaire… On a eu une chambre avec mes frères qui devait faire 70 cm. Entre le lit et la fenêtre, il devait y avoir 30 cm, entre les deux lits, il y avait 30 cm et l'autre lit était collé à la cloison. Mon frère Jean-Marie, qui était l'aîné, dormait dans le lit seul, mon petit frère et moi dans le lit qui était contre le mur, chacun la tête… On se touchait les pieds, quoi ! Nous vivions de cette manière jusqu'à l'âge de 10 ans. Mais c'était extraordinaire ! On a grandi avec certaines valeurs : celle du travail, l'amour des nôtres, et, comme beaucoup d'autres, on se contentait de pas grand-chose. À Marseille, il y a des petites calanques, il suffisait d'y aller, de s'acheter un bout de pain et de fromage, et de passer l'après-midi. C'est ça que j'ai envie de transmettre à mes enfants.

J.-M. D. : Quel regard portiez-vous sur votre père ou votre grand-père maçon ? Est-ce que vous les admiriez ou, au contraire, vous les plaigniez ?

É. C. : Ah, non ! Je ne les plaignais pas… Ces générations ont connu la guerre, la misère, mais ces gens avaient beaucoup de personnalité, ça crevait les yeux.

J.-M. D. : Votre père Albert était certes infirmier, mais il adorait la peinture. En même temps, quand vous aviez 6 ans, ce n'était pas forcément cela qui vous intéressait. C'était plutôt le foot et la récompense de ces efforts, c'était peut-être d'aller sur un terrain, ou le retour de cette promiscuité dont vous parlez, c'était peut-être de trouver un terrain libre, et de pouvoir taper dans un ballon…

É. C. : Il nous emmenait voir des expos aussi, mon père. On n'allait pas au Louvre, on était à Marseille, on allait voir les galeries marseillaises des peintres provençaux : Chabaud, Pierre Ambrogiani… Et puis, mon père peignait et on était avec lui. L'odeur de l'essence de térébenthine, l'odeur de la peinture à l'huile, ces odeurs-là, je les ai encore dans la tête. Et on a grandi avec. J'en garde un sens de l'observation du monde, de la beauté du monde, d'une lumière, d'un paysage.

J.-M. D. : Le ballon, la peinture…

É. C. : C'était le football et la peinture, voilà… Le football, la peinture, et puis des moments de vie. Mais le football n'était pas présent simplement parce qu'il y avait un stade au milieu

Crédits : © Presse Sports

Johan Cruyff et les Pays-Bas contre l'Uruguay, lors de la Coupe du monde 1974.

de toutes ces cités, qui existe encore aujourd'hui, mais un club, un vrai club... C'était un super club formateur. C'est important les clubs amateurs. Parce que l'entraînement, c'est quoi ? Aujourd'hui, les jeunes s'entraînent deux fois par semaine. Nous, on s'entraînait le mercredi, c'était deux heures par semaine, et puis on jouait le match le week-end, donc samedi ou dimanche selon l'âge. Mais le reste du temps, on était avec un ballon toute la journée ! À l'école, à la cantine on était avec le ballon, à la récréation on était avec le ballon, à la maison on était avec le ballon, après la douche c'était avec le ballon, d'une porte à une autre, avec les copains en bas, c'était le ballon. C'était tout le temps le ballon, le ballon, le ballon... Tout le temps ! Et des gamins, on n'en voit plus trop jouer de façon anarchique, comme ça, quoi ! Comme si tout devait être hyperstructuré.

J.-M. D. : Entre taper le ballon dans la rue au débotté, comme vous faisiez avec vos copains, et l'entraînement du mercredi, qu'est-ce qui faisait la différence ? C'était l'éducateur qui venait donner des règles et indiquer ce qu'il fallait faire ? C'était la prise de conscience qu'il existe une équipe ? Qu'on ne peut pas gagner seul ?

É. C. : On apprenait la technique, comment contrôler un ballon, comment contrôler un mouvement, comment faire une passe du plat de pied, comment faire une passe du coup de pied, comment on fait un centre, comment on fait une reprise de volée, des gestes techniques comme ça ! Mais après, c'est comme aller avec un prof de musique et se contenter de l'heure que vous passez avec lui, alors que toute la semaine, il faut répéter seul. Et nous, on répétait tout le temps, on répétait ce qu'on nous apprenait au club, mais on inventait aussi des choses. On s'inventait notre football, on s'inventait une finale de coupe, on s'inventait...

J.-M. D. : Vous aviez l'imagination féconde quand vous étiez aux Caillols ? Vous vous représentiez vraiment en finale de Coupe d'Europe, en Coupe du monde ?

É. C. : Il n'y avait pas beaucoup de matches à la télé, à l'époque. Mais, par exemple, je me rappelle très bien d'une finale de coupe Marseille-Bastia, en 1973, où, après le match, on était tous les joueurs de l'Olympique de Marseille ! On s'identifiait aux plus grands. Moi, j'ai grandi dans une proximité imaginaire avec l'équipe des Pays-Bas, avec celle de l'Ajax d'Amsterdam.

J.-M. D. : Celles de Johan Cruyff...

É. C. : Oui. C'est la personne qui, je crois, a apporté le plus au football, en tant que joueur et, plus tard, en tant qu'entraîneur. C'est-à-dire qu'il a participé à deux révolutions. La première comme joueur avec l'Ajax dans les années 1970, et la deuxième comme entraîneur avec

JE SUIS UN VRAI AUTODIDACTE

Barcelone. Et aujourd'hui, les jeunes Barcelonais sont tous des enfants de Cruyff. Guardiola, c'est tout l'héritage de Johan Cruyff, de Barcelone !

J.-M. D. : Vous vous souvenez de la première fois que vous avez vu Cruyff à la télé ?

É. C. : Non. Par contre, je me rappelle très bien de la finale de Coupe du monde. J'étais en Espagne, à Barcelone, chez mes grands-parents maternels. À Martorell, exactement. Je me rappelle avoir pleuré après le match. Et l'année dernière, je me suis retrouvé en Malaisie avec Cruyff et Breitner… Incroyable ! C'est-à-dire Breitner des années 1970, enfin… de la Coupe du monde de 1974, et Cruyff !

J.-M. D. : Alors, on se souvient, évidemment, tous de Cantona attaquant, mais peu de gens savent ou se rappellent que vous avez commencé comme gardien. Aux Caillols, vous étiez gardien, avec des gants ! Qu'est-ce qui a fait qu'à un moment donné vous vous êtes dit : « Ce n'est pas ma place, la mienne c'est devant » ?

É. C. : Ce n'est pas compliqué. Les Caillols, c'était un grand club formateur. Mon père était gardien, j'ai voulu jouer gardien comme mon père. Mais, je jouais dans une équipe où on gagnait 6 à 0, 7 à 0… c'est-à-dire que, toute la semaine, j'attendais le match et je ne touchais pas le ballon, et donc je me suis dit : « Il faut que je m'amuse, quand même ! » J'aurais joué dans une équipe moyenne, j'aurais continué en tant que gardien. Jusque-là, je m'ennuyais, on dominait tellement ! Et je suis passé devant. C'est aussi simple que ça. Je pense que j'aurais fini gardien. De toute façon, j'ai toujours aimé les postes à responsabilités : c'était gardien ou devant.

J.-M. D. : Les extrêmes !

É. C. : Les extrêmes. Tous les rôles, tous les postes sont importants. Mais, pour moi, c'était arrêter les buts ou marquer.

J.-M. D. : Et l'école ? On dirait qu'elle ne vous a pas marqué.

É. C. : C'est vrai. Je suis allé en 4e-3e, j'étais en foot-études. Là, c'était entraînement tous les jours à l'âge de 13-14 ans. J'y ai rencontré quelqu'un d'important pour moi, Célestin Oliver. C'était l'entraîneur et le prof de gym, mais c'était l'un des grands joueurs qui a fait partie de la Coupe du monde de 1958. Et donc, moi, je n'ai jamais redoublé, je suis toujours passé… Le rêve de mes parents était que je devienne fonctionnaire. Mais le football était ma priorité, ils le voyaient. Alors, ils m'ont dit : « Veux-tu partir en formation à Auxerre, à 700 km ? » C'est-à-dire qu'ils ne m'ont pas dit « il faut y aller », mais ils m'ont dit « tu veux y aller ? » Ils savaient y faire, en se mettant à la bonne distance. C'est comme le marquage sur un terrain. Trop près, ce n'est pas bon, trop loin non plus. Il faut juste trouver la bonne distance pour pouvoir intervenir.

J.-M. D. : Mais jamais vous ne vous êtes dit, en étant en classe, « l'école peut m'aider à entrevoir autre chose que le football » ? Vous n'avez jamais rencontré un prof qui aurait pu vous dire « Éric Cantona, vous êtes doué mais pas forcément et exclusivement pour le foot » ?

É. C. : J'ai les connaissances que j'ai, mais ce que j'ai eu envie d'apprendre, je l'ai appris. J'ai été curieux toute ma vie, pas simplement dans le football. Et je continue d'être curieux. En fait, je me fais mon école à moi : je suis un vrai autodidacte. L'école, c'est important, mais on a aussi la possibilité d'apprendre par soi-même, on a la possibilité d'ouvrir un livre et d'apprendre, mais il faut être curieux, et je pense avoir cette curiosité-là.

J.-M. D. : On est plus audacieux quand on est autodidacte ?

É. C. : Il me semble que c'est important d'avoir les bases. En musique, en peinture… Mais après avoir appris toute la technique, il faut savoir s'en débarrasser pour avancer, créer. C'est le prix à payer pour trouver son identité. En art, comme en foot.

J.-M. D. : À quel moment précis avez-vous pris conscience que vous aviez du talent ?

É. C. : Comme je vous ai dit, après avoir joué gardien, j'ai joué attaquant. Donc après attaquant, vous marquez des buts, puis vous faites en sorte que les autres en marquent et on s'aperçoit alors qu'on a peut-être un petit quelque chose. Enfin, on s'en aperçoit… Encore une fois, je pense que les parents sont importants à ce moment-là. Je n'ai jamais entendu mon père dire que j'étais bon. Mais je l'ai toujours senti. Par contre, je l'ai toujours entendu me dire que j'aurais pu mieux faire. Je parlais tout à l'heure de marquage, on y est… Juste la bonne distance, les mots qu'il faut, pas de jugement à l'emporte-pièce, mais de quoi comprendre. Tout cela était sous-tendu par une certaine idée de la confiance, une certaine idée du travail, toujours du travail… C'est ce genre de rapport que j'ai recherché plus tard.

J.-M. D. : 1981, Auxerre, c'est la rencontre avec Guy Roux.

É. C. : Je me souviens parfaitement de la première rencontre avec Guy Roux. Parce qu'à cette époque-là, je devais aller non pas à l'AJ Auxerre mais à l'OGC Nice.

D'ailleurs c'était pratiquement fait. Et Auxerre à cette époque-là, ce n'était même pas le centre de formation qu'il est devenu. L'équipe venait à peine de rentrer dans l'élite et tenter d'échapper à la relégation. En revanche, l'OGC Nice était un club qui avait une histoire. Pourquoi je suis allé à Auxerre, alors ? Parce qu'il existait cet homme, Guy Roux, que j'avais rencontré et j'ai senti chez lui quelque chose de très particulier. Alors, la première année que j'ai passée là-bas, il n'y avait pas de véritable centre de formation. C'était un patronage tenu par l'abbé Bonnefoy, on traversait la ville pour aller s'entraîner. Et puis deux ans après, le centre de formation s'ouvre et j'y suis rentré. J'avais 15 ans et Guy Roux était devenu un second père pour moi, pour nous tous. C'est l'entraîneur de l'équipe première qui reçoit un jeune de 15 ans, pour entrer dans un centre de formation qui n'existe pas, mais où on va faire de la formation… Et on voit ça où ? Si, à Manchester, on voit ça ! On a vu ça avec Ferguson, qui a dirigé l'équipe première pendant des années mais qui connaissait les prénoms de tous les jeunes et leur donnait des conseils. Mais bon, moi j'ai eu la chance de travailler avec des gens de cette trempe-là. Pour moi, un club se dirige avec de la personnalité, de la fraternité.

J.-M. D. : En quoi Guy Roux est-il meilleur que les autres ?

É. C. : Il sait faire avec la personnalité de chacun. On ne peut pas être un grand entraîneur sans ça. Un grand entraîneur, c'est d'abord un grand psychologue, et Guy Roux a toujours défendu d'abord la qualité du joueur, avant de savoir comment le gérer. Cela ne lui posait aucun problème d'avoir à gérer des personnalités. Comme ça n'a jamais fait peur à Ferguson. Après, la facilité c'est de prendre des « moutons » et puis, prendre les meilleurs moutons. Non, ces deux-là cherchaient la différence, le ressort du talent potentiel du joueur pour l'exploiter. Je ne parle pas de moi particulièrement, je parle de tout le monde, en tout cas, tous ceux qui ont été poussés par ces entraîneurs à briller sur le terrain.

J.-M. D. : Avec Guy Roux, vous affrontiez-vous souvent sur le terrain ou dans les choix tactiques, ou est-ce qu'au contraire vous acceptiez ?

É. C. : Je n'ai jamais contesté un choix tactique, non. J'ai eu des problèmes avec des coéquipiers. Mais je n'ai jamais été vraiment en conflit, sauf sur des broutilles, évidemment.

J.-M. D. : Guy Roux a, sur cette antenne, dit de vous « Éric Cantona, c'est quand même, c'est surtout un anarchiste »…

É. C. : Il voulait dire que je ne supporte pas l'autorité. *(rire)* Si vous venez, vous me dites « C'est comme ça et pas autrement », avec moi, ça ne marche pas ! En revanche, si vous me faites comprendre que les choses doivent être autrement, alors je réfléchis. Si vous me donnez la confiance pour aller là où vous voulez que j'aille, vous me donnez 100 % de mes possibilités, vous m'armez pour prendre du plaisir. Parce que je joue au football pour le plaisir du jeu. Le plaisir du jeu passait par le travail, passait par tout ça, par la confiance de l'entraîneur, par un style de jeu et le rôle que j'avais dans cette tactique, dans ce groupe, et on m'a toujours donné une liberté. C'est vrai que c'est une liberté qu'on ne peut pas donner à 11 joueurs, mais Auxerre m'a donné cette liberté-là, comme Ferguson me l'a donnée à Manchester. Elle se gagne et, chaque dimanche, elle doit se gagner. C'est-à-dire tu es libre, mais tu dois m'apporter quelque chose. Je te donne cette liberté, et on construit quelque chose autour de ça, mais ensuite tu as des responsabilités. Voilà… Moi, j'ai aimé avoir cette liberté sur le terrain, et c'est une preuve de confiance, mais ce sont également des responsabilités. Mais ça ne me faisait pas peur.

J.-M. D. : À aucun moment dans cette expérience auxerroise vous n'avez douté de votre avenir de footballeur ?

É. C. : Non, pas vraiment. Après, sur le terrain, on est certain d'une chose, c'est de nos doutes. Mais ce sont des doutes qui nous font avancer. J'ai commencé à 15 ans. À 17 ans, je jouais mon premier match en première division, et puis, quand je ne jouais pas en première division, je jouais en réserve, où on avait une équipe exceptionnelle. On a été champions. J'ai été international à 21 ans, alors que j'étais encore à Auxerre. J'ai eu des résultats, c'est le moins que l'on puisse dire. Il y a eu une année entre parenthèses, celle

CE N'EST PAS BIEN DE SAVOIR POURQUOI ON NOUS AIME, C'EST COMME QUELQU'UN QUI SAIT QU'IL EST BEAU, QUOI ! IL PERD ALORS TOUT SON CHARME

de l'armée au bataillon de Joinville. Mais ça, on sait que c'est une année un peu difficile, c'était normal.

J.-M. D. : On se souvient du premier but marqué en équipe de France ?

É. C. : Moi, je m'en souviens. C'était contre l'Allemagne, à Berlin, sur une passe de José Touré. Comme de mon premier but en première division, je m'en souviens aussi. C'était à Rouen. Le terrain était tout mouillé, trempé. Mais je me rappelle presque tous les buts que j'ai marqués... Marquer un but au plus haut niveau, c'est valable pour presque tous les joueurs. Cela s'imprime.

J.-M. D. : Comment pressent-on un but ?

É. C. : En football, rien n'est prévisible. Et puis, vous pouvez prévoir quelque chose et, au contraire, en prendre un, de but. Mais, justement, pour en revenir à la liberté que j'avais sur le terrain, ma liberté c'était aussi de comprendre les faiblesses de l'adversaire. Et de voir si on joue trop dans l'axe, de voir, si c'est bouché, qu'alors le mieux est de s'isoler sur les ailes, c'est-à-dire proche des lignes de touche. Roberto Mancini, il faisait ça très bien, aller complètement s'isoler sur une touche, alors que tout le monde est dans l'axe. Mon rôle, c'était de proposer quelque chose d'autre que ce qu'on est en train de faire parce que ça ne passe pas. C'était ça, mon rôle... Surtout à Manchester.

J.-M. D. : La conscience du travail d'équipe sur un terrain, de la complicité, de l'anticipation, dépend de tellement de paramètres. Est-ce qu'au fond il vous faut toujours sur le terrain un complice avant d'en avoir 9 autres ? Il en faut vraiment un d'abord ?

É. C. : Il n'y a pas de bon passeur, comme on dit dans le métier, sans avoir un bon double... Je pense à Platini. Platini, à la Juventus, c'est Platini-Boniek. Un tandem.

J.-M. D. : Il n'y aurait pas eu Platini, autrement ?

É. C. : Non. Mais Platini pouvait faire ces transversales de 30 m par-dessus la défense sur un joueur qui appelle en profondeur, parce que Boniek sentait les coups aussi. C'est-à-dire qu'il faisait les appels au bon moment, Platini le voyait et c'était fait. On a besoin de joueurs comme ça. Après, c'est la complémentarité. Moi, je jouais avec Mark Hughes, qui gardait très bien le ballon dos au but, qui était petit pourtant, mais trapu, très rapide... Et il pouvait avoir deux défenseurs sur lui, c'était quelqu'un qui pouvait garder le ballon et juste donner le temps nécessaire pour qu'on arrive près de lui. Et puis après, il y avait des

Présentation d'Éric Cantona lors de son second passage à l'AJ Auxerre, entraînée par Guy Roux (à droite).

© Presse Sports

JE N'AI JAMAIS VOULU ÊTRE UN EXEMPLE, PARCE QUE L'EXEMPLE, C'EST ACADÉMIQUE ET MOI, JE SUIS UN INSTINCTIF

joueurs qui pouvaient appeler le ballon dans la profondeur comme Ryan Giggs à l'époque, Lee Sharpe ou Kanchelskis. Voilà, tout ça, c'est une affaire de complémentarité. C'est-à-dire partir de derrière, s'appuyer sur un type capable de donner le ballon dos au but, de le garder, de donner le temps aux autres joueurs de venir en appui, et quand ce joueur reçoit le ballon de Mark Hugues, par exemple, il lui suffit juste de trouver l'espace pour faire glisser le ballon. Mais ce sont des équipes de rêve ! J'ai vécu ces situations à Manchester, cette équipe extraordinaire qui malheureusement n'a jamais pu jouer à 100 % de ses possibilités, puisqu'à l'époque on ne pouvait pas jouer avec tous les étrangers. Bon, il n'y en avait pas beaucoup, mais un Irlandais, c'était un étranger, un Gallois aussi... Ryan Giggs était étranger, quoi ! Et, pour moi, cette équipe est la plus grande équipe de Manchester.

J.-M. D. : Qui était le Boniek de Cantona à Auxerre ? Qui était le vrai complice sur le terrain ?

É. C. : À Auxerre, je jouais devant, beaucoup plus devant. J'avais une certaine liberté, mais beaucoup plus devant. Je ne jouais pas totalement avec le numéro 10 de meneur de jeu, j'étais en neuf et demi *(rire)*. C'est un peu la « période neuf et demi », comme Roberto Mancini, comme Baggio. Ils n'étaient ni des 10, ni des 9, mais des neuf et demi, des hommes à tout faire. Enfin... maintenant, ils ont tous des numéros 45, 52... alors qu'à mon époque un 10, c'était un meneur de jeu et un 9, un avant-centre.

J.-M. D. : Comment s'est terminée l'aventure auxerroise ?

É. C. : Je suis parti à Marseille.

J.-M. D. : C'était un vrai choix ?

É. C. : Si c'était un vrai choix ? Je venais d'être international et sortais d'un club formateur. Il fallait qu'Auxerre vende un joueur pour continuer à financer le centre de formation et faire de la formation. En même temps, il y avait une logique à tenter les grands clubs, car on est demandé, et puis, le temps est compté. Et même si les risques existent de sortir d'une bonne situation, il faut continuer à grandir, viser plus haut encore. Il y avait le Matra Racing qui, à l'époque, essayait de monter une grosse équipe. Lagardère en était le président et Arthur Jorge, l'entraîneur. Tentant. Finalement, je suis allé à Marseille, c'était chez moi.

J.-M. D. : Déjà, vous aviez fait parler de vous, Éric Cantona, puisque je crois que le montant du transfert était déjà...

É. C. : C'était le record à l'époque.

J.-M. D. : Vingt-deux millions, je crois.

É. C. : Vingt-deux millions de francs, en effet.

J.-M. D. : Qu'est-ce que cela fait de savoir que l'on vaut 22 millions de francs ? Est-ce que ça vous a rendu fier ou, au contraire, ça vous a choqué ?

É. C. : Oui, je m'en souviens, mais je ne me suis pas posé ce genre de questions. Il y avait le montant du transfert, mais il y avait le salaire aussi, et le salaire, ce n'était pas celui que j'avais à Auxerre. C'était de gros salaires ! Mais bon, je me disais que je passais d'un club formateur à un grand club et que c'était normal... Si j'avais pris cette décision, c'est que c'était la bonne. Et puis, si on se trompe, on apprend et on continue d'avancer.

J.-M. D. : Et l'expérience de Marseille, c'est celle que vous attendiez ?

É. C. : Pas vraiment. J'ai fait deux séjours à Marseille, enfin deux séjours... En fait, je suis arrivé une première année, puis j'ai été prêté à Montpellier : on gagne la Coupe de France et je reviens. Et là, je commence bien l'année, avec Beckenbauer comme entraîneur. Et puis, je me fais un arrachement des ligaments au genou. Résultat, je ne joue pas. Trois mois dehors, sans compter la remise à niveau. Entre-temps, Beckenbauer n'est plus entraîneur. C'est dommage, parce que la première année, autant je pense avoir ma part de responsabilité pour ne pas avoir su faire ce qu'il fallait pour être au top, autant, à mon retour, j'étais prêt. Jusqu'à la blessure, ça se passe super bien. Et puis, après, terminé ! On est coupé dans son élan, mais la vie de footballeur, la vie tout court, est faite de hauts et de bas. Mais c'est vrai qu'à Marseille, chez moi, j'aurais préféré être dans une autre condition.

J.-M. D. : De qui apprenez-vous le plus ? D'un sélectionneur de l'équipe nationale, d'un entraîneur de l'équipe où vous travaillez, de vos proches, de vos frères ? Je rappelle que Joël est également footballeur. Qui joue le rôle essentiel pour continuer à apprendre ?

É. C. : Avec l'expérience, on apprend aussi soi-même, de chaque entraînement, de chaque geste, de chaque situation de match où on a pris telle décision qui n'est pas la bonne, où il est important de revenir sur les matches, où il est important de se dire : « Tiens, ça, on l'a bien fait, et puis, si ça se représente, on le refera comme ça. Mais, ça, on ne l'a pas bien fait et j'aurais dû le faire comme ça. » En même temps il ne faut pas rester paralysé, complètement prisonnier de ses souvenirs car on devient fou. On apprend de nos entraîneurs, d'abord. Même s'il y a des entraîneurs qui sont plus importants que d'autres. Progresser ne passe pas souvent par de grands discours, mais par de bons mots aux bons moments, des mots justes et des regards qui créent un déclic.

J.-M. D. : En dehors du terrain, vous êtes plutôt de nature à entretenir des complicités, des amitiés avec vos coéquipiers ou, au contraire, vous vous refermez ?

É. C. : J'ai eu la période du rêve et puis l'autre. La période du rêve : tout le monde, il est beau, tout le monde, il est gentil. Et puis, celle où on se dit « j'attends rien, de personne », quoi !

J.-M. D. : Parce que vous avez été déçu ou, au contraire…

É. C. : C'est comme ça, c'est la vie. Par exemple : je suis à Montpellier. On était des bons joueurs, une belle équipe, mais on a fait un très mauvais début de saison. On perd un match à Lille, il y a un joueur qui dit un mauvais mot et les choses s'enveniment au vestiaire entre lui et moi. Le fougueux président du club, Nicollin, arrive et tranche : « Cantona, il est viré ! » Pour que sa décision soit irréversible, il fait signer aux joueurs l'acte de cette décision, mais ni Laurent Blanc, ni la légende colombienne Valderrama, ni l'international brésilien Júlio César, ni Nono n'ont signé. Vous savez, Montpellier était devenu une machine à perdre et il fallait, sur le terrain, des responsables…

J.-M. D. : Le public vous demandait ?

É. C. : Il me réclamait. Donc, ils sont venus gentiment me demander de revenir, pour tel match, et j'ai dit : « Je reviendrai après ce match. Laissons passer celui-là. Laissons les gens s'exprimer d'abord. Comme ça, tout le monde aura bien compris. » Et puis, je suis revenu, on a gagné la Coupe de France. Mais ce n'est pas moi qui ai fait gagner la Coupe de France, on avait une équipe exceptionnelle. Michel Mézy a pris l'équipe, a fait jouer Valderrama. Et puis, à partir de la deuxième moitié de saison, si on avait comptabilisé les points, on aurait été champions. On avait tellement pris de retard qu'on n'a pas été champions, mais on a gagné la Coupe de France, et on pratiquait un jeu extraordinaire avec 5 joueurs en action offensive. Vous aviez, en plus, Laurent Blanc et Júlio César qui jouaient en défense centrale, et Lemoult qui courait dans tous les sens pour récupérer le ballon et qui le donnait aux autres. On se dit que c'est rare. Quand Lemoult voulait faire des transversales de 30 m, Mézy lui criait : « Non, attends ! Tu sais récupérer le ballon mais donne-le à 3 m, et lui, il va s'en occuper. » On avait vraiment une équipe exceptionnelle !

© Presse Sports

Sous le maillot de l'OM, 1990.

J.-M. D. : Est-ce Platini qui a joué un rôle décisif quand il s'est agi d'aller jouer ailleurs qu'en France ?

É. C. : Oui, parce que j'avais arrêté le football à ce moment-là. Ça faisait trois mois que j'avais arrêté. Je ne voulais plus jouer au football.

J.-M. D. : Et pourquoi ?

É. C. : Parce que ce n'était pas le football dont j'avais rêvé, quoi ! Je ne voulais pas participer à ce cirque. Platini était sélectionneur à l'époque. Il est venu me voir et il m'a dit : « Je pense que, là-bas, en Angleterre, tu as ta place. » Mais il a été fort, il a été très fort... Il a été fort parce que, là-bas, c'est autre chose, le football. Une année, en championnat, on était dans la course au titre contre Blackburn. L'entraîneur de Blackburn, c'était Kenny Dalglish, la légende vivante de Liverpool ! C'était un match décisif où, si Blackburn gagnait ou faisait match nul, ils étaient champions. Et ils jouaient à Liverpool, où Kenny Dalglish l'entraîneur de l'équipe adverse, a fait toute sa carrière. Et Liverpool et Manchester, c'est OM-PSG ! Donc il y avait toutes les raisons de s'imaginer que Blackburn allait gagner ou au moins allait faire match nul, ce qui lui suffirait pour être champion. Eh bien, Liverpool a battu Blackburn, et il nous a offert le titre. Alors qu'on était des ennemis, que l'entraîneur de l'équipe adverse était la légende vivante de Liverpool ! Et bien ça, il n'y a pas beaucoup de championnats où vous pouvez l'imaginer. Vraiment très peu de championnats. Je crois qu'il n'y a que l'Angleterre. Et ça, c'est le football dont je rêve, et dont je rêvais.

Crédits : © Presse Sports

Joie partagée avec ses coéquipiers de l'équipe de France, lors d'un match amical contre l'Allemagne, 1990.

J.-M. D. : Et quand Platini vous a préparé à vivre ce rêve-là, vous l'avez cru sur parole ?

É. C. : Non, parce que je ne connaissais pas ! Je lui ai fait confiance.

J.-M. D. : Quand vous arrivez en Angleterre...

É. C. : Quand j'arrive en Angleterre, je ne parle pas un mot d'anglais. C'est le dépaysement total, pour moi. Extraordinaire, d'ailleurs ! Ça m'a fait du bien. Je suis international français – bon j'ai arrêté trois mois, mais quand j'ai arrêté, j'étais encore international –, les gens ne me connaissent même pas, puisqu'à cette époque-là il n'y avait pas de Français qui jouaient là-bas, il n'y avait pas de Brésiliens. C'était des Anglais, des Gallois et quelques Scandinaves. Quelle liberté !

J.-M. D. : Mais, au fond, vous avez aujourd'hui 48 ans, quand vous regardez avec le recul cette période anglaise qui a duré 5 ans, vous vous dites encore « j'ai vécu un rêve » ?

É. C. : Oui. Un tel amour du jeu, un tel respect du sportif, du joueur, c'est exceptionnel ! Depuis toujours, les rock stars, les cinéastes, les acteurs admirent les footballeurs anglais. Vous avez eu Elton John, Rod Stewart comme présidents de club, vous avez eu Richard Attenborough qui était au Comité de gestion de Chelsea. C'est vraiment le football qui coule dans les veines des supporters. Et puis, le respect, il existe et pas seulement quand on gagne. Il y a un mois, il y a eu un Liverpool-Real Madrid, et l'équipe de Liverpool a perdu 3-0 chez elle. Pas un sifflet dans les tribunes ! Au contraire, il y avait des gens qui applaudissaient à la fin leurs joueurs, parce qu'ils avaient bien joué ! Et quand les joueurs vont applaudir les supporters, les supporters applaudissent les joueurs. Il n'y a qu'en Angleterre qu'on voit ça !

J.-M. D. : Pourquoi n'apprend-on rien des Anglais sur le foot, aujourd'hui encore, en France ?

É. C. : Je ne sais pas, on est peut-être plus méditerranéens, plus impulsifs. On est un peu changeants dans les pays au soleil, en Espagne, en Italie, à Marseille. Mais je pense que c'est important de s'inspirer d'un comportement aussi respectueux. Les joueurs ont besoin d'être respectés et ils n'ont pas besoin de sifflets pour comprendre qu'ils ont fait un mauvais match. On n'a pas besoin d'un sifflet pour comprendre qu'il faut changer quelque chose, pour travailler encore plus. Ils n'ont pas besoin de ça. Par contre, ils ont besoin de confiance et peut-être encore plus dans des moments difficiles. Et le supporter, ce n'est pas un simple spectateur, c'est le supporter à long terme.

J.-M. D. : Mais n'avez-vous pas conservé la sympathie des supporters, justement parce que vous avez conservé la totalité de votre caractère méditerranéen, que vous avez fait très peu de compromis sur le terrain et dans le discours…

É. C. : Je ne sais pas. Je n'ai jamais voulu me poser la question quand je jouais, parce que ce n'est pas bien de savoir pourquoi on nous aime. C'est comme quelqu'un qui sait qu'il est beau, quoi ! Il perd alors tout son charme. Donc, je n'ai jamais voulu comprendre, j'ai toujours refusé de comprendre. C'était juste le travail, comment faire pour continuer d'avancer. Et aujourd'hui, avec le recul, je ne me pose toujours pas la question.

J.-M. D. : Même quand, devant ces supporters – je crois qu'ils étaient 80 000 –, vous avez dit : « Je vous aime, je ne sais pas pourquoi, mais je vous aime » en anglais, dans un anglais-français…?

É. C. : C'était à Leeds, quand je suis arrivé ; la première année où on est champions.

J.-M. D. : Et là, c'est l'ovation !

É. C. : Oui, c'est l'ovation, sauf qu'on me passe le micro alors que je ne parle pas un mot d'anglais. Je venais d'arriver 6 mois auparavant, j'avais 6 mois, quoi ! Donc, oui je dis, « Je vous aime… », « *I love you, I don't know why, but I love you !* » Ils en ont fait une chanson, et voilà l'histoire ! C'est incroyable. Comme quoi, avec très peu de mots… Au fond, c'est important de ne pas se poser la question : « Pourquoi on nous aime ? », voilà, mais on s'aime.

J.-M. D. : Parlez-nous d'Alex Ferguson, votre entraîneur à Manchester United…

É. C. : C'est d'abord un passionné. C'était un fou du ballon. C'était un gagneur, un gagneur exceptionnel ! C'est quelqu'un qui connaît parfaitement le jeu, évidemment, qui sait prendre les hommes comme ils sont et tirer 100 % de chacun. C'est quelqu'un qui vous donne la confiance nécessaire. C'est surtout quelqu'un qui trouve toujours les mots pour arriver à nous motiver. Quand les matchs se jouent les uns derrière les autres, il va toujours trouver des statistiques quelque part pour vous prouver que c'est un match décisif. On ne rentre pas simplement sur le terrain pour gagner ce match, on rentre sur le terrain pour gagner autre chose que ce simple match, même s'il est important. Il trouve toujours les mots. C'est-à-dire qu'il a 70 ans maintenant et, moi, quand je l'ai connu, ça faisait 15 ans qu'il était là, quoi ! Il a continué, vingt-cinq ans, et jusqu'à sa dernière année, il a gagné ! Et non seulement il ne se met pas en avant, mais il fait bien sentir que le prochain match, c'est presque le premier de sa carrière. Et quand vous voyez quelqu'un comme ça qui va aborder un match comme si c'était le premier de sa carrière, alors qu'il a 10 titres de Coupe d'Europe en poche, il vous emporte, quoi ! Il vous prend avec lui, sans pression, et il vous embarque. Vous êtes littéralement galvanisé.

J.-M. D. : C'est la création permanente…

É. C. : C'est ce que dit très bien Bielsa, aussi. C'est pour ça que j'aime Bielsa. J'aime son discours, je n'ai jamais assisté à une de ses causeries dans un match, mais c'est ce qu'il semble dire aussi. En gros, que les joueurs n'ont pas besoin d'entendre toujours les mêmes choses. Il y a trop de gens qui sortent d'un système de formation d'entraîneur où on apprend à dire certaines choses dans certaines conditions, comme si, après tel événement, il fallait dire telle chose et après telle autre. Non, il y a aussi des gens qui ont leur propre ressenti des choses. Et sentir à tel moment ce que les joueurs ont besoin d'entendre. Le grand Mourinho fait partie de cette trempe d'entraîneur très psychologue, capable à un moment précis de faire un commentaire que l'on n'entendra plus jamais. C'est quelqu'un qui tire 100 % du joueur. Sneijder n'a jamais été aussi bon que quand Mourinho était entraîneur à l'Inter de Milan. Ce sont des acteurs, ces gens, des types capables de sentir ce que les joueurs ont besoin d'entendre même si c'est agressif. Ferguson, Roux, Bielsa sont aussi des acteurs doués pour se métamorphoser juste quand il le faut et là où il faut.

J.-M. D. : Vous disiez dans une interview au *Monde*, en 2007, qu'un footballeur ce n'est pas seulement un joueur, c'est un auteur. Pouvez-vous développer cette manière de voir les choses, inconcevable en France mais où, en Angleterre, un footballeur est perçu comme un personnage plus proche de l'artiste que du sportif ?

É. C. : Je pense qu'en France il y a aussi des personnes capables de voir les choses de cette manière. Mais surtout dans le handball ou le basket. On est auteur quand on sait anticiper le jeu, c'est un réflexe qui crée du sens, sur le terrain, dans les tribunes ou comme téléspectateurs. C'est la capacité de surprendre, de faire de la magie. Alors, oui, on est véritablement auteur d'un mouvement de jeu qui, si les coéquipiers, suivent et anticipent aussi, devient un vrai spectacle.

J.-M. D. : Expliquez-nous ce que signifie « coup de pied circulaire » parce que je ne suis pas sûr que nos auditeurs sachent ce que ça veut dire. C'était à Crystal Palace, en 1995, dans une phase de jeu délicate et au moment où un supporter vous agressait. C'était une manière de vous faire justice vous-même ?

É. C. : Ce n'est franchement pas un exemple, quoi ! J'entends des mots, des choses pas bien. Mais je n'ai pas eu raison non plus de sauter dans la tribune et de lui répondre. Voilà. Moi, je n'ai jamais voulu être un exemple, parce que j'ai totalement conscience de mes faiblesses, voilà. Je ne veux pas avoir le poids de l'exemple, parce que ça ne m'intéresse pas ; parce que l'exemple, c'est académique, et moi, je suis un instinctif. Je n'accepterai jamais ce statut-là ! Des gens qui vous agressent depuis les tribunes, il y en a tous les dimanches et tous les joueurs sont concernés, mais ce jour-là, parce que j'étais un peu plus fragile, j'ai réagi.

J.-M. D. : Vous ne regrettez pas ?

LA SOCIÉTÉ DONT RÊVE KEN LOACH, C'EST UN MATCH DE FOOT

É. C. : Non, non, je ne regrette pas, malgré le fait que j'aie pris 9 mois de suspension...

J.-M. D. : Et 120 heures de travaux d'intérêt général, comme sanction. Vous l'avez vécu normalement ?

É. C. : Non, mais j'ai trouvé normal d'être sanctionné. Ce que j'aime aussi, c'est construire ma vie comme ça.

J.-M. D. : Encore aujourd'hui ?

É. C. : C'est-à-dire que ma vie, elle se construit avec des choses positives et des choses négatives. Les chemins que j'ai pris, après cette péripétie, m'ont mené à ce que je suis aujourd'hui, voilà. Pour tout dire, je suis très content d'être celui que je suis aujourd'hui. On fait tous des conneries. Il s'agit seulement de faire mieux.

J.-M. D. : Vous quittez le foot en pleine gloire et vous avez 31 ans. Quand avez-vous décidé de dire « J'arrête » ?

É. C. : J'ai arrêté, alors que je n'avais pas tout à fait 31 ans encore. C'est juste que je n'avais plus la passion, quoi ! J'ai perdu la passion. C'était mon rêve qui se réalisait, le plaisir de jouer, le plaisir d'aller m'entraîner. Et puis, un jour, j'ai perdu ce plaisir-là. Alors, je vais faire quoi, moi ? J'avais commencé tôt, à 17 ans. Je me suis imposé un rythme aussi, une préparation, peut-être trop intense pour que ça dure plus longtemps. Mentalement, j'étais fatigué.

J.-M. D. : Est-ce que l'idée d'être acteur de cinéma est née pendant que vous étiez footballeur ? Cette décision d'arrêter était peut-être aussi liée à l'idée d'aller trouver une autre passion qui supposait autant d'adrénaline et autant d'investissement personnel ?

É. C. : Non, j'avais cette passion de l'image, de la peinture, de la photo, du cinéma. Je savais déjà qu'en arrêtant, j'allais faire ça, quoi ! En fait, c'est une passion que j'ai toujours eue. Mon père nous emmenait dans les expositions de peinture, je suivais mon père partout... Ce sont des moyens d'expression différents, mais ça, pour moi, c'est pareil. C'est juste un besoin de s'exprimer, comme sur un terrain.

J.-M. D. : C'est la même chose, la même démarche ?

É. C. : Ce sont des techniques différentes. Je savais que le football, ça ne durerait qu'un temps et que j'enchaînerais sur des passions que je couvais depuis longtemps. Pas simplement celui de faire l'acteur, mais trouver de quoi brûler une énergie intérieure. Ce n'est pas simple d'arrêter le haut niveau et l'adrénaline. Il y a un manque qu'il faut combler et chaque joueur qui quitte définitivement le terrain est confronté à la même chose. En ce qui me concerne, je savais ce que je voulais, c'était déjà ça !

J.-M. D. : Sur ce plan-là, le cinéma vous offre-t-il l'équivalent en adrénaline ?

É. C. : *(hésitation)* Oui, mais pas tout à fait... Le sport est une source d'adrénaline exceptionnelle. Regardez les Jeux olympiques, la Coupe du monde et vous comprenez ce qui peut se passer dans la tête des sportifs de ce niveau-là. Nous sommes parfois dans un état second, une transe qui dure. Il n'y a que le sport qui peut nous mener vers un tel état. Mais avec le cinéma ou le théâtre, on a quand même sa dose. Le fait de créer, combler un vide... On avance, on se projette tout le temps vers l'avenir. C'est pour ça que je ne veux pas de photos de ma vie d'avant, d'hier. Même acteur. Alors, peut-être – mais je ne vais pas faire de la psychanalyse de comptoir –, peut-être que ça veut dire quelque chose, je n'en sais rien. En tout cas, ça me va très bien. Mais se projeter tout le temps dans des projets imaginaires, rentrer dans un imaginaire, observer le monde, l'observer pas pour le retranscrire comme il est, mais se servir de cette observation pour créer son propre monde, et rentrer dedans, oui. C'est ce qui me permet d'avancer et de profiter de la vie tous les jours. Le bonheur, quoi !

J.-M. D. : Vous avez revu *Looking for Eric,* ce film de Ken Loach qui vous est consacré ?

É. C. : Non, je ne l'ai pas revu. Mais c'est pour cette raison qu'on a voulu le faire là-bas aussi : parce que c'est un projet qu'on a initié, avec mes frères, puis avec Pascal Caucheteux de Why not Productions, Vincent Maraval. Le premier réalisateur qu'on est allé rencontrer, celui qu'on voulait, celui dont on rêvait, c'était Ken Loach !

J.-M. D. : Qui vous admirait en même temps, donc...

É. C. : Si vous voulez. En fait, le foot dans cette histoire, c'est un prétexte. D'ailleurs, la phrase qu'on retient de ce film est « Mon plus beau but est une passe ». C'est tout le cinéma de Ken Loach, c'est la solidarité : ensemble, on va faire quelque chose, et le plaisir d'offrir, le plaisir de faire les choses ensemble, c'est ce qui est extraordinaire. Et c'est par rapport à son engagement social, sa conception personnelle du football, son amour du jeu collectif, des joueurs différents que le film s'est fait. Dans mon documentaire *Foot et Immigration* réalisé l'année dernière pour Canal, c'est ce que, à ma manière, j'ai voulu montrer. On y fait parler les gens des mines, les mineurs qui expliquent comment le foot a joué un rôle essentiel dans leur vie. Que les qualités nécessaires dans la mine étaient les mêmes que sur un terrain de foot. Et d'ailleurs, le football, ça a été ça au départ : c'était essayer de dribbler tout le monde pour aller marquer et puis, un jour, sont arrivés des clubs ouvriers qui ont commencé à développer un jeu de passes qui est devenu le football qu'on a aujourd'hui. Et c'était il y a un siècle, quoi ! Et le cinéma de Ken Loach, c'est exactement ça. Il y a une conception populaire du foot. D'ailleurs, il supporte le club de Bath qui joue en quatrième division ! Il est sur le bord du terrain et suit le ballon comme un juge, comme un arbitre de touche. Mais c'est pour ça qu'ils aiment le football, les Anglais, c'est ça que j'aime. Et Ken Loach, en particulier.

J.-M. D. : Il y a aussi Emir Kusturica, un très bon footballeur lui aussi et capable, dans ses films, je crois que c'est dans *Le Temps des gitans*, de mettre en scène le fameux but de Maradona en Coupe du monde contre l'Angleterre…

É. C. : C'est de l'opéra ! C'est magnifique, mais il n'a pas la même manière de raconter que Ken Loach, pour qui le football, c'est la vie. La société dont rêve Ken Loach, c'est un match de foot.

© Les Films Du Fleuve / Kobal / Aurimages

Avec Ken Loach, sur le tournage de *Looking for Eric*, 2009.

J.-M. D. : Qu'avez-vous voulu dire, dans votre propre documentaire, qu'on n'a jamais réussi à dire ?

É. C. : Montrer comment le football peut être un modèle d'intégration ! C'est un modèle d'intégration parce qu'à un moment donné, quand vous êtes le meilleur, vous jouez et personne ne cherche à savoir d'où vous venez… C'est comme ça. Quand celui qui court un 100 m va plus vite qu'un autre, on ne peut pas nier qu'il court plus vite. Tant qu'on est sur le terrain… C'est après que ça se gâte, quand on sort du terrain. Tout devient subjectif et les commentaires ressemblent à ceux du reste de la société. Mais ce qui est beau aussi et que l'on ne voit pas, c'est tout ce travail réalisé par les éducateurs. Je montre comment le football, pour moi, est un modèle d'intégration. Je trouve que les éducateurs dans le football font un travail extraordinaire avec des jeunes et tout aussi difficile que celui qui peut être fait dans certaines classes et dans certaines banlieues. Sauf que le football, lui, arrive à créer du respect et des valeurs, il peut pousser un gamin et créer une motivation, jusqu'à réussir au plus haut niveau. Pas pour l'argent comme on peut le penser, mais parce qu'il rêve de réussir au plus haut niveau, de jouer avec les plus grands. Pour moi, le football, c'est un parfait modèle d'intégration du plus jeune âge. On devrait s'inspirer des ressorts psychologiques et pédagogiques du sport pour penser l'apprentissage à l'école primaire, puis au collège. C'est l'âge où inculquer des valeurs collectives et humanistes a du sens. Au-delà, c'était important dans ce documentaire de raconter 100 ans d'immigration. Surtout aujourd'hui. De voir qu'à chaque époque les difficultés sont les mêmes, les clichés répétitifs. Et on ressort toujours le même jugement par rapport à celui qui vient d'arriver quand, précisément, c'est la crise. C'était important pour moi d'aller chercher une parole, de montrer comme les choses sont, d'aller au fond, que chacun raconte son histoire, avec sa sensibilité, sa personnalité… Mais l'important dans mon documentaire, c'était de montrer les choses, c'était simplement de montrer les choses. Ça parle tout seul, pas besoin de commentaires.

J.-M. D. : L'un des grands personnages qui vous a succédé dans le football, c'est évidemment Zidane. On le voit dans votre documentaire parler de lui-même, parler de son histoire, de sa famille, et de cette immigration. Au fond, quand on l'écoute aujourd'hui, dans ce film ou ailleurs, vous vous ressemblez dans la manière de parler de ces valeurs footballistiques…

É. C. : C'est ce que dit Tigana ou Fernandez aussi. C'est ce qu'ils disent tous ! Bon après, on ne le fait pas dire par tout le monde. Dans les années 1960-1970, on a construit les cités et, au milieu des cités, on a construit les terrains de foot. On a mis des terrains de foot pour que la jeunesse puisse s'exprimer, pour y mettre des éducateurs, pour en quelque sorte contrôler la jeunesse. Mais le football a réussi ça. Il a parfaitement réussi. Donc, en fait, ce qu'on retrouve chez Zidane, on le retrouve chez moi, on le retrouve chez Fernandez. C'est le football qui nous a donné ça. Ce sont

© Patrick Artinian / Presse Sports

Match et entraînement de jeunes sur le stade Félix-Pyat, dans le quartier marseillais éponyme.

les éducateurs qu'on a eus quand on avait 10 ans. C'est tous ces gens-là.

J.-M. D. : Vous faites également de la photographie, vous aimez photographier, vous collectionnez, vous faites du théâtre. Est-ce que, parfois, vous vous dites « Je me disperse » ?

É. C. : Non, parce que tout ça, c'est pareil pour moi, seuls les supports sont différents. J'ai juste besoin de m'exprimer. Dans les pièces de théâtre, c'est ce que j'adore, moi. J'en ai fait deux…

J.-M. D. : Un *Ubu*.

É. C. : Un *Ubu enchaîné,* avec Dan Jemmett, magnifique metteur en scène. J'aime tout ce travail qu'il y a pendant les répétitions, tous ces échanges, tous ces questionnements… C'est un peu surréaliste… Et pour arriver à un moment donné à trouver un truc. Qu'est-ce que je recherche dans tout ça ? Du plaisir. Trouver l'attitude juste, la respiration qui convient, le regard. Chercher le silence. Rêvasser, comme quand on est tranquille à la terrasse d'un café. Pas besoin d'envoyer des textos à quelqu'un, on n'a pas besoin d'en recevoir, on peut aussi rêvasser. Il faut savoir saisir l'intensité d'un moment à partir d'une idée, d'une pièce, d'une photo, d'un scénario, que sais-je. Quand on joue, c'est magnifique, on rentre sur scène, chaque soir est différent, mais ce travail de préparation et d'échange est extraordinaire, en tout cas. Et imaginer une photo, imaginer un film, imaginer un travelling, c'est ça qui est vrai. C'est comme préparer un voyage, quoi ! Quand on voyage, c'est bien, c'est beau, mais la préparation du voyage, c'est extraordinaire. L'imaginaire est toujours plus puissant que tout le reste.

J.-M. D. : Par exemple, quand vous êtes tombé amoureux de la tauromachie, c'est la photo qui est venue là s'installer entre le taureau et vous-même ?

É. C. : Non, si j'aime la tauromachie, c'est que je trouve qu'il y a quelque chose de…

J.-M. D. : Quelque chose de violent, de beau ?

É. C. : Non, non !

J.-M. D. : De beau !

É. C. : (*silence*) De violent… Évidemment qu'il y a la mort du taureau au bout du compte. Et c'est difficile de parler de ça. Mais il y a aussi des moments magiques, quoi ! D'ailleurs le plus beau moment de tauromachie que j'ai vécu, c'est à la Maestranza de Séville, avec le fils Manzanares : en 500 ans de l'histoire de la Maestranza, jamais un torero n'avait fait gracier un taureau ! Voilà. Juste un *novillero,* il y a 70 ans. *Novillero,* c'est les jeunes.

J.-M. D. : Et vous étiez là…

É. C. : J'étais là, ce jour-là. Et il n'y a pas eu de mise à mort du taureau. Et c'est le plus beau moment de tauromachie.

E CHERCHE. ES CHERCHEURS UI CHERCHENT, N EN TROUVE, MAIS ES CHERCHEURS UI TROUVENT, N EN CHERCHE

Donc, on ne vient pas voir la mort d'un taureau, on vient voir un taureau se faire gracier. Mais la grâce, ça veut dire le rêve, le rêve absolu dans tout ce qui est la tauromachie, et ce jour-là, c'est ce qui s'est passé. C'était magique ! Et je peux vous dire… Le torero regarde le président, le président ne dit rien, continue, il a déjà les mouchoirs blancs, mais tout le monde cherchait un truc ! Si on avait eu 40 bras, si on avait été des poulpes, on aurait brandi des milliers de mouchoirs… Et donc, tout le monde voulait la grâce du taureau. Donc, c'est ça qu'on recherche quand on est un amoureux de la corrida. Pas la mort du taureau. Et ça, c'était dans les années… C'était il y a trois, quatre ans. Mais j'ai découvert la corrida dans les années 1990, quand j'étais à Nîmes. Et ensuite, la photographie, et la photographie de la corrida. J'ai fait une série sur la corrida.

J.-M. D. : Quand vous faites des photos, vous ne voulez pas garder les négatifs. Vous voulez garder la photo, le reste ne vous intéresse pas.

É. C. : En fait, ce que j'aime dans la photo, c'est ce que je vais trouver au développement. Ensuite, tout dépend du moment où je l'ai faite et du sentiment que j'ai eu au moment où je l'ai faite.

J.-M. D. : Vous ne voulez pas de trace, c'est bien ça ?

É. C. : Non, c'est plus pour évacuer le côté négatif. Par exemple, il y a une couleur que je ne supporte pas parce que j'ai été malade un jour et aujourd'hui quand je revois cette couleur, on dirait que je suis malade. C'est valable pour les odeurs. Quand vous avez pris votre première cuite avec un certain type d'alcool, mais vous ne pouvez plus le supporter, cet alcool ! Et bien toute forme d'art pour moi, c'est le côté positif, je recherche le plaisir d'un instant ; la trace, c'est pour éterniser cet instant et ce sentiment.

J.-M. D. : Vous retrouvez cette manière d'être aussi chez d'autres artistes, chez d'autres photographes ? Peut-être chez les peintres comme Zoran Mušič ou d'autres ?

É. C. : Oui, j'aime beaucoup Zoran Mušič, mais j'ai surtout une vraie passion pour les CoBrA ! Les CoBrA, c'est un mouvement des années 1950, CoBrA, c'est le « Co » de Copenhague, le « Br » de Bruxelles et le « A » d'Amsterdam. C'est un mouvement avec Alechinsky, Karel Appel, Corneille, quand on est devenu adulte, mais on essaie de retrouver la spontanéité de l'enfant. J'ai toujours adoré les dessins d'enfants. Je trouve que, de ce mouvement-là, il se dégage cette spontanéité et cette liberté, et, en même temps, une puissance qui transporte. Avec des tableaux de Karel Appel qui sont immenses, qui font 3 m sur 4. On y trouve une énergie, une force et une liberté incroyable.

J.-M. D. : Et collectionner, ça représente quoi pour vous ? Vous avez commencé jeune ?

É. C. : Quand j'avais 20, 22 ans. C'est à Marseille que j'ai commencé à acheter les premières œuvres. L'influence de mon père, sûrement. C'étaient des grands peintres de l'époque, les Ambrogiani et consorts.

J.-M. D. : Ferrari…

É. C. : Ferrari, oui, Chabaud… Et puis, après, j'ai eu un creux. Puis, je m'y suis remis. Je n'achèterai jamais quelque chose que je n'aime pas. Même si on me dit que ça va faire son prix 100 fois l'année prochaine, jamais ! J'ai besoin d'abord d'aimer. Et ensuite, s'il y a un petit avenir, bon, j'y pense aussi ! Mais c'est comme de choisir un scénario pour un film. Je ne vais pas choisir un scénario en me disant « Ça va faire 10 millions d'entrées, donc je vais le faire ». Je fais ce qui me plaît et ensuite, si ça fait 10 millions d'entrées, tant mieux ! Bon, ceci dit, des films à 10 millions d'entrées, je n'en ai jamais fait… *(rire)*

J.-M. D. : *L'Outremangeur,* dans lequel vous avez joué, était un bon choix.

É. C. : *L'Outremangeur* a été un moment important, parce que j'ai vraiment compris que, là aussi, il fallait travailler, beaucoup travailler. Avant ça, j'avais joué dans *Les Enfants du marais, Le Bonheur est dans le pré,* ou *Elizabeth,* qui avaient très bien marché.

J.-M. D. : Cela veut-il dire que vous aviez sous-estimé l'énorme travail que représentait de jouer ce rôle de *L'Outremangeur,* un personnage déjà assez impressionnant physiquement, 150 kilos, assez difficile à jouer. Vous avez été surpris par l'exigence du travail ou, au contraire, vous avez été en deçà de ce qu'il fallait faire ?

É. C. : C'est pour ce film-là que j'ai commencé à travailler et c'est pour ce film-là que j'ai pris du plaisir à travailler. Avant ça, je me disais qu'il fallait juste essayer de vivre le rôle. Après, je me suis dit que ça ne suffisait pas. On m'avait fait confiance, il fallait le jouer à la perfection. Mais la confiance, elle naît du travail, en tous les cas, pour moi. Il y a des acteurs aussi qui ne lisent pas leur scénario, qui refusent de les apprendre parce qu'ils sont très bons dès que la caméra tourne. Moi, j'ai toujours grandi dans l'exigence, dans le travail. Et la confiance est toujours née du travail. Et donc, à un moment donné, je me suis dit : si tu veux avoir ça et si tu veux t'amuser… Parce que la confiance naît du travail, mais de la confiance naît le plaisir. C'était il y a 12 ans et, depuis, je continue de travailler. D'ailleurs, ma carrière au cinéma est plus longue que ma carrière de footballeur !

J.-M. D. : Mais, au fond, est-ce que vous conservez l'instinct premier, celui qui justifie le fait que vous pensez être un acteur, que vous êtes un acteur ?

É. C. : Le travail ne signifie pas qu'on en est prisonnier, il faut juste trouver la bonne distance, comme au foot.

J.-M. D. : On revient à la conversation du début, est-ce que la formation ne tue pas l'instinct des acteurs ?

É. C. : Je pense que c'est important de travailler dans la confiance. Travailler, c'est penser aussi. Travailler, c'est construire quelque chose, c'est construire un personnage, c'est comprendre pourquoi il se passe ça à tel moment, comment il en est arrivé là, même si ce n'est pas écrit. C'est savoir s'inventer une histoire… C'est échanger, travailler, dans une réplique, les moments qui peuvent avoir des doubles sens. Comme dans la vie de tous les jours. Tout ça se travaille par rapport à une histoire qui a été créée par quelqu'un, par un scénariste, mais qui ne nous raconte pas tout. Après, travailler assez pour se libérer de ça… Voilà, j'ai assez emmagasiné, c'est comme un joueur de tennis qui va répéter 100 fois un revers. Au tennis, un coup droit, un revers, un lift, il n'y a pas énormément de gestes, sauf qu'il y en a un qu'il ne faut pas rater. Après, il y a une lecture du jeu, c'est très tactique aussi, mais c'est répéter, c'est travailler assez pour oublier tout le reste…

J.-M. D. : Sentez-vous encore une marge de progression dans ce métier ou, au contraire, avez-vous envie de cultiver quelque chose d'autre maintenant ?

É. C. : Je cherche. Je suis un chercheur qui cherche. Des chercheurs qui cherchent, on en trouve, mais des chercheurs qui trouvent, on en cherche…

J.-M. D. : Avez-vous le sentiment de vous mettre encore en danger ?

É. C. : Je n'ai pas envie de m'installer dans un registre, une forme. Mais de faire des personnages différents, de travailler avec des réalisateurs d'univers différents, que ce soit HPG ou Yann Gonzalez, qui sont des cinémas pas forcément populaires mais audacieux, quoi !

J.-M. D. : Plus proches du cinéma d'auteur.

É. C. : Plus proches du cinéma d'auteur, mais où l'aventure artistique est réelle. Jusqu'à maintenant, on produit avec mes frères – Canto Bros Production – des documentaires qui passent deux fois par an et on peut continuer comme ça. Mais là, j'avais envie de réaliser, de me mettre moi aussi en danger, de voir, moi, ce que je peux faire. Exister ; juste sentir la flamme.

J.-M. D. : Vous êtes un artiste, un footballeur, et vous avez toujours revendiqué l'idée d'être un citoyen aussi. Et ce citoyen-là a ouvert sa gueule. À commencer par la fondation de l'abbé Pierre, où vous avez, dans le domaine de la photographie, fait un travail qui a permis d'éclairer la crise du logement. Et puis, en 2012, vous avez été un peu plus loin, vous avez presque été dans le registre insurrectionnel, en disant tout bêtement « Retirez l'argent des banques, les banques nous tuent ». Alors, je fais un peu de caricature et un peu de provocation sur la manière dont tout ça procède mais, au fond, que reste-t-il de l'insurgé ? Qui est l'insurgé, dans Éric Cantona aujourd'hui ?

É. C. : On fait ce qu'on peut, quoi… « Citoyen engagé », ça me gêne.

J.-M. D. : C'est un peu galvaudé, c'est ça que vous voulez dire ?

É. C. : Non. L'abbé Pierre était mourant. Et l'Abbé Pierre, c'est l'Abbé Pierre, il n'y en a qu'un ! Et il s'est dit qu'il

JE ME MÉFIE BEAUCOUP DES DÉMOCRATIES À L'INTÉRIEUR ET DES DICTATURES À L'EXTÉRIEUR

Photo Pascal Victor © artcomart

En 2011, sur scène dans *Ubu enchaîné* d'Alfred Jarry, mis en scène par Dan Jemmett.

allait nommer lui-même une quinzaine, une vingtaine de parrains, venant d'univers un peu différents. Chacun avec notre voix, peut-être qu'on essaiera d'être un petit peu l'écho de sa voix. Et je me suis engagé et je l'ai fait à fond. Il y a cette cause et il va y en avoir d'autres. Et je le fais à fond depuis 7 ou 8 ans maintenant, avec différents projets tout le temps. Il y a des gens, par contre, qui travaillent à la fondation tous les jours, tous les jours, tous les jours… Et puis, il y a surtout des gens dans la rue, quoi ! Ce que je fais, moi, ce n'est pas grand-chose, je le fais à ma façon. Pourquoi cette cause et pas une autre ? Parce que voilà, je suis sensible à tout, mais je suis aussi sensible à la pauvreté. Et donc, je me suis engagé et je continue de le faire avec toute l'énergie que je peux donner. Quant à l'opération des banques, c'était au moment des retraites : il y avait 4 millions de gens dans la rue, et on attendait qu'ils s'épuisent ! Aujourd'hui, on se dit qu'il y a de moins en moins de gens qui vont dans la rue manifester, alors qu'il y a autant de syndicats qui font appel et de moins en moins de gens qui manifestent. C'est comme si on poussait les gens à l'épuisement, on ne croit plus en rien. Moi, je n'ai pas dit « Allez à la banque retirer votre argent », j'ai dit : « Plutôt qu'aller dans la rue, si on veut se faire entendre – parce que le système est basé là-dessus –, attaquons-nous aux fondations du système. » Le système est fondé sur les banques ! Et si on est solidaire, il faut en faire une arme de dissuasion, c'est tout.

J.-M. D. : Vous imaginez cette réaction incroyable des gens qui…

É. C. : En tout cas, c'est la preuve que la démarche pouvait être une vraie arme dissuasive, donc un moyen de se faire entendre, à condition d'être solidaires. Après, il y a des gens qui ont pris le relais, qui ont monté d'autres opérations en disant : « Tiens, le 7 décembre, allons retirer l'argent ! » Moi, j'ai dit que je serai solidaire. Je continue de penser qu'on pourrait se faire entendre, je continue de le penser et je continuerai d'être solidaire si on décide que, tel jour, il doit se passer quelque chose. Parce que je ne pense pas qu'ils prendraient ce risque, sinon c'est l'effondrement, puisqu'il n'y a que 3 % de liquidités. En tout cas, le débat a été lancé ! Je n'ai pas imaginé la réaction au moment où je l'ai fait, mais je comprends que ça ait inquiété les politiques. Et les

C'EST D'ÊTRE LÀ COMME UN PANTIN QUI ME GÊNE

gens devraient en prendre conscience. Évidemment qu'il y a des gens qui souffrent, évidemment qu'il y a des gens qui ont très peu d'argent à la banque. Et il y en a qui n'ont rien à la banque. Mais même un euro, c'est la solidarité, c'est le nombre qui est important. Aujourd'hui, le discours dominant, c'est : « Tu n'as pas encore compris comment c'est la vie ? Mange avant qu'on te mange ! C'est comme ça. Qu'est-ce que tu vas faire, tu vas lui dire à celui-là "Mais non, fait le mouton, parce que c'est la vie, c'est comme ça" ? » C'est ce qu'on serine aux gens toute la journée, je ne suis pas d'accord.

J.-M. D. : Vous pensez à une insurrection générale ? À quelque chose qui ferait en sorte que ce que l'on dénonce ou ces abdications permanentes puissent trouver une issue à travers quelque chose de violent ?

É. C. : Non ! Parce que ce genre d'initiative est pacifique. C'est une révolution pacifique. Il n'y a aucune violence là-dedans. Mais le danger serait que, comme à Chypre ou en Grèce, par exemple, dans les moments difficiles, on ferme les banques. Alors qu'on n'en a pas le droit. On n'a pas le droit d'empêcher les gens d'aller retirer leur argent dans un moment où ils se disent : « Si j'y vais pas aujourd'hui, j'ai plus rien ». Et là, on décide de fermer les banques ! Avec la caution des États et de tout le monde, il est beau, le système !

J.-M. D. : Quel regard, Éric Cantona, portez-vous sur la politique en général ?

É. C. : Qu'est-ce que vous voulez que je vous dise ! Moi, je... Notre président est allé au Kazakhstan, alors que tout le monde sait que c'est une dictature. Mais tout le monde trouve ça normal... Comme tout le monde trouvait normal qu'on reçoive Kadhafi en France ; comme tout le monde a trouvé normal qu'on dise que c'était un dictateur alors qu'on le sait depuis 25 ou 30 ans ! Et puis, dès que Kadhafi est mort, un mois après, on part avec les 10 plus grands industriels français, avec le ministre, pour négocier ce qu'il y a à prendre là-bas, quoi ! Et aujourd'hui, on trouve normal, bien que le Kazakhstan soit une grande dictature, d'aller négocier avec son président parce qu'il y a des infrastructures à réaliser, de l'argent. C'est une dictature, mais bon... Pourquoi pas, quoi ! Mais, à ce moment-là, ne revenons pas en arrière ensuite, comme si on ne savait pas. L'histoire de Kadhafi, c'est le parfait exemple. Moi, je me méfie beaucoup des dictatures, je me méfie beaucoup des démocraties à l'intérieur et des dictatures à l'extérieur.

J.-M. D. : C'est-à-dire ?

É. C. : C'est-à-dire que je me méfie beaucoup de ceux qui donnent des leçons à tout le monde mais qui vont exploiter les richesses des autres. Et qui mettent en place des dictatures pour pouvoir justement utiliser ces richesses. Comme ça s'est fait en Afrique, comme ça continue de se faire en Afrique. Comme ce fut le cas en Amérique du Sud, avec le plan Condor, mis en place par Kissinger. On y a installé des dictateurs, sous couvert de la guerre froide. Il faut qu'on arrête de nous prendre pour des cons, quoi ! Voilà, c'est tout. Je ne suis ni pour l'un ni pour l'autre, je m'en fous moi. Mais arrêtez de nous prendre pour des cons, franchement, quoi ! Arrêtez de nous faire croire que faire un feu de cheminée, d'avoir un minimum de convivialité autour d'un feu de cheminée, c'est anti-écologique, alors que ces mêmes États sont les premiers à balancer le pétrole et les fonds de cuve en Afrique avec la complicité des systèmes mafieux cautionnés par les grandes puissances européennes et tout le reste. Et on va nous interdire de faire un feu de cheminée qui existe depuis la guerre du feu ? Voilà ! En fait je crois que je serai bien ermite, voilà, c'est tout !

J.-M. D. : Vous faites une différence entre la gauche et la droite ?

É. C. : Il y en a une. Mais le malaise va au-delà, c'est d'être là comme un pantin qui me gêne. C'est d'être là, de commenter ce qu'on est en train de faire, comme si c'était un sujet de conversation, c'est ça qui me gêne ! Ce qui s'est passé au Rwanda, par exemple, les Tutsis, les Hutus... Je pense qu'on est tous responsables. Il y a des moments où je me demande si les journalistes sont cons ou s'ils sont aux ordres !

J.-M. D. : Ne vous épuisez-vous pas, parfois, à chercher les explications ?

É. C. : Non, vous savez pourquoi je ne m'épuise pas ? Parce que je sais que je vais finir ermite ! Et comme je vous le disais tout à l'heure, être rebelle, c'est essayer de créer quelque chose, et créer quelque chose, ce sera toujours la même chose.

J.-M. D. : Peut-on être ermite, Éric Cantona, quand on a une famille, des enfants ?

É. C. : Non, je serai ermite avec ma famille...

J.-M. D. : C'est original...

É. C. : Avec mes enfants, on sera une tribu, une mini-tribu.

© Film par Film / TF1 Films Productions/ TPS Star / Ronald Grant Archive / Mary Evans Picture Library

L'Outremangeur, 2003.

les choses. Et après, est-ce que j'ai raison ? Je ne sais pas si j'ai raison. On essaie de leur donner juste ce qu'il faut pour qu'ils soient assez armés, qu'ils aient la possibilité de réfléchir. C'est important aussi de les laisser se développer, on ne va pas en faire des pantins non plus.

J.-M. D. : Quand on a tout critiqué, quand on a tout fait, quand on a vécu ce qu'on a vécu, enfin je parle de vous, qu'est-ce qui reste ? C'est l'amour ? Qu'est-ce qui est le plus puissant ? Qu'est ce qui fait que le matin, quand vous vous réveillez, vous vous dites : « C'est encore bon de vivre sur Terre » ?

É. C. : Mais je ne critique pas tout ! Je suis seulement révolté. Mais je suis éveillé quand j'arrive à m'exprimer, c'est ça qui me fait me lever. Parce que je vis dans un monde. Et c'est en vagabondant dans mon imaginaire que je suis heureux. Mais c'est important d'observer le monde autour de nous. Ce n'est pas celui de Winnie l'ourson. Il faut observer ce monde-là et créer le sien. Et je navigue dans mon imaginaire, je suis très bien comme ça à m'imaginer des gens, à m'imaginer des situations, à m'imaginer des relations. J'en rencontre tous les jours des gens magnifiques. Mais moi, je vais juger qu'ils sont magnifiques. Mais qui je suis pour juger qu'ils sont magnifiques ? Finalement, c'est peut-être égoïste tout ça, j'en sais rien. Mais, en tous les cas, par rapport à ce que je suis, ce que j'attends et ce dont j'ai besoin, c'est de rencontrer de belles personnes. Voilà, je ne vois pas tout en noir, et j'espère que ça continuera. Mais c'est important d'en parler.

J.-M. D. : Une tribu d'ermites.

É. C. : Mais c'est magnifique, ça ! Mais oui, c'est bien plus beau que tout le reste ! Regardez Orange qui nous envoie une enveloppe avec : « Attention, pensez à l'environnement, passez sur le site Orange »...

J.-M. D. : C'est le comble de l'hypocrisie, pour vous ?

É. C. : C'est le comble de l'hypocrisie, parce qu'aujourd'hui, il est prouvé que les déchets informatiques sont les pires, tant que c'est pas chez nous. C'est au Ghana, et là tout va bien !

J.-M. D. : Vous en voulez à l'École républicaine de ne pas être plus critique, de ne pas être plus tranchante dans la manière de regarder le monde aujourd'hui ? Et surtout quand on a 4 enfants qui vont à l'école ?

É. C. : Je ne sais pas. Non, parce que les enfants, pour en revenir au début de la discussion avec mes parents, trouver la bonne distance, c'est bien qu'ils découvrent aussi

J.-M. D. : Le temps qui passe, ça vous fait peur ?

É. C. : Non, non. D'ailleurs, est-ce le temps qui passe ou nous ? Je ne sais pas.

LES LIBRAIRES ONT VOIX AU CHAPITRE

Connaisseurs hors pair, passionnés authentiques, dénicheurs experts, les libraires partagent leurs lectures. Chaque jour, cinq minutes, à livre ouvert, pour transmettre à l'auditeur leurs découvertes. Romans ou essais, classiques ou contemporains, depuis la France ou l'étranger, « Le Temps des libraires », c'est une rencontre avec ces indispensables passeurs de littérature.

Diffusé entre le 8/06/2015 et le 3/07/2015
Production **Christophe Ono-dit-Biot** Réalisation **Isabelle Yhuel**

KARINE HENRY
Librairie Comme un roman
39, Rue de Bretagne, Paris

• **Richard Texier**, *Nager*, Gallimard.

« C'est un texte à mi-chemin entre l'autoportrait et le récit initiatique, c'est une épopée profonde, très intime, où l'auteur évoque l'enfant sauvage qu'il était, né dans une famille modeste en Charente, élevé dans les marais. C'est un chemin qu'il fait à rebours pour nous ouvrir à sa cosmogonie. Il montre l'entrelacement entre l'art qui est le sien aujourd'hui et le petit enfant qui s'ouvre à la perception du réel et comprend que le monde peut être autre. On découvre un homme qui s'émerveille de vivre l'émerveillement, il est en permanence en surplomb de lui-même, dès l'enfance. C'est un roman de géographie intérieure, sans doute métaphysique, magnifiquement écrit. »

ET AUSSI :

• **Marie Rameau**, *Souvenirs*, La Ville brûle.
• **Riad Sattouf**, *L'Arabe du futur vol.2 : Une jeunesse au Moyen-Orient (1984-1985)*, Allary.
• **Erri De Luca**, *Histoire d'Irène, traduit de l'italien par Danièle Valin*, Gallimard.
• **Laurent Bonneau**, *Nouvelles graphiques d'Afrique*, Éditions Des ronds dans l'O.

Marc Filipson
Librairie Filigranes
Avenue des Arts, 39-42, Bruxelles

• **Sebastian Fitzek et Michael Tsokos**, *L'Inciseur*, traduit de l'allemand par Jean-Marie Argelès, L'Archipel.

« Ce sont des petits chapitres, très addictifs. Si vous n'aimez pas le trash, ne lisez pas ce livre, il est au-delà de toute morale. La fille d'un médecin légiste a été enlevée par un psychopathe. Il va devoir prélever sur des cadavres, des personnes décédées de mort violente, des messages qui vont l'aider à retrouver sa fille. C'est un livre écrit avec les conseils d'un chirurgien, l'histoire se passe en Allemagne. Fitzek est le meilleur vendeur de polars dans ce pays. C'est une enfilade d'événements et, à chaque mort, on croit le livre terminé. »

ET AUSSI :

• **M.J. Arlidge**, *Am Stram Gram*, traduit de l'anglais par Élodie Leplat, Les Escales.
• **Sascha Arango**, *La Vérité et autres mensonges*, traduit de l'allemand par Dominique Autrand, Albin Michel.
• **Barbara Abel**, *L'Innocence des bourreaux*, Belfond.
• **Daniel Friedman**, *Ne deviens jamais pauvre !*, traduit de l'anglais (États-Unis) par Charles Recoursé, Sonatine Éditions.

Emily Vanhée
Librairie Les lisières
32, Grand Place, Roubaix

• **Miguel Tanco,** *Les Farfelus*, Les Fourmis rouges.

« C'est un album pour les enfants à partir de quatre ans, mais pour tout le monde. Ces farfelus, ce sont les personnes qui prennent soin des toutes petites choses, qui se rendent compte qu'un ami se sent seul, qui applaudissent aussi quand l'équipe adverse gagne, qui aiment faire rire, qui embrassent les arbres, qui dansent dès qu'ils en ont envie. Les dessins aux traits, dans les tons ocre et bleu, très sensibles, illustrent magnifiquement le texte. Ce que j'ai aimé, c'est le message final : le monde aura toujours besoin d'un farfelu au cœur tendre. C'est une ode à l'excentricité et à la différence. »

ET AUSSI :
• **Caroline Solé,** *La Pyramide des besoins humains*, L'École des loisirs.
• **Mark Henshaw,** *Le Kimono de neige*, traduit de l'anglais (Australie) par Aurélie Tronchet, Christian Bourgois.
• **Goliarda Sapienza,** *Les Certitudes du doute*, traduit de l'italien par Nathalie Castagné, Le Tripode.
• **Stéphanie Hochet,** *Un roman anglais*, Rivages.

Benjamin Cornet
Librairie Les mots et les choses
30, rue de Meudon, Boulogne-Billancourt

• **Guillaume Long,** *À boire et à manger, vol.3 : Du pain sur la planche*, Gallimard.

« On peut approcher cet ouvrage comme un livre de recettes et comme une véritable bande dessinée, avec beaucoup d'humour. Le livre est composé en quatre saisons, divisées en petits sketchs, où l'on peut apprendre à faire la raie au beurre noir ou une courgette au printemps. Il y a également des petits carnets, comme celui qui relate de manière hilarante son expérience des tapas lors d'une séance de dédicace à Madrid. Il y a un parti pris assez déjanté dans l'illustration, avec l'image récurrente de l'éditeur, Antoine Gallimard, en train de lui mettre la pression. Les recettes sont incluses dans la vie quotidienne, il y a de la loufoquerie aussi qui décomplexe. »

ET AUSSI :
• **Sigolène Vinson,** *Le Caillou*, Le Tripode.
• **Cléa Dieudonné,** *La Mégalopole : une histoire à lire à la verticale*, L'Agrume.
• **Herman Raucher,** *Un été 42*, traduit de l'anglais (États-Unis) par Renée Rosenthal, La Belle Colère.
• **Carlos Salem,** *Japonais grillés*, traduit de l'espagnol par Judith Vernant, Les Éditions In8.

radio france | éditions

DERNIÈRES PARUTIONS

La Boîte à joujoux
Texte : Marie Desplechin,
Récitant : Éric Ruf (Comédie Française), Musique : Claude Debussy Interprétation : Orchestre Philharmonique de Radio France, direction Mikko Franck
Livre-CD / France Culture / Actes Sud Junior

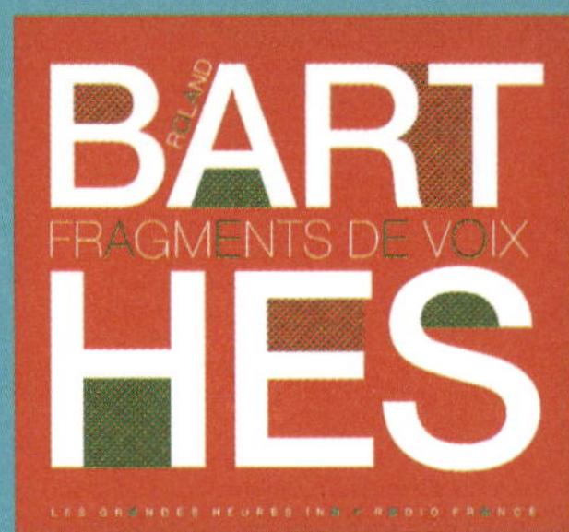

Roland Barthes
Fragments de voix Entretiens avec Jean-Marie Benoist et Bernard-Henri Lévy Livret : Renaud Machart
2 CD - Collection Les Grandes Heures INA/Radio France

Un été avec Baudelaire
Antoine Compagnon
France Inter / Les Équateurs

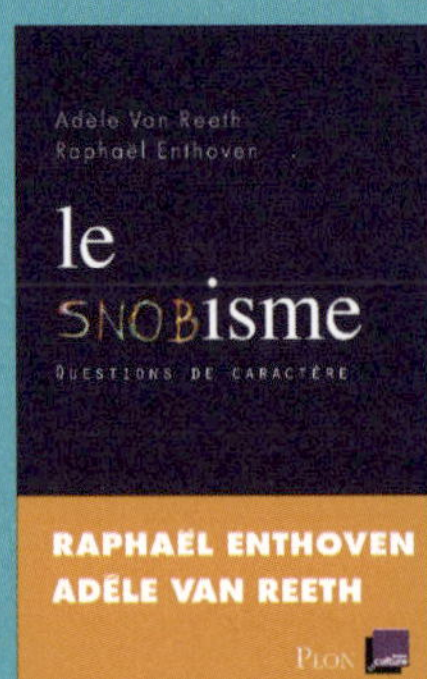

Le Snobisme
Adèle Van Reeth et Raphaël Enthoven
Collection « Questions de caractère »
France Culture/Plon

Contre-Histoire de la Philosophie n°24
La Pensée Post-Nazie (2)
Jonas – Anders – Heidegger – Le Principe Eichmann
Michel Onfray
13 CD France Culture / Frémeaux & Associés / Grasset / Université Populaire de Caen

Retrouvez toutes nos émissions en podcast sur www.franceculture.fr

FRANCE CULTURE
Maison de la radio – 116, avenue du président-Kennedy
75220 Paris Cedex 16
www.franceculture.fr
auditeurfranceculture@radiofrance.fr
Facebook : FranceculturePapiers RadioLivre
Twitter : @FCPapiers

ÉDITIONS PLACE DES VICTOIRES
6, rue du mail – 75002 Paris
01 44 55 37 50
www.victoires.com
Facebook : Éditions Place des Victoires

France Culture Papiers est édité par La société des Éditions Mengès, sous la marque Éditions Place des Victoires, S.A.R.L domiciliée au 6, rue du Mail – 75002 Paris.
Imprimeur : Polygraf Print, Čapajevova 44, 08001 Prešov, Slovaquie.
N° ISSN : 2258-1537. N° ISBN : 978-2-8099-1407-8.
Dépôt légal à date de parution. Distribution : Presstalis. Vente au N°-réservée aux marchands de journaux. Pagure Presse : 01 44 69 82 82.

Prochain numéro : n°16, à paraître le 19 novembre 2015.

BULLETIN D'ABONNEMENT

▸ par courrier
Je remplis et renvoie le bulletin à

Place des Victoires
6, rue du Mail - 75002 Paris

▸ par internet
J'envoie mes coordonnées, celles du bénéficiaire de l'abonnement et mon adresse e-mail à

abonnements@victoires.com

OUI, JE M'ABONNE POUR 1 AN À PARTIR DU NUMÉRO 16 ET REÇOIS UN CADEAU-SURPRISE

MES COORDONNÉES

☐ MME / ☐ M PRÉNOM ______________ NOM ______________

NUMÉRO / RUE / COMPLÉMENT D'ADRESSE (RÉSIDENCE, ESC., BÂT.)

____

LIEU-DIT / CODE POSTAL / COMMUNE

____

N° DE TÉLÉPHONE ______________ DATE DE NAISSANCE ______________

E-MAIL (pour le règlement et l'envoi de votre récapitulatif de commande, conformément à la loi)

____

COORDONNÉES DU BÉNÉFICIAIRE DE L'ABONNEMENT (si différentes des miennes)

☐ MME / ☐ M PRÉNOM ______________ NOM ______________

NUMÉRO / RUE / COMPLÉMENT D'ADRESSE (RÉSIDENCE, ESC., BÂT.)

____

LIEU-DIT / CODE POSTAL / COMMUNE

____

N° DE TÉLÉPHONE ______________ DATE DE NAISSANCE ______________

E-MAIL (pour le règlement et l'envoi de votre récapitulatif de commande, conformément à la loi)

____

MODE DE RÈGLEMENT pour 4 numéros trimestriels : 59,60 €

▸ par chèque
à l'ordre des Éditions Place des Victoires
J'envoie mon chèque à l'adresse suivante :
Éditions Place des Victoires
6, rue du Mail - 75002 Paris

À PARTIR DE 14,90 € * + FRAIS DE PORT OFFERTS

▸ par carte bancaire
J'envoie ma demande d'abonnement par e-mail en indiquant clairement mon adresse e-mail.
Je reçois rapidement sur mon adresse e-mail, un lien bancaire sécurisé sur lequel indiquer mes coordonnées et valider mon règlement.

Pour toute demande concernant l'abonnement ou pour recevoir une facture, vous pouvez nous contacter à l'adresse **abonnements@victoires.com** ou par courrier à l'adresse **Éditions Place des Victoires, 6, rue du Mail - 75002 Paris.**

*Offre valable uniquement en France métropolitaine. Place des Victoires s'engage à expédier la première revue du contrat dans un délai de 4 semaines.

Contact abonnement : 01 44 55 37 50.

Les informations sont destinées à Place des Victoires. Elles sont enregistrées dans notre fichier clients à des fins de traitement de votre abonnement. Elles sont susceptibles d'être transmises à des fins d'enregistrement et de traitement de votre commande. Conformément à la loi informatique et liberté du 6 janvier 1978 modifiée, elles peuvent donner lieu à l'exercice du droit d'accès et de rectification, d'opposition et de suppression des données vous concernant à l'adresse suivante : Éditions Place des Victoires, 6, rue du Mail - 75002 Paris. Si vous ne souhaitez pas que vos données soient utilisées par nos partenaires à des fins de prospection commerciale, ☐ cochez cette case ou transmettez votre demande à Place des Victoires. Vous disposez d'un délai de 7 jours à compter de la réception de vos abonnements pour exercer votre droit de rétractation auprès de Place des Victoires.

LISTE DES ÉMISSIONS QUI ONT PERMIS DE RÉALISER CE NUMÉRO :

| **LES MATINS,** du lundi au vendredi de 6h30 à 9h, **« DESSINS DE LOUISON »**
| **LA CHRONIQUE de Brice Couturier,** du lundi au vendredi de 8h16 à 8h19, **« L'ESPIONNAGE DANS LES LIMITES DE LA MORALITÉ »**
| **LE TEMPS DES LIBRAIRES,** du lundi au vendredi de 10h54 à 10h59
| **À VOIX NUE,** du lundi au vendredi de 20h à 20h30, **« ÉRIC CANTONA »**
| **HORS-CHAMPS,** du lundi au vendredi de 22h15 à 23h, **« ARIANE MNOUCHKINE »**
| **RÉVOLUTIONS MÉDICALES,** le mardi de 14h à 14h55, **« LA SANTÉ CONNECTÉE »**
| **LE MAGAZINE DE LA RÉDACTION,** le vendredi de 18h15 à 19h, **« LA FRANCE FACE AU RÉCHAUFFEMENT CLIMATIQUE : FATALITÉ OU OPPORTUNITÉ ? »**
| **RÉPLIQUES,** le samedi de 9h07 à 10h, **« RETOUR OU SORTIE DU RELIGIEUX »**
| **CONCORDANCE DES TEMPS,** le samedi de 10h à 11h, **« LA BALEINE, FRAGILE HÉRITAGE »**
| **UNE VIE, UNE ŒUVRE,** le samedi de 16h à 17h, **« ANDY WARHOL »**
| **LE TEMPS DES ÉCRIVAINS,** le samedi de 17h à 18h, **« UMBERTO ECO »**
| **ON NE PARLE PAS LA BOUCHE PLEINE,** le dimanche à 12h, **« DANS LE VENTRE D'ULYSSE »**
| **VILLES-MONDES,** le dimanche de 15h à 16h, **« PHNOM PENH VILLE-MONDES »**

ÉTÉ 2015

| **GRANDES TRAVERSÉES,** du lundi au vendredi de l'été de 9h10 à 11h, **« LES HOMMES AUX SEMELLES DE VENT », « ITINÉRANCES EN MÉDITERRANÉE », « WOODY ALLEN STORIES », « DANS L'OMBRE DU VATICAN »**
| **CHRONIQUES « LE TEMPS DE LA GÉOGRAPHIE »,** du lundi au vendredi de 7h10 à 7h18, **« JAMES BOND, L'AMI DES GÉOGRAPHES »** et **« LA MAISON DE LA RADIO »**
| **LE BEL ÂGE,** le samedi de 18h à 19h
| **LE POUVOIR IMAGINAIRE,** le dimanche de 16h à 17h

PAROLES D'INVITÉS

| **LES MATINS,** du lundi au vendredi de 6h30 à 9h
| **LA GRANDE TABLE,** du lundi au vendredi de 12h à 12h30
| **À VOIX NUE,** du lundi au vendredi de 20h à 20h30
| **ATELIER DE LA CRÉATION,** mercredi et jeudi de 23h à minuit
| **HORS-CHAMPS,** du lundi au vendredi de 22h15 à 23h